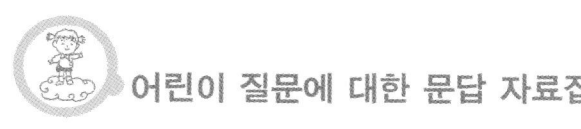
어린이 질문에 대한 문답 자료집

무엇이든지 물어 보세요

교육학 박사 장길호 저

 보육사

이 책을 내면서

이 책은 유치원, 어린이집 및 초등학교 저학년 선생님들이나 젊은 어머니들께서 「어린이들로부터 이런 질문을 받았을 때 어떻게 대답을 해야할지 망설여지는 문제들」에 대해 적절한 대답을 해주기 위해서 만든 책입니다.

여기서 질문은 일상생활에서 어린이들로부터 받은 것들을 그대로 수록하였기 때문에, 넓은 뜻으로는 어린이들과 생활을 같이하는 어른들의 「어린이 상담실」의 해답집이기도 하고 「지혜 문답집」이기도 합니다. 따라서 많은 질문들중에서 정선한 415 문항을,

1. 사람과 생활 및 생물(동물)

2. 풀과 나무(식물)

3. 해·달·별(천문)

4. 구름·비·눈(기상)

5. 육지와 바다(지질)

6. 물리·화학 현상

등으로 분류하여 보다 알기쉽고 재치있게 설명하였습니다.

그러므로, 이 책은 틀림없이 유치원, 어린이집 및 초등학교 고학년 어린이, 저학년 선생님들이나 젊은 어머니들께 매우 요긴한 도움이 되고 또 상식을 풍부하게 해주리라 확신하는 바입니다.

차 례

16

17

◇ **물리·화학 현상**

20

사람과 생활 및 생물

♣ 사람은 왜 사람이라고 하나요?

사람은 사람 이외의 다른 모든 동물들과 다르기 때문에 사람이라고 하는 거예요.

사람 이외의 동물은 자연에서 생긴 것을 그대로 이용해서 살아갈 뿐이며, 필요한 것을 스스로 만들어 내지 못하고 다만 자연에서 생긴 것만으로 살아가고 있습니다.

그런데, 인간은 양식이 더 필요하다고 여겨지면 나무를 베고, 땅을 갈아 밭이나 논으로 만들어 쌀이나 보리를 가꿀 수 있어요. 이러한 일을 할 수 있는 동물을 사람이라고 합니다. 그리고 또 한가지는 말을 할 줄 안다는 것입니다.

이 두가지는 부모로부터 이어지는 유전이 아닙니다. 태어난 다음 교육을 받아서 몸에 익히게 된 것입니다. 수 있는 것이랍니다.

이와 같은 것은 사람만이 할 수 있는 것이랍니다.

♣ 사람은 살아 있는 것인가요?

예, 사람은 살아 있는 것입니다.

24

살아 있다는 것은 음식물을 먹고 있다는 말도 됩니다.

또 살아있다는 것은 소변을 보고 대변을 본다는 것도 되지요.

음식물을 먹을 수 없게 되면 죽게 됩니다. 소변이나 대변이 나오지 않게 되어도 죽게 되는 것입니다.

음식물을 먹는 것도 대변을 보거나 소변을 보는 것도 다른 사람이 대신해 줄 수 없는 것입니다.

이와 같은 모든 일은 다른 사람 아닌 바로 나 스스로의 힘으로 해 나가야만 하는 겁니다.

다른 사람이 대신해 줄 수 없는 일을 하고 있는 것을 살아있다고 하는 겁니다.

그리고 자연 그대로의 상태에 있는 자연물에 손질을 하여 쓰기에 편리하도록 만든다거나, 음식을 요리하여 맛있게 먹을 수 있도록 하는 것도, 바꾸어 말하면 살아 있다는 말이 되지요.

그와 같은 것은 사람 밖에는 할 수 없는 일입니다.

♣ 어째서 사람은 얼굴이 있나요?

어머! 얼굴이 있는 것은 사람 뿐일까요? 고릴라, 침팬지, 개, 고양이도 모두 얼굴이 있잖아요?

그렇다면, 얼굴이라는 것은 털이 없는 부분이라는 뜻일까요?

하지만 온통 털로 뒤덮여 있는 짐승에게도 얼굴은 있습니다.

얼굴이란 머리의 일부분입니다.

또 머리는 그 동물의 몸 전체를 움직이게 하는 명령기관이 들어 있는 곳입니다.

이 머리를 대표하는 곳이 바로 얼굴이지요.

얼굴은 머리의 작용으로서 마음을 전하는 곳입니다.

그래서, 사람은 얼굴이 있는 것입니다.

♣ 쌍둥이의 얼굴이 같은 것은 어째서 일까요?

얼굴이 닮은 쌍둥이는 반드시 두 사람 모두 남자이거나, 두 사람 모두 여자이지요. 이것은 한 사람의 아기로 되어야 할 일이 두 개로 갈라져서 두 아기로 태어났기 때문입니다. 이들은 부모로부터 이어받은 유전자가 같기 때문에 서로가 분신과 같은 존재입니다. 그래서 얼굴도 꼭 닮고 성격도 닮은 점이 많은 것입니다. 이러한 쌍둥이를 일란성 쌍둥이라고 합니다.

쌍둥이 중에는 얼굴이 전혀 닮지않은 쌍둥이, 남자와 여자인 쌍둥이도 있습니다. 이런 경우는, 두 사람이 다른 알에서 성장한 것입니다. 이러한 것을 이란성 쌍둥이라고 합니다.

얼마 전에 세상을 떠들썩하게한 다섯 쌍둥이가 있었는데, 이들은 오란성 쌍둥이, 다시 말해서 모두 따로따로 다섯 개의 알에서 성장한 아기들입니다.

그런데, 일란성 쌍둥이가 아주 닮았다고는 하지만, 점의 위치라든가 주근깨의 모양 등은 매우 다르다고 합니다. 자세히 살펴보면 알 수 있을 거예요.

♣ 눈, 눈썹. 귀, 콧구멍 등은 두 개씩 있는 데, 어째서 입은 하나이지요?

눈썹은 눈에 먼지가 들어가지 않도록, 눈 위에 눈을 보호할 수 있게 나 있는 것입니다. 그래서, 눈썹이 두 개 있는 것입니다. 왜 둘이나 있나 하겠지만, 두 개 있는 것은 눈이나 귀나 콧구멍 뿐이 아닙니다. 가슴도 그렇게 되어 있습니다.

손도 두 개 있고, 다리도 두 개 있습니다. 이런 것을 짝이 되어 있다고 하지요.

둘 있어서 편리한 까닭도 있지만, 둘이 아니면 불편하다는 것이 더 큰 까닭입니다.

보기를 들면, 눈은 둘 있기 때문에 오른쪽 눈과 왼쪽 눈의 시선의 각도로써 멀고 가까운 것을 쉽게 알 수 있게 되어 있으며, 또 귀가 둘 있기 때문에 오른쪽으로부터의 소리인지 왼쪽으로부터의 소리인지를 알 수 있게 되어 있지요. 콧구멍은 하나의 코 속에 둘이 있는 셈이지요. 이것은 허파가 좌우로 둘 있는 것과 관계가 있어요.

어쨌든, 인간의 몸은 좌우가 맞서고 있으며, 오른쪽과 왼쪽이 합쳐서 한 사람의 몸통을 이루고 있는 것으로 보아도 됩니다.

그런데 먹는 입과 대변을 보는 항문만은 하나로 되어 있는데, 그 까닭은 직도도 한 줄이고 위도 하나이고 창자도 한 줄로 되어 있다는 것과 관계가 있는 것입니다.

이렇게 보면, 사람의 몸이란 정말 신기하지요?

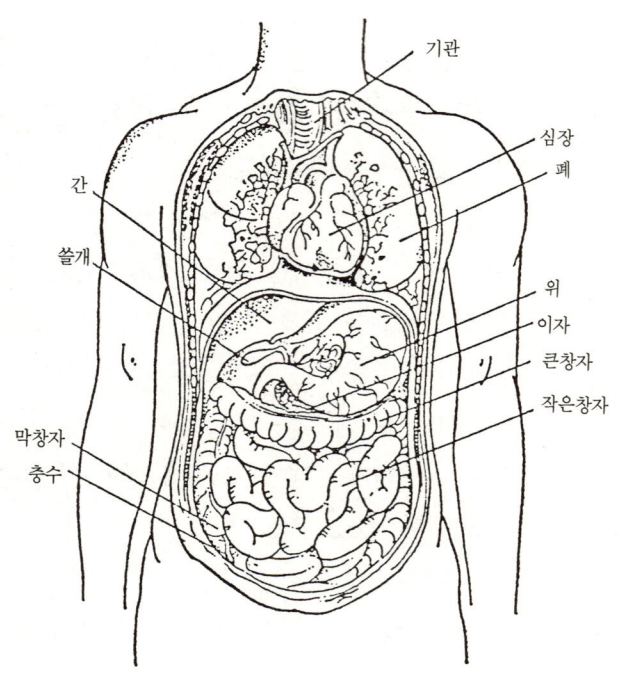

♣손가락은 왜 다섯 개 일까요?

왜 그런지 알 수 없습니다.

생물은 발생하고 동물로 된 때부터 손가락이 다섯 개입니다.

보기를 들면, 물고기의 가슴지느러미의 뼈는 다섯 개입니다. 그리고, 배지느러미 받치고 있는 뼈도 다섯 개입니다.

그래서, 물고기의 가슴지느러미는 손가락과 같고, 배지느러미는 발가락과 같은 셈입니다.

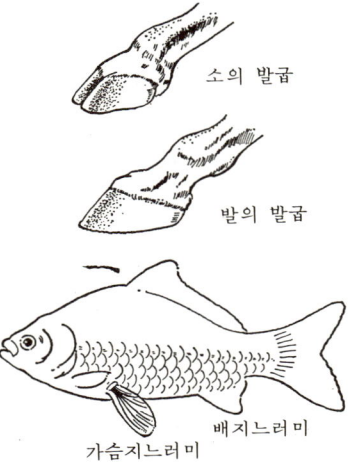

소의 발굽

말의 발굽

배지느러미

가슴지느러미

소의 경우에는, 이 다섯 개의 발가락 중에서 두 개만이 자라서 발굽으로 되었고, 말의 경우에는 가운데 발가락만이 자라서 발굽으로 된 것입니다. 그러므로 소나 말의 경우는, 다섯 개의 발가락 중에서 발달 한 발가락만이 자란 것입니다.

사람 손의 경우는 엄지손가락만이 나머지 네 개의 손가락과 마주 보게 되어 있지요. 그 어느 쪽이든, 손가락이 다섯 개 있다는 것은 굉장한 일이라고 할 수 있는 것입니다.

♣ 사람은 왜 하늘을 날지 못하나요 ?

사람이 하늘을 날지 못하는 것은, 사람에게는 날개가 없기 때문입니다. 그렇다면, 사람의 팔에 깃털을 붙이면 날 수 있을까요 ? 아닙니다. 사람

팔의 근육은 날 수 없게 되어 있습니다. 그 대신에 사람의 팔은 물건을 잡거나 만드는 등의 일을 할 수가 있습니다. 새는 날 수는 있지만 물건을 잡거나 만들거나 하기 위해서는, 부리나 발을 사용해야 합니다. 만약, 사람이 팔을 푸드덕거리며 날 수 있게 될지라도, 그 대신에 발과 입이 팔의 구실을 해야 한다면 정말 불편하겠지요.

이렇게 해서, 동물은 모두 각자 나름대로의 뛰어난 능력을 가지고 살아갈 수 있는 것입니다.

그렇기는 하지만, 사람은 쉽게 잊지 못하는 생물인가 봅니다. 언제까지고 나는 것을 꿈꾸고 있어, 빗자루를 타고 날아가는 마녀의 이야기(유럽), 하늘을 나는 마법의 융단 이야기(아라비아), 뭉게구름을 타고 하늘을 나는 손오공의 이야기(중국), 새털옷을 입은 선녀의 이야기(한국) 등이 전해지고 있습니다. 이와 같은 사람의 욕망이 오늘날에는, 비행기를 타고 자유롭게 하늘을 날 수 있게 된 것입니다.

♣ 사람은 왜 움직이고 있나요?

움직이지 않으면 살아갈 수 없기 때문입니다. 식물은 땅에 뿌리를 내리고, 움직이지 않고도 살아가지요. 그것은 땅 속에서 물과 식물의 몸을 키워 나가는데 필요한 매우 적은 양의 영양소를 빨아들여서 살아가고 있기 때문입니다. 잘 자라기 위해서는 땅 속에서 빨아올린 물과, 태양의 빛과 열을 잎에서 받아들이고, 공기 중의 이산화탄소를 빨아들여 그 속의 탄소로 녹말을 만들어서 자라는 것입니다. 때문에 반드시 잎이 있어야 합니다. 더 자세히 말하면, 엽록소라는 것에 의해서 자라며 커가는 것이기 때문에 움직이지 않아도 되는 것이랍니다.

그러므로, 움직일 수 없게 된 사람을 식물 인간이라고 합니다.

그런데 사람은 입으로 먹을 것을 먹지 않으면 살아갈 수 없으므로, 먹을 것을 찾아서 움직이고 돌아다녀야 합니다. 이것을 "일한다"라고 하지요.

기력이 왕성한 사람을 몸이 튼튼하다고 하는 것도, 사람은 일하는 동물이기 때문입니다.

♣ 사람이 말을 할 수 있는 것은 어째서 일까요?

사람이 말을 할 수 있게 된 것은 굉장한 일입니다.

 그리고 많은 연습의 결과이지요.

소나 말의 새끼와 사람의 갓난아기를 비교해 보면 잘 알 수 있을 것입니다.

소나 말의 새끼는 생후 5분쯤 지나면 일어설 수 있고, 약 30분쯤 지나면 뚜벅뚜벅 걷기까지 합니다.

그러나 사람의 갓난아기는 갓 태어났을 때는 물렁물렁하여 마치 묵과 같아요. 일어서서 걸어다닐 때까지는 1년이라는 긴 시간이 필요합니다. 한 사람의 인간으로서 정신적으로나 경제적으로 독립할 수 있기까지는 25년이나 걸려요. 다시 말해서, 사람의 갓난아기는 소나 말의 새끼에 비하면, 미숙아로서 태어나는 것입니다.

그래서 소나 말의 새끼의 일생은 어미로부터 내려온 유전에 따라서 정해지는데, 사람의 갓난아기는 내려온 것보다 태어난 후의 키우는 방식과 교육 방법에 따라 정해집니다.

말을 한다는 것을 보기로 들어서 생각해 보더라도 알 수 있습니다.

아버지나 어머니도 올바른 우리말을 쓰고 있지만, 갓난아기를 미국에 양자로 보냈다고 하면, 그 아이는 우리말을 할 수가 없습니다. 그것은 우리가 태어날 때 얼굴의 생김새나 성격 등이 아버지나 어머니와 많이 닮는 것과는 달리, 말이라는 것은 어버이로부터 유전되어 받아지는 것이 아니기 때문입니다.

그러면, 한국의 갓난아기는 어떻게 해서 우리말을 할 수 있게 되는 것일까요?

그것은 갓난아기를 엄마가 가슴에 안고, 젖을 먹이면서 아기의 얼굴을 보고 이름을 부르기도 하고, 자장가를 불러 주기도 하며 이야기를 해 주기도 하기 때문입니다. 갓난아기는 이것을 듣고 머리 속에서 학습하며 점점 우리말로 말을 할 수 있게 되는 것입니다.

그러므로, 아기 침대에 재우고 우유병으로 가공 우유를 먹여서 키우는 갓난아기는 말 배우기가 늦어집니다.

이와 같이, 엄마의 젖을 먹으면서 들은 말을 "어머니의 말" 또는 "모어"라고 합니다.

인도에서, 늑대의 젖을 먹고 늑대와 같이 자란 아이가 있었습니다. 그 아이는 말을 조금도 하지 못했다고 합니다.

「물건을 만든다」는 것과 「말을 한다」는 것은 다른 동물이 가지지 못하는 사람만이 갖는 특징입니다. 따라서, 사람은 누구나 열심히 공부해서 많은 지식을 쌓아 훌륭한 사람이 되도록 노력해야 되지 않겠습니까?

♣ 사람은 어떻게 해서 책을 읽을 수 있게 되었나요?

글자를 읽을 수 있기 때문입니다.

책이란 글자로 쓰여진 것이지요? 그래서, 글자를 읽지 못하면 책을 읽을 수 없는 겁니다.

유치원에 다닐 때는 글자를 읽지 못하니까 선생님이 들려 주시는 이야기를 무척 좋아하지요?

선생님은 그림책도 읽어 주시고, 또 글자를 보면서 재미있는 이야기를 들려 주시기도 하지요. 그럴때면 나도 혼자서 저 재미있는 그림책을 읽을 수 있었으면 하고 생각하게 되지요. 그래서, 어떻게 해서라도 글자를 알아서 읽고 싶다는 생각을 하게 됩니다.

이런 생각에서 글자를 배우게 되면, 혼자서도 재미있는 이야기

책을 읽을 수 있게 되는 것입니다.

어른들 중에는 글자가 쓰여 있지 않은 자연이나 사회, 사건 등에서도 여러 가지의 사실을 읽을 수 있는 사람이 많이 있습니다. 때문에 말을 할 때 쓰는 것을 「이야기 말」이라고 하고, 책에 쓰여 있는 글자를 읽는 것을 「쓰기 말」이라고 한답니다.

♣ 사람은 왜 검은 사람과 흰 사람이 있나요?

살갗의 색깔에 차이가 있는 것은, 멜라닌이라는 검은 색의 색소가 살갗에 들어 있기 때문입니다. 단지, 백인의 경우에는 이 멜라닌 색소의 양이 매우 적어서 색깔이 희게 보이는 것이지요. 반대로, 흑인의 살갗에는 많고, 황색인종의 살갗에는 중간 정도의 멜라닌 색소가 들어 있기 때문에 살갗의 색깔이 검기도 하고 노란색이기도 합니다.

그런데 여름에 햇빛을 쬐면, 살갗이 볕에 타서 갈색이 되는데, 그것은 햇빛에 있는 자외선에 쐬여 멜라닌 색소가 많아지기 때문입니다. 그러나 갑자기 햇빛을 많이 받게 되면 살갗이 빨개지고, 따끔따끔 아파서 못 견디는 때가 있습니다. 자외선을 지나치게 많이 쐬면 살갗이 화상을 입게 되어, 물집이 생기게 됩니다. 특히 살갗이 흰 사람일수록 이내 빨개지는데, 이것은 자외선을 빨아들이기 위한 멜라닌 색소의 양이 적기 때문입니다. 멜라닌 색소는 자외선을 흡수하여 살갗 안쪽의 세포가 다치는 것을 막는 구실을 하고 있는 것입니다. 그래서 햇빛이 강한 고장에서 살고 있는 사람들에게는 멜라닌 색소가 많이 필요하게 되지요. 반대로 햇빛이 약한 고장에 있는 사람들에게는 그다지 많이 필요하지는 않습니다.

끝으로, 멜라닌 색소가 전혀 없는 아기가 태어나는 경우가 가끔 있는데, 이런 사람을 선천성 백피증인 사람이라고 합니다,

♣ 갓난 아기의 살갗이 빨간 것은 무슨 까닭 이지요?

갓난아기의 살갗은 빨간색을 띠고 있는데 갓 태어난 아기를 보면 그 사실을 알 수 있습니다.

사람의 갓난아기는 갓 태어났을 때는 붉은 피톨의 수가 매우 많기 때문에 빨갛습니다. 어느 정도 많은가 하면, 어머니의 붉은 피톨의 수는 약 450만인데 비해서 갓난아기의 붉은 피톨의 수는 약 587만이나 됩니다.

붉은 피톨이라는 것은 피의 붉은 부분입니다. 이것은 산소를 날라다 주는 피지요.

이 붉은 피가 얇은 살갗을 통해서 비쳐 보이기 때문에 갓난아기의 살갗은 붉게 보이는 겁니다.

〈혈액 흐름의 속도〉
대동맥에서 1초 30m

〈땀의 양〉 여름·운동했을 때
하루에 약 5ℓ
맥주 8병

〈재채기의 세기〉
1초간 90m를 나는 힘,
태풍보다 더 강한 힘

〈창자의 길이〉
키의 약 4배

♣ 눈에 자기의 모습이 비치는 것은 어째서 일까요?

거울을 들여다 보았을 때 거울에 비치는 자신의 눈을 보면, 검은 곳에 또 자기의 얼굴이 비치고 있는 것이 보입니다.

친구와 눈싸움을 하면서 친구의 눈동자를 가만히 보고 있으면 거기에 자기의 얼굴이 비치고 있지요.

어느 쪽이고, 자기의 얼굴에서 나오는 빛이 친구의(혹은 거울 속의) 눈에까지 닿고 있는 것을 나타내고 있는 것입니다.

선생님의 눈에 내 얼굴이 비치는 것도 마찬가지입니다.

♣ 외국인의 눈 색깔은 왜 다를까요?

눈색깔에 검은색, 갈색, 회색, 청색 등 갖가지 색깔이 있는 것은, 눈의 각막과 수정체의 사이에 있는 홍채라는 얇은 막 때문입니다. 홍채 속에는 멜라닌이라는 색소가 들어 있어서 이 색소의 양이 적으면 눈은 청색이고, 약간 많으면 갈색, 더욱 많으면 검은색으로 되는 것입니다.

한국인을 비롯하여 아시아 지방에 살고 있는 사람들, 아프리카의 사람들, 미국 원주민이나 유럽 사람 중에서도 라틴계 사람들의 눈은 홍채에 들어 있는 색소가 많기 때문에 갈색이거나 검은색입니다. 이에 비하여 북유럽이나 서유럽 여러 나라에 살고 있는 사람들의

눈은 멜라닌 색소의 양이 적기 때문에 청색이나 회색, 혹은 엷은
갈색입니다. 이것은 북유럽과 서유럽에서는 햇빛이 약하기 때문
입니다. 다시 말해서 눈의 색깔이 짙어지는 것은 강한 햇빛으로부터
눈을 보호하기 위한 것입니다.

♣ 어째서 눈물은 짠 맛이 날까요?

사람 뿐만이 아니라, 모든 동물의 시초는 바
닷물 속에서 이루어졌다고 생각하고 있습니다.
바닷물이 생명의 근본인 영양을 주었기 때문에
피는 바닷물로 만들어졌다고도 말하고 있습니
다.

따라서, 몸 속에서 나오는 눈물이나 땀은 약간 짠 맛이 나는
것입니다.

♣ 눈은 어떻게 해서 보이게 되나요?

눈동자를 잘 보세요.

거울로 자기의 눈동자를 보아도 좋고,
친구의 눈동자를 들여다 보아도 좋습니다.
눈동자 한 가운데에 있는 검은 곳에 깊은
구멍처럼 보이는 곳이 있지요. 거기에 자신의 얼굴이 보일 겁니다.

보인다는 것은, 볼 수 있는 것으로부터 나오는 빛이 눈동자에 들어와서 보이는 것의 그림자가 비치기 때문입니다.

그래서 빛이 없는 것은 보이지 않지요. 그러므로, 어두운 곳에서는 빛을 내지 못하기 때문에 보이지 않는 것입니다.

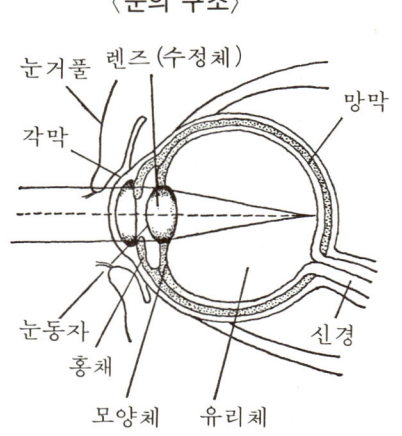

〈눈의 구조〉

눈거풀 렌즈 (수정체)

각막

망막

눈동자

신경

홍채

모양체 유리체

♣어째서 안경을 끼면 잘 보이나요?

우리들의 눈은 안경이 없어도 잘 보이도록 되어 있습니다.

그러나 텔레비전을 너무 가까이에서 보거나 어두운 곳에서 그림책을 보거나 하면, 가까이 있는 것을 보는 데 익숙해져서 멀리 있는 것을 똑똑히 볼 수 없게 됩니다.

반대로 나이가 많아지면, 가까이 있는 것은 잘 볼 수 없게 됩니다.

이와 같이, 가까이 있는 것은 잘 보이지만 멀리 있는 것이 잘 보이지 않는 눈이나, 가까이 있는 것은 잘 보이지 않지만 멀리 있는 것은 잘 보이는 눈으로 되어 버렸을 때, 잘 보이도록 고쳐 주는 것이 안경입니다.

가까운 것이든 먼 것이든 모두를 잘 볼 수 있는 좋은 눈은 안경을 끼면 도리어 잘 보이지 않게 되지요. 따라서 어릴 때부터 눈을 보호하는 것은 아주 중요합니다.

눈은 안경을 끼지 않아도 잘 보이는 눈이 좋은 눈이므로 눈을 함부로 하지 말고 늘 주의를 기울여 스스로 잘 보호하도록 해야만 합니다.

♣안경은 왜 끼나요? 또 글자를 볼 때 돋보기 안경은 왜 끼는 것일까요?

물체의 모양이 눈에 들어와서 눈 안에 형상을 이룰 때, 이 형상이 비치는 망막이라는 것이 눈에 있습니다.

눈의 렌즈가 납작할 때는 망막의 뒤쪽에 촛점을 맞추게 됩니다. 눈의 렌즈가 두꺼울 때는 망막의 앞쪽에 촛점을 맞추게 되지요. 그와 같은 경우에 눈의 렌즈를 알맞게 맞추기 위해서 안경을 끼는 것입니다.

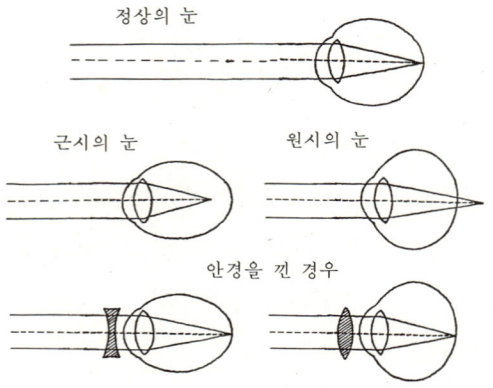

♣ 왜 눈물이 납니까?
왜 콧물이 납니까?

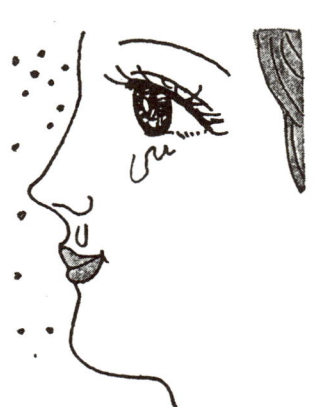

눈동자는 늘 젖어 있지 않으면 상처가 생기게 됩니다. 그것은 공기 중에 먼지가 많기 때문이지요.

이 먼지를 씻어 버리기 위해서 늘 눈을 깜빡이면서 눈물을 흘려 청소를 하고 있는 거랍니다.

이 눈물은 콧속으로도 흘러서 콧물이 되는 것입니다.

♣ 골은 중요한 곳일까요?

그렇습니다.

사람의 몸에서, 어디가 가장 중요한가 하는 것은 정할 수가 없는 것입니다. 왜냐하면 손, 발, 몸통 등 모두가 각기 다른 중요한 구실을 하고 있기 때문이지요. 다른 것이 이를 대신해서 할 수는 없습니다. 대신할 수 없다는 것은 모두가

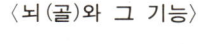

〈뇌(골)와 그 기능〉

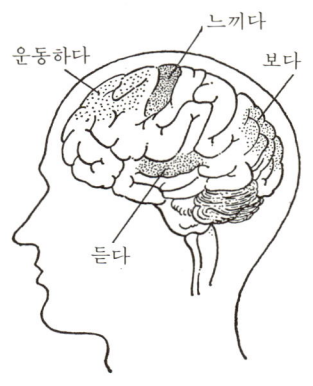

느끼다
운동하다
보다
듣다

중요하다는 뜻이지요.

그 중에서도 머리 속의 골은, 각각에게 할 일을 주어서 사람다운 일을 할 수 있도록 명령을 내리는 일을 하고 있는 곳이기 때문에, 매우 중요한 곳입니다.

♣ 머리는 해골로 되어 있나요?

〈전신의 뼈의 구조〉

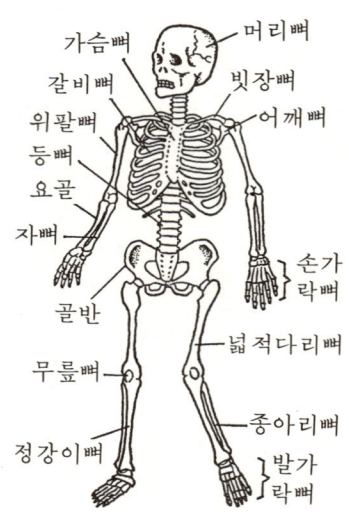

해골이란, 몸을 만들고 있는 뼈대를 말합니다. 다리의 뼈라든가 등뼈라든가 하는 뼈가 없으면 사람의 몸도, 소나 말의 몸도 모양을 이룰 수가 없습니다. 힘살 뿐이라면 부드러워서 서서 걷지도 못합니다. 그래서, 서서 걸을 수 있도록 받쳐 주는 몸의 뼈대를 해골이라고 하는 것입니다.

그 중에서 골을 담고 있는 뼈를 머리뼈라고 합니다.

♣ 빙글빙글 돌고 나면 어지러운데 그것은 무슨 까닭이지요?

그것은 눈의 작용이라기보다는, 사람의 몸의 균형을 바로잡는

구실을 하는 삼반규관의 작용 때문입니다. 삼반 규관이라는 것은 귀 속에 있는데, 서서 걸어갈 때에는 서서 잘 걸어갈 수 있도록 균형을 잡 아 줍니다. 또한 바다에서 평영(개구리헤엄)

을 할 때는 엎드린 상 태가 편하 도록 균형 을 잡아 주 지요. 그런 데 빙글빙 글 돌게 되

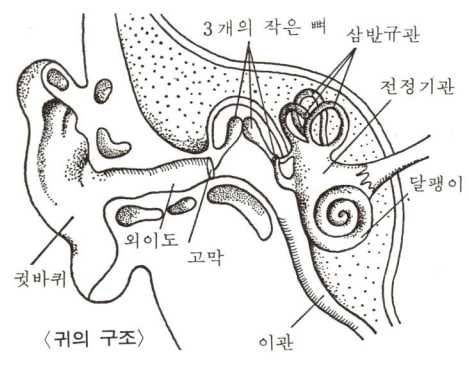

〈귀의 구조〉

면, 삼반규관 속에서도 빙글빙글 돌게 됩니다. 그 때문에 몸을 멈 추어도 돌고 있는 감각이 삼반규관 속에 남아 있어서 어지러움을 느끼게 되는 것입니다.

♣ 귀를 손으로 막으면 들리지 않는 까닭은 무엇인가요?

소리란 무엇인가를 먼저 알아야 하겠지요.
소리라는 것은 물체와 물체가 부딪쳤을 때 생기는 흔들림(진동)이 공기를 진동시키고, 그 다음에 우리의 귀를 진동시킴으로써 들리게 되는 현상입니다.

그러므로, 손으로 귀를 막아 버리면, 공기의 진동이 귀청에 닿지

않기 때문에 잘 들리지 않게 되는 것입니다.

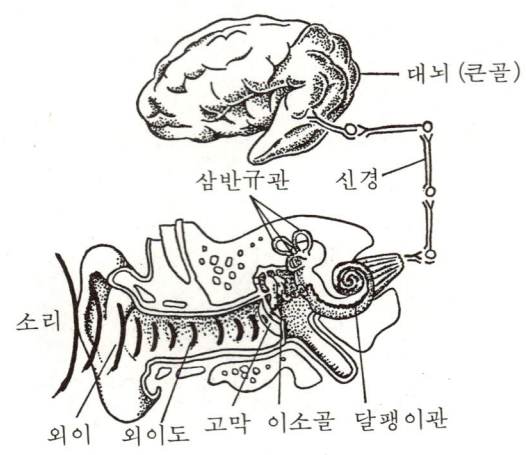

♣ 귀는 왜 있나요?

공기가 흔들려 움직이는 진동을 빠짐없이 잡기 위한 것입니다. 특히, 앞에서 오는 소리를 들을 수 있도록, 귀는 앞을 보고 있는 것입니다.

그렇지만, 개나 고양이는 귀를 뒤로 돌리거나 옆으로 오게 할 수 있답니다.

왜 그렇게 하는지 잘 생각해 보세요.

♣ 입으로 말 할 수 있는 것은 어째서 일까요?

정말 굉장한 질문이군요.

개에게도 입이 있고 고양이에게도 입이 있지
요. 그렇지만 개는 "멍멍……" 하는 것 밖에는
소리를 내지 못하고, 고양이는 "야옹야옹……"
하고 소리를 내지요. 사람만이 입으로 말을 할
수 있는 것은 어째서 일까요? 그것은 중요한 질문입니다.

우선, 사람은 이야기를 할 때,
어떻게 해서 말을 하는지 자세히
살펴보세요.

사람은 말을 할 때, 입과 콧구
멍으로부터 숨을 토하면서 말을
하는 것입니다. "아아"하고 말하
면서 입에 손바닥을 대어 보세요.
손바닥에 입김이 닿는 것을 알
수 있지요. "응응"하고 소리를 내
보세요. 콧구멍에서 나오는 입김
이 손바닥에 닿는 것을 알 수
있을 것입니다.

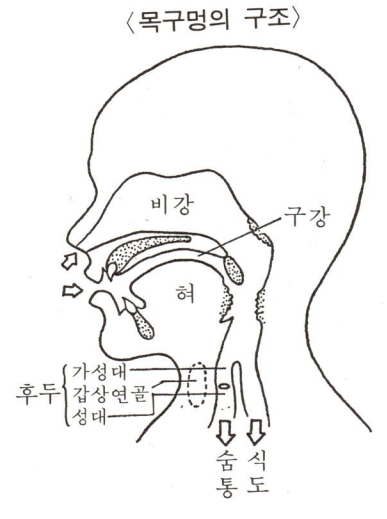

〈목구멍의 구조〉

비강
구강
혀
가성대
갑상연골
후두
성대
숨통
식도

다음에는, 목에 손을 대고, "아아"하고 말을 해 보세요. 손가락
끝이 울리는 것을 느낄 수 있을 것입니다.

그 곳에는 목청이라는 것이 있어서 입이나 콧속에서 소리를
울리게 하여 목소리를 내게 하는 것입니다.

입을 열거나 닫기도 하고, 콧속으로 입김을 보내기도 또는 막기도
하며, 또 혀를 놀리기도 해서 갖가지의 말을 만드는 것입니다.

이와 같이 하여 사람이 입으로 말을 할 수 있게 된 것은, 갓난아기
때, 엄마의 가슴에 안겨 젖을 먹으며 엄마로부터 이름을 불리고,

이야기를 듣기도 하고 노래를 듣기도 하기 때문입니다.

그러므로, 한국어를 말하는 엄마가 기르게 되면 갓난아기도 한국어로 말 할 수 있게 되지요.

사람이라고 해서 다른 젖먹이 동물과는 다른 신체의 구조를 가지고 원래부터 말을 하는 기관을 갖춘 상태로 이 세상에 태어나는 것은 아닙니다.

숨을 쉬는 데 쓰이는 기관인 코와, 밥을 먹는 데 쓰이는 입을 빌려서 말을 할 수 있도록 배우고 또 익혀서 말을 하게 되는 것입니다.

♣물은 왜 씹을 수 없나요?

물을 씹으면 어떻게 될까요? 생각해 본 적이 있나요? 씹어 본 적이 없다면 홍차나 우유, 어느 것이라도 좋으니, 흘러나오지 않도록 입을 꼭 다물고 씹어 보세요.

씹기 전과 씹은 후의 입속의 물과 홍차나 우유는 어떻게 되었나요?

물이나 홍차나 우유는 침과 섞여서 조금은 양이 불었는지 알 수 없겠으나 역시 물은 물일 뿐이지요.

그러므로 물은 씹을 수가 없는 것이 아니고, 물이나 우유를 씹더라도 딱딱한 것을 씹을 때처럼 두 도막 세 도막 등으로 잘게 씹을 수는 없는 것입니다.

물체는 고체, 액체, 기체의 세 가지 모양으로 되어 있습니다.

따라서, 물을 얼음으로 만들면 씹을 수가 있지요. 씹고 또 씹어서 작아지게 하여 입 속에 그대로 머금고 있으면 물이 되어서 더 씹을 수 없게 됩니다.

물(액체)은 이어져 있기 때문에 아무리 씹어도 이내 이어집니다. 우유나 포도주 등을 씹어서 마시면 소화에 좋답니다.

♣ 어째서 우유를 씹어 먹으면 좋은가요 ?

우유를 꿀컥꿀컥 마셔 버리면, 그대로 위에 들어가 버리고 말지요. 그렇게 되면 설사를 일으키는 사람이 있어요.

그러나, 우유를 씹어서 마시면 침이 잘 섞이게 됩니다.

우유를 씹어 먹는 것은, 침이 섞이도록 하기 위해서 입니다. 침이 섞이면 설사를 하지 않게 되기 때문입니다.

♣ 갓난아기는 왜 군침을 흘리나요 ?

군침이란, 침을 말하는 것입니다.

갓 태어난 아기는 군침을 흘리지 않습니다. 그것은 침이 나오지 않기 때문입니다. 태어난지 3, 4개월이 되면 침이 나오기 시작하고 군침을 흘리게 됩니다.

건강한 사람이면, 아이이고, 어른이고, 노인이고 모두 침이 나옵니다. 다만, 갓난아기는 입을 꼭 다물고 충분히 침을 삼키지 못하기 때문에 군침을 흘리게 되는 것입니다.

여러분도 군침을 흘린 적이 있을 것입니다. 살구를 보거나 맛있는 케이크를 눈앞에 두었을 때, 저절로 군침을 흘린 적은 없는지요?

그것은 어쩌다가 군침을 흘리게 된 것이지, 갑자기 갓난아기로 되돌아 간 것은 아닙니다.

♣ 갓난아기는 왜 이가 없을까요?

여러분은 무엇보다도 살아가기 위해서는 밥을 먹지 않으면 안된다는 것을 잘 알고 있겠지요?

갓난아기도 밥을 먹지 않으면 안됩니다. 그러나 갓난아기는 태어난 지 얼마 되지 않기 때문에, 굳은 밥을 먹더라도 위나 창자에서 이것을 삭여서 영양분으로 할 만한 힘이 없답니다. 그래서, 먹을 것 중에서 가장 소화되기 쉽고 병에 걸리지 않도록 되어진 엄마의 젖을 먹게끔 되어 있습니다.

이가 있으면, 엄마의 젖꼭지를 깨물기 때문에 오히려 없는 것이 더 좋은 것입니다.

♣ 어머니가 할머니로 되면 할머니의 이가 생기나요?

아닙니다.

갓난아기의 젖니에서 어른의 간니로 바뀌면, 그것으로 끝나는 것입니다.

그래서 이를 소중히 하지 않으면, 나이를 먹었을 때 이가 모두 **빠져서** 몹시 불편하게 되는 것입니다.

♣ 이는 왜 빠지나요?

이는 누구나 유치원에 들어갔을 때부터 초등학교 4학년 쯤일 때까지 한 개씩 빠지고 새로 나게 됩니다.

이를 갈게 되는 것은, 아이 때의 젖니가 어른의 간니로 바뀌는 것입니다.

아이의 얼굴 크기와 어른의 얼굴 크기를 비교해 보세요.

아이 얼굴이 작지요? 그러니까 이도 작았던 것입니다. 이를 갈지 않고 머리만 커진다면, 이도 함께 커져야 하겠지요? 그런데 이는 더 커지지는 않습니다. 그래서, 어른의 이로 바뀌는 것이예요.

갓난아기 때 엄마의 젖을 먹은 사람의 턱은 매우 튼튼해서 잇마디가 곱지만, 우유병으로 자란 사람은 턱이 홀쭉하고 작기 때문에,

간니가 힘들게 자라서 잇마디가 나빠지기도 합니다.

그래서 갓난아기 때 턱이 쩍 벌어지도록 엄마의 젖을 먹어야 하고, 또 단단한 것을 먹도록 하는 것이 중요합니다.

그리고 이는 두 번밖에 나지 않는 것입니다. 충치가 되었을 때에는 또 다시 새로 나왔으면 하고 생각하는 사람이 많겠지요. 그렇지만, 이는 갓난아기 때의 젖니에서 어른의 간니로 한번 바뀌면 충분하다고 생각하고 있습니다. 그래서 한 번밖에 나지 않는 거예요.

입 속에 줄지어 나 있는 이의 그림을 보세요. 여러분의 입 속에도 이런 모양으로 이가 나 있을 것입니다.

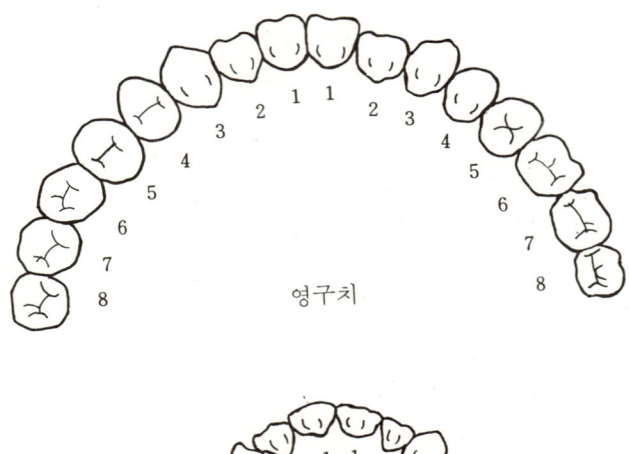

영구치

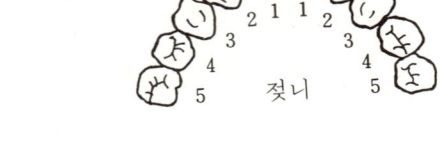

젖니

♣ 이가 빠지면 금니가 나는 것인가요 ?

아닙니다.

금니는 충치를 빼버리고,
그 자리에 끼워 넣은 것
입니다. 금은 사람의 건
강에 좋기 때문에 금을 쓰고 있는 것입
니다. 금니는 치과 의사가 만들어 준
것입니다.

♣충치는 왜 생기나요?

〈비슷한 문제〉
① 단것을 먹으면 충치가 되는 것은 무슨 까닭이지요?
② 충치가 되면 왜 색깔이 변하지요?
③ 충치의 벌레는 어디서 나오나요?

충치는 산이라는 물질에 약합니다. 그러나 산이 들어 있는 신
것을 먹어도, 이내 물을 마시거나 다른 것들을 먹거나 하기 때문에
밥을 먹고 있을 때에는 아무런 일도 없답니다.

그러나 빵이나 카스텔라, 과자 등을 먹으면, 먹은 직후에 이의
겉면에 약간의 녹말이나 당분이 남게 됩니다. 이것이 잠자고 있는

〈충치의 진행〉

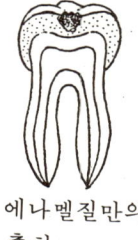
에나멜질만의
충치

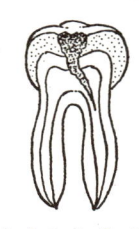
신경까지 충치가
진행함

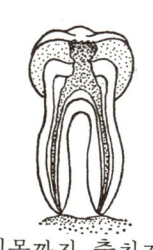
잇몸까지 충치가
진행함

동안에 젖산이라는 물질로 바뀌어서 이를 녹이게 되는 거지요.
이것을 충치라고 하는데, 충치로 된 곳이 검게 되고 삭는 것입니다.

♣숨을 쉬지 않으면 정말 죽게 되나요?

그렇습니다.

인간은 공기 속에 섞여 있는 산소를 허파에서
받아들여, 이 산소로 살아가기 때문입니다.

피 속의 붉은 피톨에는 헤모글로빈(혈색소)
이라는 철분의 일종인 흰자질(단백질)의 성분이
있어요. 헤모글로빈은 산소를 많이 끌어들이는 성질이 있어서, 우
리들이 숨을 쉬면 공기 중에 〈피돌림〉
있는 산소가 허파에서 헤모
글로빈에 붙어 심장으로 가
며, 심장에서는 펌프처럼 온
몸으로 보내게 되는 것입니
다. 그리고 조직이나 세포에
산소를 나누어 주고, 쓸모없
게 된 것은 받아 내어 다시
심장을 거쳐서 허파로 되돌
아갑니다. 숨을 쉬지 않으면,
산소를 온 몸에 나누어 줄

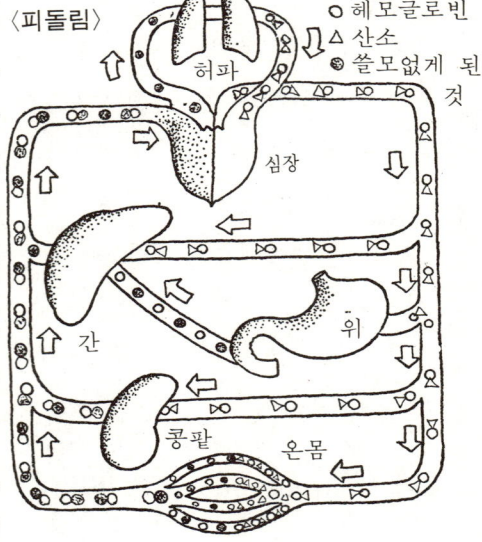

수가 없게 되어 조직이나 세포가 죽게 되지요. 이렇게 된 것을 질식
(숨이 막힘)이라고 합니다.

52

헤모글로빈은, 산소보다는 일산화탄소나 청산과 더 잘 붙고 쉽게 떨어지지 않는 성질이 있어요. 그래서, 가스 중독이 일어나는 것입니다.

♣ 심장에서 두근두근하는 소리는 왜 나지요?

사람은 산소와 몸 속에 저장해 둔 영양분(탄수화물, 지방, 단백질)에서 만드는 에너지로 살아가는 것입니다. 영양분은 몸 속의 모든 곳에 여러 가지 모양으로 산재되어 있습니다. 그래서 에너지를 만들기 위해서는, 허파로 마신 산소를 온 몸으로 날라다 주어야 하는데, 이 일을 맡아서 하는 것이 피와 심장이예요. 피는 산소를 날라다 주는 구실을 하고 심장은 산소를 지닌 피를 온 몸으로 내보내는 펌프의 구실을 하고 있어요. 다시 말하면, 심장이 두근두근하고 한번 뛸 때마다 피에 들어 있는 산소가 온 몸으로 보내지고 있는 거지요.

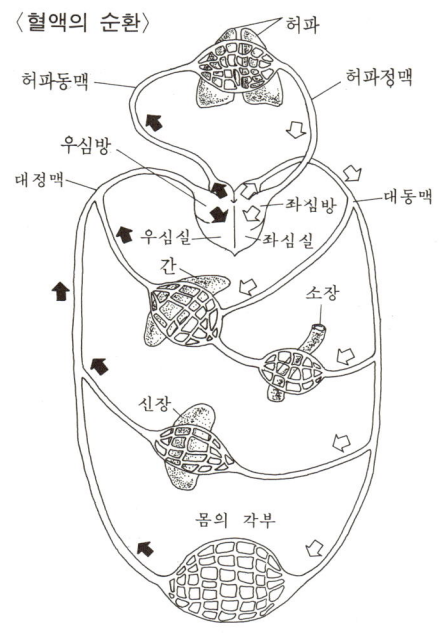

〈혈액의 순환〉

허파
허파동맥
허파정맥
우심방
대정맥
좌심방
대동맥
우심실
좌심실
간
소장
신장
몸의 각부

그런데, 달리거나 심한 운동을 한 뒤에는 급히 숨을 쉬게 되고 심장이 매우 **빠른** 속도로 두근거리고 있지요. 이것은 심한 운동을 해서 보통 때보다 많은 에너지를 써 버렸기 때문에 에너지를 다시 만들기 위해서 서둘러 산소를 보내고 있기 때문입니다.

♣ 배꼽은 왜 있나요?

사람의 배꼽은 탯줄이라는 끈(핏줄)에 이어 졌던 자국입니다.

여러분이 엄마 뱃속에 있을 때, 여러분의 배 꼽에 탯줄이 이어져 있었고, 이 탯줄을 거쳐서 엄마의 몸에서 영양분과 산소를 받아 여러분은 살고 ·있었던 것입니다.

그것은, 여러분이 뱃속 아기로 엄마의 뱃속에 있었을 때에는 입이나 코를 쓰지 않고 있었기 때문입니다.

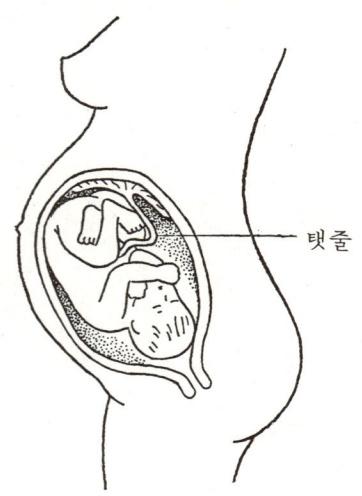

탯줄

♣ 배꼽에는 어째서 검은 것이 있나요?

배꼽 속에 있는 검은 것은 때입니다. 이것은 배꼽의 주름에 쌓인 먼지나 때가 굳어진 것입니다.

그러니까, 목욕을 할 때에는 배꼽에 비누칠을 한 다음, 손가락 끝에 수건을 감아서 문질러 주면 씻겨집니다.

그러나, 절대로 손가락을 넣고 손톱으로 떼어 내려고 해서는 안됩니다.

♣ 배가 고프면 왜 뱃속에서 꾸르륵 소리가 날까요?

"배가 고프다."의 반대는 "배가 부르다."이지요. 그것은 실제로는 "위 속이 꽉 찼다."라는 뜻입니다. 위는 먹은 것들을 잘게 부수는 일(소화)을 하지요. 다시 말하면, 위는 위에서 나오는 소화액으로 먹은 음식물을 분해하는 일과, 위의 벽을 꽉 죄었다 놓았다 하여 먹은 것을 뒤섞는 일을 하고 있는 것입니다. 이렇게 죄었다 놓았다 하는 일을 기아 수축이라고 하지요. 그런데, 위는 먹은 것이 속에 들어있을 때만 이 기아 수축을 하고 있는 것은 아닙니다. 언제나 오므렸다 폈다 하는데 위에 먹은 것이 적어질수록 세게 오므렸다 폈다 하지요. 갑자기 세게 오르러지면 위의 위쪽에 괴어 있던 공기가 밀려서 꾸르륵 하고 소리를 내는 것입니다.

♣손톱은 잘라도 왜 자꾸만 자라는 것일까요?

손톱이나 발톱은 손가락 끝을 보호하기 위해서 있는 것입니다. 손가락 끝이나 발가락 끝은 늘 무엇에 닿아서 줄어 든답니다. 쉽게 닳는다면 손가락이나 발가락은 점점 짧아지겠지요. 그렇게 되면 일도 할 수 없겠지요. 그래서, 손톱이나 발톱은 닳아도 조금씩 자라서 손가락과 발가락을 보호하고 있어요.

손톱의 뿌리 가까이에 초승달 모양의 흰부분이 있지요. 여기서 손톱을 만들어 내고 있는 것입니다.

♣손톱과 발톱은 왜 있나요?

손가락과 발가락 끝을 보호하기 위해서 있습니다.

그리고 먹이를 잡기 위해서도 필요하고요. 손톱과 발톱은 동물에 따라서 제각기 모양이 다르므로, 잘 관찰해 보세요.

사람의 손톱과 발톱,

작은새의 발톱,

매나 독수리의 발톱,

고양이의 발톱,

말의 발톱,

소의 발톱을 잘 살펴보고

차이점을 생각해 보세요.

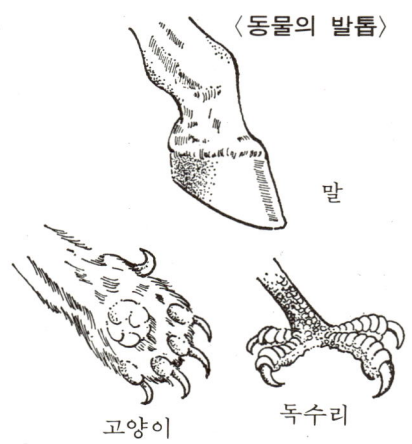

〈동물의 발톱〉

말

고양이

독수리

♣머리카락은 어떻게 자라나요?

〈비슷한 문제〉

① 머리카락은 잘라도 왜 아프지 않나요?

② 매일 조금씩 빠지는 데도 왜 대머리가 되지 않나요?

③ 머리카락 속에도 뼈가 있나요?

한 사람의 머리에 있는 머리카락의 수는 약

8만 내지 12만 개라고 합니다.

머리카락의 밑쪽에는 모근이라는 부분이 있는데 여기서 머리카락을 자라게 하지요. 영양 상태가 좋으면 1미터 50센티나 자란다고 합니다. 대체로 이 정도 이상은 자라지 않는다고 합니다.

머리카락에는 신경이 들어 있지 않습니다. 손톱이나 발톱과 같이, 머리를 보호하기 위해서 있기 때문에 짧게 잘라도 아프지 않아요.

머리를 보호하기 위해서 머리카락은 잘라도 잘라도 자꾸만 자라게 되어 있는 거예요.

물론 머리카락 속에 뼈는 없고, 매일 조금씩 빠져도 대머리가 되지 않는 이유는 다시 새로 나기 때문입니다.

♣어른이 되면 왜 겨드랑이에 털이 나나요?

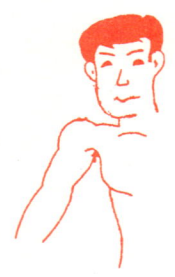

털이라는 것은 어느 것이나 모두, 몸 속의 호르몬이라는 신비한 작용으로 생기는 것입니다.

어른이 되면 겨드랑이, 코밑, 아래턱 끝, 배꼽 등 아이 때는 나지 않았던 곳에 털이 나게 되지요. 특히, 남자의 경우는 털을 나게 하는 호르몬의 힘이 강하게 나타나서 수염 같은 매우 억센 털이 납니다.

여자에게도 약간 수염이 짙은 사람이 있는데, 이런 사람은 남성 호르몬이 강하게 나타나는 사람이겠지요.

머리카락도 그렇겠지만 겨드랑이에 털이 있다는 것은 그 부분이 매우 중요하기 때문에 이를 보호하기 위해서입니다.

아무튼 자연히 그러한 곳에 털이 난다는 것은 신비로운 일이지요.

겨드랑이에 털이 난다는 것은 어린이되어 가는 증표로서 매우 중요한 현상이라 할 수 있는 것입니다.

♣다치면 왜 피가 나지요?

온 몸에 영양분과 산소를 나르기 위해서 굵은 핏줄에서 갈라진 실핏줄이라는 가는 핏줄이 몸에는 많이 있습니다.

그래서 조금이라도 다치면 그 부분의 핏줄이 끊어져 버리기 때문에, 여기를 지나던 피가 나오는 것입니다. 그러나 가벼운 상처라면 너무 만지지 말고 그대로 두면 피는 이내 멎어서 검게 굳어 상처를 막아 버리게 되지요 그리고 수돗물로 잘 씻어 주기만 해도 상처가 낫기도 합니다.

♣피는 무엇으로 만들어져 있나요? 그리고, 시간이 지나면 왜 검게 될까요?

사람의 피는, 혈장, 붉은 피톨(적혈구), 흰피톨(백혈구), 혈소판으

로 되어 있습니다. 이 중에서 어느 한 가지를 두고 보더라도, 사람이 살아가는데 없어서는 안되는 것들이예요.

혈장은 약간 누르스름한 액체로 90%가 물입니다. 나머지는 알부민, 글로블린, 피브리노겐 등의 흰자질이며, 주로 병에 걸리지 않게 하는 구실을 하는 것입니다. 또, 칼륨이나 소금, 칼슘, 마그네슘 등의 무기 염류도 있으며, 그밖에 당분, 지방, 질소 화합물 등도 있어요. 이런 것들은 매우 적은 양이지만, 어느 것 하나라도 많거나 적거나 해서는 건강을 지킬 수가 없습니다.

〈 혈액의 생성 〉

백혈구
혈소판
혈장
적혈구

그런데 피가 흐르는 핏줄에 상처가 나서 피가 밖으로 흘러나왔을 때, 처음에는 빨갛게 보였던 피가 시간이 지남에 따라 점점 굳어져서 거무스름해지는 것은 피가 핏줄 밖으로 흘러나올 때에 핏속의 혈소판이 파괴되어 피와 섞이게 되면 섬유소가 만들어지기 때문입니다.

이 섬유소가 핏속의 다른 것을 가두어 버리는 것이며, 더욱 시간이 지나면 갇혔던 성분도 파괴되고, 피는 더욱 검게 보이는 것입니다.

그러나 검게 보이는 핏덩어리에 물을 부으면 붉은 색이 스며 나옵니다.

그러므로, 붉은 혈색소는 파괴되지 않고 그대로 남아 있는 것입니다.

♣ 피는 붉은데, 핏줄은 왜 퍼렇게 보이나요?

사람의 피가 붉은 것은, 헤모글로빈을 가지고 있는 붉은 피톨이 핏속에 많이 있기 때문입니다.

우리들이 숨쉬기를 하면, 헤모글로빈은 허파에서 많은 산소를 받아들여서 더욱 붉게 되지요.

산소를 많이 가진 이 피는 동맥을 거쳐서 온 몸의 실핏줄 속으로 흘러 들어가게 되는 것입니다.

여기서 산소와 양분은 조직으로 보내고, 탄산가스와 묵은 찌꺼기는 모아져서 정맥피가 되는 것입니다.

우리들이 눈으로 볼 수 있는 팔이나 손등의 퍼런 핏줄은 산소를 나누어 주고 난 뒤의 정맥의 피입니다. 정맥 속을 흐르는 피는 산소가 적고, 탄산가스가 많기 때문에 검붉은 빛깔을 띠고 있습니다.

이 피는 핏줄과 살갗의 멜라닌 색소를 거쳐서 보이는 것이기 때문에 퍼렇게 보이는 것입니다.

♣ 똥과 오줌은 왜 나오나요?

살아 있기 때문입니다.

생명이 있는 것은, 어느 생물이건 먹이를 먹지 않으면 살아 있을 수 없지요. 그리고 또 생명이 있는 것은, 어느 생물이건 똥과 오줌을 누지 않으면 살아 있을 수 없습니다.

살아 있다는 것은, 입으로 먹은 먹이가 뱃속에서 소화되어 생명을 이어준다는 뜻이 되는 거예요.

생명을 이어 주고 있는 먹이는 몸을 움직이게 하기도 하고, 머리를 써서 생각하게도 하며, 피로하게 되면 이것들을 찌꺼기로 바꾸어 오줌이 되게 하는 것입니다.

그런데, 먹은 것 중에서 섞여지지 않았던 것은 마침내 생명의 피가 되지 못하고 똥이 되어 나오는 것입니다.

오줌은 몸 속에 들어갔던 것의 찌꺼기이고, 몸 속에 들어가지 못했던 것의 찌꺼기가 똥입니다.

그래서 오줌과 똥은 전혀 다른 것입니다.

♣ 마신 물은 오줌과 눈물로 되는 걸까요?

입으로 마신 물은 오줌으로도 되고, 눈물로도 됩니다. 그렇지만 그것 뿐일까요?

입으로 마신 물은 창자에서 빨아들여지고 있어요. 따라서 사람의 몸은 보통 몸무게의 65%가 물로 되어 있는 거예요.

사람은 잠자고 있을 때도, 깨어 있을 때도 움직이고 있을 때도 늘 숨쉬기를 하고 있습니다. 이 때에도 몸 속의 물이 숨에 섞여 나오고 있지요. 또 살갗에서도 숨쉬기를 하고 있기 때문에 눈에 보이는 땀 이외에 물이 늘 증발하고 있는 것입니다.

그 밖에 똥에도 많은 물이 섞여 있습니다.

또 있지 않을까요? 그래요, 또 있습니다.

감기가 들었을 때 재채기와 함께 콧물이 많이 나오지요.

이 콧물은 무엇일까요? 이것도 몸 속의 물이 나온 것입니다.

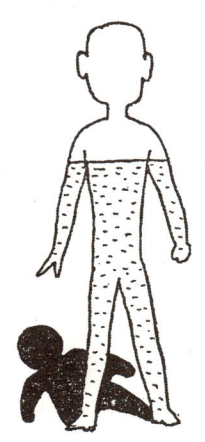

♣ 어째서 방귀, 눈꼽, 코딱지가 생기는 것일까요?

먹은 것이 생명의 피로 되게 하기 위해서는 창자벽에 흡수되기 쉽도록 분해해야 합니다. 이때, 가스가 발행하는데, 이 가스가 방귀로 되는 것입니다.

공기 중에는 많은 먼지가 날고 있는데, 이 먼지가 눈물과 섞여 말라붙어 눈 구석에 모이게 된 것이 눈꼽입니다.

또 눈에 세균이 묻었을 때, 이 세균을 없애 버리기 위해서 눈물을 자꾸 흘러서 씻어 내는 것입니다. 이 때의 찌꺼기가 모인 것도 눈꼽이랍니다.

코딱지는 공기 중에 있는 먼지가 공기와 함께 허파로 들어가려 할 때, 이 먼지를 밀어내려고 하는데, 바로 이것이 모여서 이루어진 것입니다.

이 모두가 살아 있다는 증표가 되는 것입니다.

그러니까, 몸 밖으로 내보내 버려야 할 것을 몸 속에 오래 있게 하거나 모아 두거나 하면 안 되는 것입니다.

그런 찌꺼기들은 몸에 해로우므로 빨리 몸 밖으로 내보내도록 해야만 합니다.

♣ 오줌을 자주 마려워하는 사람과 그렇지 않은 사람이 있는 것은 무슨 까닭일까요?

갓난아기는 아직 이가 없어서 먹는 것을 잘게 씹거나 덩어리진 것을 삼키거나 하는 일이 서투르기 때문에, 주로 젖이나 과일즙 등 물로 된 것을 먹게 됩니다. 따라서, 몸무게에 비해서 입으로 받아들이는 물의 양이 매우 많게 되어 오줌을 누는 횟수도 많아지는 것이 보통이지요. 3~4세가 되면, 세 번의 식사를 하게 되고 물을 마시는 양도 몸의 크기나 운동을 하는 양에 비례하게 되지요.

오줌은 콩팥에서 만들어지고 오줌통에 모여지며, 어느 정도의 양이 모이면 오줌이 마려워지는 것입니다. 그러나 신경질적인 아이라든가 오줌통에 염증이 있는 사람은, 오줌이 그다지 모이지 않아도 오줌이 마려워지는 것입니다.

반대로, 오줌통에 넘치게 모이지 않으면 오줌이 마려워지지 않는 사람도 있습니다. 이런 사람은 한 번에 많은 오줌을 누게 되지요. 그런데, 이것은 병과는 그다지 관계가 없는 경우가 많다고 합니다.

다만, 오줌이 마려운데도 참고 견디어서 오줌통이 팽팽해질 때까지 화장실에 가지 않는 것은 몸에 좋지 않아요.

♣더울 때 땀이 나는 것은 무슨 까닭이지요?

〈비슷한 문제〉

① 땀은 어째서 나지요? ② 땀은 눈물과 같은 것일까요?

사람의 몸 온도는, 주위 공기의 온도 변화에 영향을 받지 않습니다. 늘 정해진 몸 온도를 지탱하고 있지요.

이렇게 정해진 몸 온도를 지탱하기 위해서는 털구멍을 벌리고 땀을 내거나, 털구멍을 막아서 소름이 나게 하여 몸 온도가 빠져 나가지 못하게도 하지요. 일하는 데 가장 알맞은 몸 온도는 사람의 경우 36~37도, 고래는 40도로 동물에 따라 다릅니다.

그리고, 땀이 증발할 때에 살갗에서 몸의 열을 가져가므로(기화열이라고 합니다.), 몸 온도가 높아지는 것을 막는 구실도 합니다.

여러분이 감기에 걸려 열이 올랐을 때, 시원하게 해 주거나, 땀을 내는 약을 먹게 하는 것은 몸 온도를 지탱하기 위해서입니다. 그렇게 하지 않으면 몸을 잘 활동시킬 수가 없기 때문이지요.

개는 몸 온도가 주위 온도의 영향을 받지 않는 동물이지만 땀을 흘리지 않습니다. 그것은 땀이 나오는 구멍이 몸의 표면에 없기 때문입니다.

그러면, 개는 몸 온도가 올라가는 것을 어떻게 해서 막을까요? 그것은 혀를 길게 빼고 숨을 가쁘게 쉬어서 한답니다.

평소보다 더 많은 숨쉬기를 함으로써 혀로부터 열을 될 수 있는 대로 많이 내보내는 것이예요.

반대로, 추울 때에는 몸 온도를 지탱하기 위하여 몸의 표면에 있는 털로 몸에서 열이 빠져나가는 것을 막고 있는 것이랍니다.

눈물은 눈에 들어간 먼지를 씻어 내고, 슬플 때나 기쁠 때에 나오는 것으로, 몸 온도를 지탱하기 위한 땀과는 다른 것입니다.

♣ 땀은 왜 짤까요?

사람 몸의 약 65%는 물이지만, 이 속에는 염분도 들어 있습니다. 그러므로 몸의 수분, 다시 말해서 체액인 피와 눈물, 땀 등에도 염분이 들어 있어 짠 것이예요.

그러면, 왜 체액에는 염분이 들어 있을까요? 그것은 이 지구상에 맨 처음 생명이 발생한 곳이 바다 속이었기 때문이라고 합니다. 바닷물에 들어 있는 여러 가지가 생명이 태어남과 함께 체액 속으로 들어간 것이겠지요.

다시 말하면, 바닷물이 생명에 영양분을 주었기 때문이라고 말할 수도 있을 거예요. 그러니까, 바닷물이 피로 된 셈이지요. 그렇지만,

우리 몸의 피는 바닷물처럼 짜지는 않습니다.

그런데 오징어의 피를 보면, "아, 정말로 바닷물이 피가 되었던 거로군."하고 실제로 느끼게 된대요.

♣ 영양이란 무엇인가요 ?

 이 세상의 모든 생물은 영양을 받아들이지 않고서는 살아갈 수 없지요. 그래서, 영양은 생명의 뿌리라고 할 수 있습니다.

생물은 몸 밖에서 여러 가지의 것을 받아들여, 몸을 이루고 있는 성분이 모자라는 것을 보충하기도 하고, 자라게도 합니다.

건강한 사람은 영양을 음식물로써 입으로 취하지요. 주로 밥이나 채소, 고기, 생선, 달걀, 우유, 과일, 과자 등이지요. 이들 음식물에는 탄수화물, 단백질, 지방, 비타민류, 철분과 칼슘 같은 무기질, 물 등의 여섯 가지 종류가 들어 있습니다.

물 이외의 다섯 가지를 영양소라고 합니다. 탄수화물, 단백질, 지방은 몸을 만드는 재료가 되는 동시에, 마치 자동차를 움직이게 하는 가솔린과 같이 몸을 움직이게 하는 기본이 됩니다. 이것을

영양소	많은 양을 포함한 음식
탄수화물	빵 밥 설탕
지방	돼지고기 땅콩 뱀장어
단백질	두부 우유 계란
비타민	당근 토마토 정어리
무기염류	소금 시금치 김
물	주우스 물 소다수

3대 영양소라고 합니다. 또 비타민과 무기질은 몸의 움직임을 조정하는 일을 합니다. 생물이 살아가는 데는 어느 것이고 대단히 중요한 것들이어서 어느 것 하나라도 없으면 살아갈 수가 없는 것이지요.

♣ 채소를 먹지 않으면 죽게 되나요?

그렇습니다. 전혀 채소를 먹지 않으면 죽게 됩니다. 사람이 살아가는 데는 고기나 생선도 중요하지만, 이것은 먹지 않으면 살아 있을 수 없는 것은 아니예요. 고기나 생선에 들어 있는 단백질, 지방, 비타민, 무기질은 채소에도 들어 있지요. 그러나, 채소에는 들어 있으면서 고기와 생선에 들어 있지 않은 것이 있는 까닭에 채소를 먹지 않으면 병에 걸리게 되는 것입니다. 또, 영양

으로는 되지 않지만 소화를 돕는 섬유소가 채소에는 많이 들어 있습니다. 사람이 살아 가는 데는 소화도 매우 중요한 것이예요. 마젤란이 세계일주를 할 때, 채소가 떨어졌기 때문에 선원들이 혈액에 이상이 생겨 병에 걸렸었다는 일은 유명한 이야기랍니다.

♣ 배는 왜 고파지나요?

생물이 살아가기 위해서는 어떻게 해서라도 영양을 필요로 하지요. 그래서, 고기와 생선과 채소를 먹지 않으면 안되는 거예요. 먹은 것이 다 소화되어 몸 속으로 빨려들어가 없어졌는 데도 배가 고프지 않다면 어떻게 될까요?

무서운 병에 걸린다면, 영양이 없어졌어도 배가 고프지 않기 때문에 병은 더욱 악화되겠지요.

입으로 들어간 음식물이 식도를 지나서 위에 들어가면, 여기서 소화하기 쉽도록 분해됩니다. 분해된 음식물은 위에서 창자로 들어가 영양으로 되지요. 이 때, 위가 비게 되면 신경을 자극하여 "배가 고파요."하고 꾸르륵 소리를 내면서 알려줍니다. 또 창자에서 흡수된 영양을 다 써 버리면 핏속의 당분이 점점 적어지지요. 이렇게 되면, 역시 다른 신경이 뇌신경을 자극하여 "빨리 밥을 먹지 않으면 쓰러진다."라고 알려주는 것입니다. 이와 같은 것을 "배가 고파진다."고 하는 거랍니다.

배가 고프다는 것은 건강하다는 증거로서 고마운 일이지요.

♣ 갓난아기의 엄지손가락은 왜 짧은가요?

엄지손가락이 짧은 것은 갓난아기의 엄지손가락 뿐일까요? 할아버지도, 할머니도, 아버지도, 어머니도, 우리도 모두 엄지손가락은 짧습니다. 여러 사람의 엄지손가락을 보여 달라고 해서 자세히 살펴보세요.

엄지손가락이 제일 짧지요? 나머지 손가락은 길이가 모두 같을까요? 모두 다르지요. 손가락의 길이가 모두 다르기 때문에 제각기 하는 일도 다릅니다. 게다가 엄지손가락은 다른 네개의 손가락과 마주 보고 있지요. 이 점이 가장 중요한 것입니다. 그건 그렇고, 갓난아기의 손은 작고 부드러워서 정말 귀엽지요.

♣ 어떻게 해서 살찐 아이와 여윈 아이가 있는 것일까요?

우선, 살이 찐 아이는 거의가 너무 많이 먹기 때문입니다.

70

지나치게 많이 먹어서 살이 찌면 몸이 무거워서 동작이 둔해지지요.

그러니까 더욱 더 몸을 움직이려고 하지 않기 때문에 몸은 점점 더 뚱뚱해지는 거예요.

여윈 아이는 많이 먹었더라도 늘 뛰어다니거나 달리거나 하여 운동을 하기 때문에 영양을 다 써 버리고 몸 속에는 남아 있지 않게 되지요.

몸에 병이 있어서 여윈 사람도 있습니다.

또, 운동을 많이 하는데도 여위지 않고 자꾸 살이 찌는 사람도 있습니다.

지나치게 말랐거나 지나치게 살이 쩐다거나 하는 것은, 어느 편이 되었든간에 지나친 것은 바람직하지 못한 것입니다. 그중에서도 지나치게 살이 쩐 사람은 몸을 움직이는 것이 귀찮아지게 되므로 더욱 그렇지요.

그래서 더욱 살이 찌게 되는 것입니다. 그러므로 적당히 살이 빠지도록 노력해야 되는 거랍니다.

♣ 어른인데도 키가 아주 작은 사람은 왜 그럴까요?

"어머."하고 놀랄 정도로 키가 작은 어른이 가끔 눈에 띠는 일이 있습니다. 더 키가 커지고 싶다, 좀 더 키가 컸으면 하고 괴로와하고 있는 사람은 많이 있어요. 유전에 의한 경우도 있지만, 대개 뇌하수체에서 나오는 성장 호르몬의 부족에 의한 것입니다. 반대로, 이 성장 호르몬이 지나치게 많이 나오면 너무 큰 사람으로 자라게 되지요. 앞에 것을 소인증, 뒤에 것을 거인증이라고 부릅니다. 성장 호르몬을 조절할 수 있으면 쉽게 해결되는 일이지만, 오늘날에도 아직 그것을 조절할 수는 없기 때문에 애를 먹고 있지요. 그래서, 죽은 인간의 뇌하수체에서 성장 호르몬을 빼내서 키가 작은 사람에게 주사하여 성장이 빨라지게 하는 연구도 하고 있습니다.

최근에는 유전자의 위치를 바꾸어서 성장 호르몬을 합성하는 밝은 전망이 보이기도 하며, 가까운 장래에는 이런 혜택을 받는 사람이 많아져서 이와 같은 질문은 낡은 것으로 될지도 모를 일입니다.

그렇지만 키가 작다거나 너무 큰 사람이라도 한 사람의 인간임에는 변함이 없기 때문에, 자기 자신의 인생을 당당하게 살아갈 수 있도록 가슴을 펴고 맡은 일을 충실히 해야겠지요?

♣ 밤에는 왜 잠을 잘까요?

〈비슷한 문제〉

밤이 되면 왜 잠을 자야 하나요?

잠자는 것은 사람이 살아가기 위한 중요한 요소입니다. 보통 사람은 낮 동안에 활동하고, 밤에 일곱 시간이나 여덟 시간을 잠자지요. 또, 밤에 잠자지 않는 사람도 있지만, 이런 사람도 어느 짬에서라도 자야 합니다. 낮 동안에 활동하여 몸이 피곤해지면 휴식을 해야 하는 것과 마찬가지로, 뇌도 일을 하기 때문에 휴식을 주어야 하는데, 이것이 '수면'입니다.

뇌가 일하기 위해서는 감마 아미노산이 필요합니다. 낮 동안에 활동할 때에는 이 물질이 소비되고, 밤이 되면 이로써 생기는 감마 히드록시 낙산이 증가하여, 이 물질 때문에 졸리게 되는 것입니다.

잠자고 있는 동안에 감마 아미노산이 다시 만들어져서 이튿날의 활동을 준비하는 거예요.

하품이 나는 것은, 핏속에 감마 히도록시 낙산이 늘어났기 때문으로, 숨쉬기를 많이 하라는 신호를 보낸 것이예요. 숨쉬기를 크게 하는 것만으로는 감당할 수가 없어서 잠을 자지 않으면 회복할 수 없게 되는 것입니다.

♣ 꿈은 누가 비춰 주나요? 그리고, 어째서 꿈을 꾸는 걸까요?

꿈을 꾸지 않는 사람이 있지요. 하지만, 실제로 꿈을 꾸지 않는 사람은 없는 거예요. 꿈을 꾸지 않았다고 하는 사람은, 아침에 깨었을 때 자신이 꾼 꿈을 잊어버리고 있을 뿐입니다.

사람의 수면에는 두 종류가 있는데, 「렘 수면」과 「논렘 수면」이라 불리어지고 있어요.

「렘 수면」의 경우, 사람의 뇌파는 깨어 있을 때와 같아집니다.

다시 말하면, 머리는 깨어 있는 상태지요. 이 때는 눈알이 움직이기도 합니다. 꿈은 이 「렘 수면」일 때 꾼다고 합니다.

한편, 「논렘 수면」이란 깊이 잠든 상태입니다.

이 두 종류의 수면이
서로 교대되면서 나타나
사람의 수면이 이루어지
는 것이예요.

꿈은, 자신이 이제까지
체험해 온 일들을 반영하
고 있는 상태를 말하는 것
입니다.

뇌만이 깨어 있는 「렘
수면」때에 뇌 속에 비쳐진
그림이 시간적인 관련을
무시하고 이어져서 끝도
없는 「꿈」으로 되어 알게
되는 거예요.

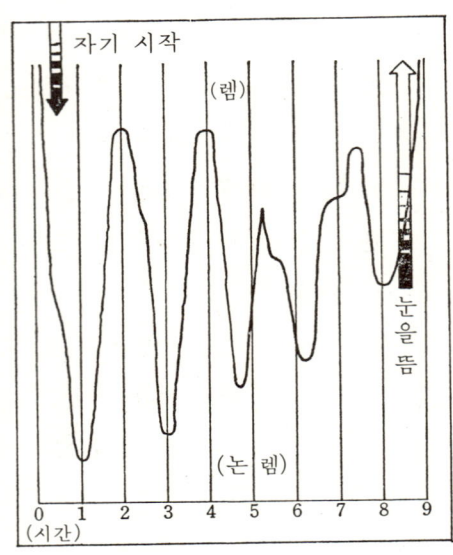

♣어떻게 하면 꿈을 꿀 수 있나요?

과연, 재미있는 질문이군요.
무서운 꿈을 꾸고 싶어요?
그렇지 않으면, 즐거운 꿈을 꾸고 싶어요?
우리가 좋아하는 꿈을 꿀 수 있도록 하느님께
기도해 보세요.
그렇게 하면 틀림없어요.
무서워하지 않아도 됩니다.

틀림없이 좋은 꿈을 꾸게 해 줄 거예요.

꿈은 거의 천연색으로 나타나지만, 흑백의 꿈을 꿀 때도 있답니다.

♣ 갓난아기도 꿈을 꾸나요?

갓난아기에게 물어 보지 않고서는 사실인지 아닌지를 알 수 없겠지요.

그러나, 틀림없이 갓난아기들도 꿈을 꿀 거라고 생각할 수 있습니다. 그것은, 갓난아기도 잠자고 있을 때 방긋 웃기도 하고, 갑자기 놀라서 우는 것을 보면 알 수 있지요. 아마, 갑자기 울 때는 무서운 꿈이라도 꾼 것이 아닐까요.

동물원에 있는 분에게 물어 보았더니, 개와 고양이, 소나 말까지도 잠자고 있을 때 꿈을 꾸는 것 같다고 합니다. 꿈이라는 것은, 앞에서도 말한 것처럼, 잠자고 있는 동안에 뇌에 비춰지는 그림입니다.

그렇기 때문에 알아 내기란 매우 어려운 일이지요.

♣ 병에 걸리면 어째서 열이 나지요?

병에 걸리면 반드시 열이 난다고는 할 수 없습니다.

평소의 몸 온도보다 0.5도가 높거나 낮거나 하면 대체로 병이 난 것으로 생각해도 될 거예요.

상처를 입었을 때 상처가 곪거나, 감기에 걸렸을 때 목이 벌겋게 부어 침을 삼키기도 괴로와지는 것은 몸 속에 병균이 들어가서 염증을 일으키기 때문이예요.

병균은 크기에 따라 세균, 비루스, 리케차 따위로 나뉘어지지요. 그리고 세균, 비루스, 리케차에도 각각 여러 종류가 있어 여러 가지 병의 원인이 됩니다. 몸 속에 병균이 들어가면, 몸 속에서 병균을 죽이기 위해서 싸움이 벌어지지요. 싸우는 것은 핏속의 백혈구입니다. 싸움에 진 백혈구의 주검이 고름인 거예요. 이 싸움에 이기기 위해서 백혈구가 자꾸 늘어납니다. 이때, 열이 나기도 하고, 아프기도 하여 "도와 주세요. 도와 주세요." 하고 경보를 울려서 알려 주는 것이랍니다. 그래서, 열이 나지 않는 병은, 병에 걸린 사실을 깨닫게 되는 것이 늦어져서 치료의 때를 놓치는 일이 있습니다.

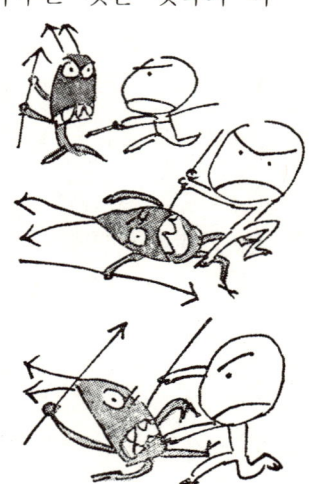

♣ 밖에 나갈 때는 왜 모자를 쓰나요?

사람이 몸에 걸치고 있는 것이 모자뿐일까요?

머리에 모자를 쓰는 것과 같이, 발에는 양말과 구두, 몸에는 속옷

과 겉옷을 입고 있지요.

또, 여름철의 더운 때에는 시원한 옷을 입고, 겨울철의 추운 때에는 따뜻한 옷을 입고 있지요.

이와 같이, 사람은 여러 가지의 것을 걸쳐서 몸을 기후의 변화로부터 보호하고 있는 거예요.

사막의 나라에 살고 있는 아랍인들은 평소에 흰 천을 머리에 둘러 쓰고 있는데 이것은 강한 햇빛으로부터 몸을 보호하기 위한 것입니다. 그렇게 하지 않으면 일사병에 걸려서 쓰러지고 맙니다. 사막의 나라들에 비해서 우리 나라는 그다지 덥지 않기 때문에, 모자나 양산을 쓰는 정도로도 충분히 보호가 되지요. 물론, 머리나 몸을 보호하는 것뿐 아니고, 유행을 따르기 위해서도 쓰는 일이 있지요.

♣ 뼈가 부러지면 식물 인간이 되나요?

뼈가 부러졌다고 해서 식물 인간이 되는 것은 아닙니다. 뼈라는 것은 뼈대—몸 속을 보호하고 몸을 받치는 일을 하는 구조—를 이루고 있는 하나하나의 부분입니다. 그래서, 뼈가 부러지면 몸이 잘 움직여지지 않게 되지요. 예를 들면,

다리뼈가 부러졌다고 하면 편하게 걸을 수가 없고, 팔이 부러지면 무슨 일을 하는데도 불편하지요. 그렇지만, 뼈가 부러진 곳 이외의 부분은 제대로 일을 하고 있어요. 왜냐 하면, 뼈는 몸을 지탱하기 위한 도구에 지나지 않기 때문입니다.

동물의 몸을 움직이게 하고 있는 것은 '골과 등골'입니다. 골이 "움직여요."하고 명령을 내리면, 이것이 등골 속을 지나고 있는 신경을 거쳐서 몸의 각 부분에 전해졌을 때 비로소 동물은 손이나 발, 날개, 지느러미를 움직여서 걷거나 날거나 헤엄치거나 할 수가 있어요. 그러므로 '골과 등골'이 파괴되면 팔이나 다리의 뼈가 부러지는 것과는 달리 큰 일이 벌어지고 맙니다. 뼈가 부러진 것 뿐이라면 얼마 가지 않아서 뼈는 서로 붙어서 전과 같이 일을 하게 되지만, '골이나 등골'이 파괴되면, 몸의 다른 부분(기능)도 일을 할 수 없게 됩니다.

골은 큰골, 간뇌, 중뇌, 작은골, 숨골의 다섯 부분으로 나누어져 있는데 이들은 제각기 중요한 기능을 갖고 있습니다.

〈뇌의 구조〉

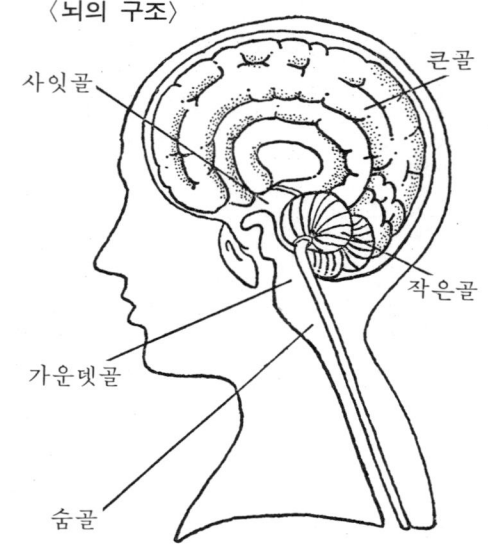

큰골 : 인간의 골중에서 가장 발달되어 있 는부분으로서 운 동의 명령을 하는 부분, 어떤 일을 느끼는 부분, 기억·이해·판단 등의 정신 작용을 하는 부분이 모여, 온 몸의 활동을 통일한다.

간뇌 : 몸 온도를 조절하고, 수면에 관한 일을 지배하는 부분이다.

중뇌 : 자세를 바르게 하는 부분이다.

작은골 : 몸의 균형을 바로잡는 일을 하는 부분이다.

숨골 : 염통과 핏줄의 활동, 숨쉬기 운동 등을 다스리는 일을 하는

부분이다.

그런데, 이러한 골 중에서 숨골이 파괴되었을 때에는, 동물은 이내 죽게 됩니다.

그러나, 큰골만이 파괴되었을 때에는 심장은 계속해서 움직일 수 있습니다.

이 때, 인간 이외의 동물이라면 제 힘으로 움직일 수가 없으므로 먹이를 먹을 수 없어 결국 죽게 되지요.

그러나 인간은 사회를 이루고 서로 도우면서 살고 있기 때문에, 설령 본인이 움직임이나 생각을 할 수 없게 되었더라도 남이 돌보아서 살아갈 수 있을 것이지요.

이와 같이, 자기의 힘이나 의지로 살아 있는 것이 아니고, 간호를 받고 있는 사람을 식물 인간이라고 합니다.

따라서, 식물 인간이라는 것은, 큰골이 파괴되어 버린 사람이라고도 해도 되겠지요.

♣ 나이가 많아지면 왜 머리가 하얗게 되나요?

머리카락이 검은 것은, 머리카락 속에 멜라닌이란 색소가 들어 있기 때문입니다. 젊을 때는 이 멜라닌이 매일매일 만들어집니다. 그래서 머리카락은 언제나 검은 색깔을 띠지요. 그런데, 나이가 많아지면 몸이 약해져서 멜라닌을 만들 수 없게 된대요. 그래서 머리털이 차츰 회색으로 변했다가 나중에는 희게 되는 것입니다.

그런데 나이가 많지 않은데도 흰머리가 많이 있는 사람이 있지요? 그것은 '멜라닌을 많이 만들지 못하는 체질'로 태어났기 때문입니다. 또 큰 걱정거리가 있어 머리가 하얗게 되기도 합니다. 거짓말 같은 이야기지만, 프랑스 혁명 때 목숨을 잃은 마리 앙트와네트 왕비는 하룻밤 사이에 머리가 새하얗게 변했다는 거예요.

주스를 빨아 마실 때에 쓰는 빨대도 속이 비어 있을 때에는 희지요? 바로 그와 같은 이치입니다.

♣ 나이가 많아지면 왜 대머리가 되나요?

매일 머리가 조금씩 빠지는데도 대머리가 되지 않는 것은 젊기 때문입니다. 젊을 때는 새 머리털을 만드는 힘이 있기 때문에 대머리가 되지 않는 거예요. 그러나 나이가 차차 많아지면 새 머리털을 만드는 힘이 점점 없어져 가지요. 그래서 머리털이 자꾸자꾸 빠져 대머리가 되어 가는 거예요.

또, 왜 남자에게 대머리가 많고 여자에게는 적으냐 하면, 머리털을 자라게 하는 힘이 되는 것이 여성 호르몬의 일종이기 때문입니다.

여성 호르몬이 적고 남성 호르몬이 많으면 대머리가 되는 것입니다.

♣ 사람이 죽으면 어디로 가나요?

 밤에 정신 없이 푹 잠들었다가, 그대로 언제까지나 깨지 않으면, 그게 바로 죽음이라는 거예요.

오랜 옛날 사람들은, 잠자고 있는 동안에 콧구멍으로 영혼이 빠져 나가서 놀러 간다고 생각했었지요.

좋아하는 사람에게 놀러 가서 그 사람 콧구멍으로 해서 몸 속으로 들어가면, 그 사람은 이내 꿈을 꾸는 것이라고 생각하고 있었어요.

그리하여 새벽에 돌아와서 콧구멍을 통하여 자기 몸 속으로 들어가면, 잠이 깨는 것으로 알고 있었답니다.

그 때, 돌아갈 자기 몸을 찾지 못하면 죽는 것이지요.

그리고 옛날 사람들은, 죽은 사람은 자기 집에서 가까운 곳으로 간다고 생각하고 있었어요.

천당이라고 해도, 느티나무 꼭대기나 은행나무 꼭대기쯤으로 생각하고 있었어요. 거기서 자기 자손들을 조용히 지켜보고 있다는 거예요.

죽은 사람은 누구나 천당에 가게 됩니다.

살아 있을 때의 갖가지 어려운 일, 괴로운 일, 슬픈 일, 기쁜 일, 밥 먹는 일, 똥 누는 일, 이런 것에서 해방되는 것입니다.

자기를 묶고 있는 밧줄에서 풀려나기 때문에, 그곳이 곧 천당인 것입니다.

다시 말하자면 자연과 하나가 되었기 때문에 서로 거슬리는 일이 없어진 곳이 곧 천당입니다. 그러니까, 천당에 갈 때 어떻게 가나 하고 걱정하지 않아도 괜찮습니다. 자연에 몸을 맡겨 놓으면 저절로 천당에 가는 것이기 때문입니다.

천당이 어떤 곳인가는, 그 때 그곳에 가서 보도록 하는 것이 좋겠어요.

그 곳이 어떤 곳인가를 모르게 하려고, 천당에 간 사람은 한 사람도 돌아오지 않고 있어요.

천당에 간 사람이 한 사람도 돌아오지 않는 것을 보면, 천당이란 아주 멋진 곳인가 봐요. 천당에 간 사람은, 이 세상의 일 같은 것은 몽땅 잊어버리고, 생각하지도 않나봐요.

♣ 사람이나 개나 새는 왜 다 죽나요?

〈비슷한 문제〉

① 할아버지 할머니는 왜 죽나요?

② 사람은 죽지 않게 할 수 없나요?

모두 살아 있기 때문이지요. 살아 있는 것은 틀림없이 한 번은 죽는 것이랍니다. 한번 죽으면 두 번 다시 죽지는 않으니까 걱정할 것은 없지요.

살아 있는 것이 왜 죽느냐 하면, 살아있다는 것은 촛불 같은 것이기 때문이예요.

양초에는 심지가 있지요? 이 심지가 목숨의 몸뚱이지요. 이

82

목숨의 몸뚱이에 기름처럼 녹은 초가 배어 오르지요. 이것이 말하자면 밥이 되는 거예요. 몸의 먹이를 태우면 불꽃이 됩니다. 그래서 불꽃을 목숨이라 하기도 하고, 살아 있다고 하기도 합니다. 불꽃 끝에서는 그을음이 나지요. 그 연기나 그을음이 말하자면 똥이나 오줌과 같은 거예요.

촛불이 주위를 밝히고 있는 상태를, 살아 있다고 하는 것입니다. 바람이 불어서 불이 꺼지기도 하지요. 이것은 교통 사고같은 거예요.

그리고 마지막까지 다 타서, 초가 한 방울도 없게 되었을 때도 불이 꺼지는데 이것을 죽음이라고 합니다.

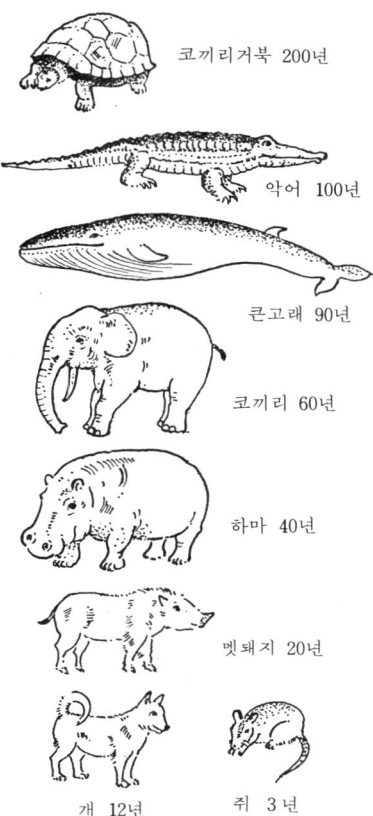

코끼리거북 200년

악어 100년

큰고래 90년

코끼리 60년

하마 40년

멧돼지 20년

개 12년　　쥐 3년

살아 있는 것의 생명도 이 양초와 똑같아서, 몸뚱이를 이루고 있는 세포라는 것이, 일정 기간이 지나면 활동을 그치게 됩니다. 그래서, 살아 있는 것은 모두 죽게 되지요. 수명은 새끼를 낳을 수 있는 나이의 약 5배쯤 된다고 합니다.

자기를 대신할 것은 강한 자손을 남기기 위하여 결혼하여 아이를 낳는 것이예요. 그러면 그것으로 제 할 일을 다 끝낸 셈이 되지요.

살아 있는 것이 죽지 않게 된다고 하더라도, 결국은 지구 위에 넘쳐 흘러 바다로 **빠져** 버리게 되니까 끝내는 죽고 말지요.

죽는다는 것은 당연한 것입니다. 조금도 무서운 것이 아니예요.

잘못되어 태어나지 못한 사람은 있어도 죽지 못한 사람은 없으니까요.

짐승의 수명은 거북이 200년, 악어 100년, 고래 90년, 하마 40년, 멧돼지 20년, 개 12년, 쥐 3년 등이예요.

♣ 남자와 여자는 왜 다를까요?

〈비슷한 문제〉

① 남자는 어째서 남자일까요?

② 선생님은 여자일까요? 아니면 남자일까요?

③ 남자 아이는 서서 소변을 하는데 여자 아이는 왜 그렇지 않을까요?

④ 남자와 여자는 화장실이 따로 있는데, 왜 그럴까요?

⑤ 대변을 보는데 왜 휴지를 쓸까요?

⑥ 철수는 조그만데도 고추가 달려 있는데 어째서 그런가요?

⑦ 여자 아이에게는 왜 고추가 없을까요?

이 지구 위에 생명이 태어났을 때, 그 생명은 한 마리가 두 마리 되고, 두 마리가 네 마리 되고, 네 마리가 여덟 마리 되고, 여덟 마리가 열여섯 마리 되고…… 이렇게 하나의 몸에서 양쪽으로 나누어져서 불어 나갔다는 것입니다. 예를 들면, 우리 몸의 배꼽 근처에서 두 개로 갈라져 두 사람이 되는 것처럼 말이예요. 생각만 해도 무섭지요? 그러나 지구 위에 처음으로 생긴 단세포의 생명이 한 마리가 두 마리 되고, 두 마리가 네 마리 되고…… 이런 식으로 나누어져서 불어 나갔다는 것은 아주 중요한 일입니다.

그렇다면, 남자와 여자가 생기게 된 원인은, 왼쪽으로 나누어진 것이 남자라고 할때, 오른쪽으로 나누어진 것은 여자라고 할 수도 있겠지요. 그 때, 남자 쪽에는 조금 튀어나온 것이 붙었다는 것이고, 때문에 여자 쪽에는 그만큼 들어가 버리고 말았던 거예요. 옛날 사람들은 이렇게 생각했습니다. 이런 생각은 과학적으로는 옳지 않을지는 모르지만, 아주 중요한 생각입니다.

곧 부부란 것은 두 사람이 한 사람 몫이 란 생각 말이예요.

왜냐하면, 한 마리 가 두 마리로, 두 마 리가 네 마리로 불어 나가는 일을 50번쯤 되풀이하게 되면, 이

제 불어나는 힘이 없어져서, 왼쪽의 한 마리와 오른쪽의 한 마리 가 서로 다가가 찰싹 달라붙어서 한 마리의 단세포가 되어, 뱃속의 생명을 서로 주고받아 생명의 바탕을 만든다는 거예요. 그러면 다시 깨어난 것처럼 생명을 불리는 에너지가 생겨나게 됩니다. 생명 이란 참 신기하지요?

알겠어요? 사람과 같은 고등 동물은, 한 사람이 둘로 쪼개져서 두 사람이 되는 그런 일은 할 수 없습니다. 그래서 아주 작은 난자라는 것과 정자라는 것이 붙어서 아기를 만들게 되었다는 거예요. 그리하여 난자를 만드는 쪽을 여자, 정자를 만드는 쪽을 남자라고 이름붙인 것입니다. 모양으로 보면, 쏙 들어간 쪽을 여자, 삐죽 튀어나온 것을 남자라고 하였던 거지요.

그러므로, 선생님도 남자가 아니면 여자가 되겠지요. 남자인지 여자인지는 직접 여쭈어 보세요. 이제 남자는 왜 남자이고 여자는 왜 여자인지, 왜 남자와 여자는 서로 다른지, 여자 아이에게는 왜 고추가 없는지 알게 되었나요? 남자 아이가 서서 쉬를 할 수 있는 까닭은, 바지 앞으로 튀어나올 수 있기 때문이고, 여자 아이의 쉬하는 곳은 바지보다 들어가 있기 때문이라는 것이나, 남자와 여자가 화장실을 따로따로 쓰는 까닭이나, 또 남자 아이는 쉬를 한 다음에 고추를 달랑달랑 흔들기만 하면 깨끗이 떨어지지만, 여자 아이는 오목하게 들어가 있기 때문에 휴지로 닦아야 한다든가 하는 이런 여러 가지 차이가 생긴 까닭을 알게 되었지요?

그런데 아기로 자랄 생명의 바탕이 이제 막 이루어졌을 때는, 남자가 될지 여자가 될지는 아직 정해지지 않았다는 거예요. 자기가 맡아서 할 일이 아직 정해지지 않은 거지요. 그래서 우선 모두 여자가 되도록 해 놓고, 나중에 남자가 되든 여자가 되든 상관이 없도록 젖이 생길 수 있는 곳에 표를 해놓고, 고추가 달릴 수 있는 곳에 고추의 표를 해두었다는 거예요. 그래서 남자 아이에게도 조그만 젖꼭지가 붙어 있는 거예요. 다음 선을 보세요.

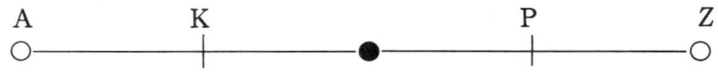

왼쪽 끝 A를 남자다운 남자, 오른쪽 끝 Z를 여자다운 여자라고 한다면, 한가운데는 남자이지만 여자이기도 한 어정쩡한 사람이 되겠지요? 이런 사람을 중성이라고 하는데, 이런 사람이 태어날 때도 있습니다. 남자와 여자가 하나의 선 위에 나란히 서 있다고 한다면, K는 A보다 여자에 가까운 남자, P는 Z보는 남자에 가까운 여자라는 식으로 갈라지는 거예요.

정말 신기하지요? 그러나 사람은 거의 남자가 아니면 여자가 되니까 걱정 안해도 좋아요.

남자와 여자가 있다는 건 좋은 일이지요.

왜냐하면, 반대와 사이좋게 되지 않으면 균형이 깨지기 때문입니다.

♣♣ 남자 아이는 왜 바지를 입고 치마를 입지 않나요?

우리 나라 사람들이 오늘날과 같은 양복 바지를 입게 된 것은 약 100년 전부터의 일입니다. 그 전에는 한복을 입고 있었지요. 양반들은 흰 바지 저고리에 두루마기나 도포를 입고 다녔고, 보통 사람들은 그저 흰 바지 저고리만 입고 다녔습니다. 그러다가 서양의 문화가 들어오자, 거기에 따라가려고 양복을 입게 되었던 거예요. 임금님도 양복을 입고, 관리들도 양복을 입었으며, 백성들에게도 양복을 입게 하였습니다. 그래서 오늘날은 우리 나라에서도 주로 양복을 입게 된 것이예요.

요즘에는 여자도 바지를 입는 일이 많아졌습니다.

그것은 1776년 미국 독립 선언에서 시작된 민주 정치의 사상인 '자유·평등'의 선물이지요. 50년 전만 해도, 여자에게는 선거권을 비롯해서 여러가지 권리가 없었습니다. 그래서 평등하지 못하다는 운동이 시작되어, 여자들도 남자와 같은 여러 가지 권리를 갖게 되면서, 바지도 입게 된 것입니다. 이와 같이, 옷차림이란 시대와 사상, 유행에 따라서 변하는 것입니다.

그런데, 여자는 스커트도 입고 바지도 입는데, 남자는 왜 바지만 입는 것일까요? 일본 사람이 가끔 입는 일본옷은 바지가 아니고 치마와 .같은 거지요. 또 영국의 스코틀랜드 남자들은 잔치 같은 것이 있을 때는 옛날 옷인 킬트를 입는데, 이것은 무릎까지 오는 스커트와 같은 것입니다.

우리가 보통 때 바지를 입는 것은, 활동하는데 편리하기 때문일 거예요.

♣♣ 왜 여자만 화장을 하나요 ?

화장이란 말의 뜻은 변하도록 꾸민다는 것입니다. 다른 사람에게 예쁘게 보인다는 뜻이기도 하고요. 곧 여자는 다른 사람들로부터 '예쁘다', '아름답다'는 말이 듣고 싶어서 얼굴에 주름이 생기거

나 하면 그것을 감추기 위하여 화장을 하는 것입니다.

옛날부터 '이팔 청춘'이란 말도 있듯이, 여자가 가장 예쁠 때는 16살 안팎, 곧 중학생에서 고등학생 때이지요. 이때는 화장 안 한 얼굴이 곱고, 입술 같은 곳도 윤이 나고 붉지요. 스무 살이 지날 무렵부터 조금 색깔이 나빠지므로 화장으로 예쁘게 꾸미는 것입니다.

하지만 인생의 목표를 가지고 싱싱하게 살아가는 사람은, 화장 같은 것을 하지 않아도 예쁘답니다.

가장 중요한 생각은 미인으로 태어나는 사람도 없고, 못난이로 태어나는 사람도 없다는 것입니다.

늘 뿌루퉁하여 불평만 늘어놓고 있는 사람은, 아무리 얼굴 모양이 잘 생겼다 하더라도 흉하게 보이는 거예요.

인생을 싱싱하게 살아간다는 것, 하고 싶은 일을 열심히 한다는 것, 이것이 사람을 아름답게 하는 원인이 되는 거랍니다. 미인이란 자기가 만들어 나가는 겁니다.

♣ 여자 아이는 왜 머리가 길까요?

엄마는 머리가 길고 아빠는 머리가 짧지요? 텔레비전에서 옛날 방송극을 보면 남자는 상투를 하고, 여자는 긴 머리를 뒤로 뭉쳐서

비녀로 찌르고 있지요? 처녀나 총각들은 머리를 따서 길게 늘어뜨리고 있어요. 그렇게 옛날에는 남자나 여자나 긴 머리를 하고 있었습니다. 머리를 감거나 빗거나 따거나 하느라고 무척 힘들었을 거예요.

그러다가 서양의 문화가 들어오면서, 옷차림과 함께 머리모양도 많이 바뀌었습니다.

그리하여, 남자 아이들은 머리를 짧게 깎고, 여자 아이들은 긴 머리를 하고 있던 때도 있었어요. 남자 아이는 남자답게, 여자 아이는 여자답게 차렸던 것이지요.

그런데 요즘은 어떻게 되었나요? 남자 같은 여자와, 여자 같은 남자가 많아졌지요? 머리의 길이는 그 사람의 취향에 따라 마음대로 할 수 있는 것입니다. 자기에개 가장 어울리는 머리 모양을 하도록 하세요.

길거나 짧거나, 그 사람에게 어울리지 않는 머리 모양은 아주 보기 싫거든요.

♣여자는 왜 가슴이 커지나요? 왜 수염이 없나요?

그것은 여자에게는 여성 호르몬이란 것이 많이 있고, 남자에게는 남성 호르몬이란 것이 많이 있기 때문에, 가슴이 커지기도

하고, 그렇지 않기도 하고, 수염이 나기도 하고, 나지 않기도 하는 것입니다.

그러므로, 호르몬의 분비에 이상이 생기면 남자의 가슴이 커지기도 하고, 여자에게 수염이 나기도 하지요.

하지만 여자보다도 가슴이 더 커진다거나, 남자보다 수염이 길게 난다거나 하는 일은 없습니다. 사람이 손을 쓰지 않는 한 그와 같은 현상이 크게 일어나는 일은 없기 때문이지요.

그러나 그렇게 하려고 하면, 될 수도 있는 일이예요.

지금은 이런 일을 해서는 안 되게 되어 있지만, 만약 그런 일이 있게 된다면 생각만 해도 참으로 무서운 일이 되겠지요.

♣ 결혼이란 무엇인가요?

살아 있는 것은 자기의 자손을 만들지 않으면 멸망하고 맙니다. 왜냐 하면, 아기의 생명은 기계나, 로봇이나, 컴퓨터로는 만들

수 없기 때문이지요. 살아 있는 생명체라야
만들 수 있는 것입니다.
아빠는 생명을 가지고 있어요
엄마도 생명을 가지고 있지요.

아빠의 생명과 엄마의 생명을 조금씩 내놓지 않고서는, 아기의
생명을 만들 수 없는 거예요.

아기는 남자의 생명과 여자의 생명이 만드는 것입니다. 남자만의
생명으로도 안되고, 여자만의 생명으로도 아기의 생명을 만들 수는
없답니다. 그래서 남자와 여자가 힘을 합쳐 아기의 생명을 만들기
위하여, 부부가 되는 것을 결혼이라고 하지요. 아빠의 생명과 엄마의
생명이 맺어지는 것이랍니다.

♣어른이 되면 왜 결혼하나요?

살아 있는 것은
자기 자식을 낳지
않으면, 자기의
무리는 멸망하고
만다는 자연의 규
칙이 있지요.

자기의 자식을 낳기 위해서 남자와
여자가 결혼을 해야 하는 것입니다.
이것도 자연의 규칙이지요.

그러므로 어른이 된다는 것은, 아기를 만드는 힘을 가진 어엿한

사람이 되었다는 뜻이 되지요.

이처럼 아기를 만드는 힘을 가진 어른이 되면, 남자는 여자를, 여자는 남자를 좋아하게 되고, 결혼하고 싶다는 생각이 들게 되는 거예요.

게다가 아기의 아버지 어머니는 나이가 많아지면 죽게 되지요. 그렇게 되면 아기는 외톨이가 되고 말잖아요?

사람은 혼자 살기에는 너무 외롭게 되어 있어요. 그래서 어차피 혼자 살 수 없다면, 남자는 여자와, 여자는 남자와 함께 살고 싶다는 생각으로 남자와 여자가 서로 결혼하는 거예요.

♣아빠와 엄마는 함께 자는데, 나는 왜 혼자서 자나요?

그런 말을 하는 어린이는 지금 몇 살이지요?

선생님 생각으로는 어린이가,

"혼자서 자고 싶어요. 내 방이 따로 있으면 좋겠어요!"

하고 말했기 때문은 아닐까요?

어린이들은 자기 혼자서 자고 싶고, 자기 방이 따로 있으면 좋겠다는 생각을 하게 될 때까지, 엄마와 함께 방에서 지내고, 엄마 곁에서 자야 합니다. 그것은 대개 초등학교 4학년이나 5학년 때까지입니다. 이때까지를 부모님의 '밀착 시대'라고 하지요.

해방 후, 아기 때부터 자기 방을 주어 독립시켜야 한다는 생각이 널리 퍼져 모두들 그렇게 했었지만, 그것은 잘못된 생각이예요.

어린이는 엄마 곁에서 자는 동안에 한 사람의 인간으로서 독립해 나가는 힘이 길러지는 거래요. 한 사람의 인간으로서 독립하게 되면, 이번에는 외롭다면서 결혼을 하게 되지요. 그리하여 아빠와 엄마는 서로 "당신 없인 못 살겠어요."하면서 같이 자는 겁니다. 사람이란 외로운 것을 싫어하니까요.

♣ 아빠, 엄마는 결혼하였는데도 왜 싸움을 하나요?

형제인데도 왜 싸움을 하나요?
친구인데도 왜 싸움을 하나요?
부모와 자식 사이인데도 왜 싸움을 하나요?
선생님들끼리인데도 왜 싸움을 하나요?
국회의원들끼리인데도 왜 싸움을 하나요?

개도 싸움을 하고, 고양이도 싸움을 하지요. 싸움을 하지 않는 동물이 있을까요?

연못의 잉어도 먹이를 던져 주면 서로 먹으려고 역시 싸움을 하잖아요?

그런데, 아빠와 엄마는 싸우지 않아도 될

일을 가지고 싸우는 일이 많은 것 같아요. 부모님이 싸울 때, 아이들은 정말 슬플 거예요. 어떻게 해야 좋을지도 모르겠고 아주 난처할 거예요. 이런 걸 다 알고 계시면서도 안 싸울 수 없는 모양이지요. 닭 싸움 같은 것일까요?

아이들의 싸움은 자기와 자기 외의 사람과는 다르다는 것을 모르기 때문에 싸움을 하게 됩니다.

그러나 아빠와 엄마의 싸움은 자기 속에 또 한 사람의 자기가 있어서, 그것과 사이가 좋지 않게 되면 자기 이외의 사람에게 덤벼드는 것과 같은 거예요.

아이들의 싸움과 어른의 싸움은 조금 다른 것 같지요?

♣ 엄마는 언제부터 어머니가 되었나요?

여자가 '어머니'란 말을 듣게 되는 것은, 아기를 낳아 젖을 먹이고서부터 입니다.

어머니는 한문 글자로 母(어미 모)라고 쓰는데, 이 글자는 여자(女)의 양쪽 가슴에서 젖이 펑펑 쏟아져 나오게 된 모양을 나타낸 거예요.

女(여)는 여자가 앉아 있는 모습을 나타낸 🔏 과 같은 그림에서 만들어졌고, 母는 🔏 과 같은 그림에서 만들어졌지요. 그래서 아기를 낳아 젖을 먹일 수 있게 된 여자를 어머니라고 한 것입니다.

아기에게 있어서 엄마가 언제부터 엄마가 되느냐 하면, 엄마품에 안겨서 처음으로 젖을 빨아 먹을 때부터예요.

그래서 아기는 엄마가 입에 젖꼭지를 물려 주면 열심히 엄마 얼굴을 쳐다보지요. 그것은 젖을 먹으며 엄마의 얼굴을 익히기 위해서지요. 그리하여, "옳지, 이 사람이 엄마이군."하고 깨닫게 되는 거예요.

엄마는 아기에게 젖을 먹임으로써 엄마가 되었다는 것을 깨닫게 되지요. 그러므로 엄마의 사랑이란 아기에게 젖을 먹이지 않고는 싹트지 않는답니다.

알껍질을 깨고 태어나자마자 곧 걷기 시작하는 아기두루미는, 태어나서 처음으로 눈에 비친 움직이는 것을 어미로 생각해 버린다고 합니다. 때문에 아기 두루미 곁에 사람이 있어서, 그 사람을 처음으로 움직이는 것으로서 보았다면 아기 두루미는 그 사람을 엄마로 정해 버리는 것입니다. 나중에 정말로 알을 낳은 두루미가 나타나서

"내가 엄마야."

하고 말해도, 절대로 그 두루미를 엄마라고 생각하지는 않는 거예요. 미운 오리 새끼는, 백조의 알을 오리가 품어서 오리가 되었다는 이야기지요 ?

그래서 사람도 아기를 낳은 엄마가 아기를 가슴에 품고 젖을 먹여야지, 그렇지 않으면 나중에 여러 가지 문제가 생기게 됩니다.

그리고 낳은 정보다 기른 정이란 말도 있듯이, 유모는 낳은 어머니보다 더 훌륭한 어머니가 될 수 있습니다. 왕자님이 자기를 낳은 왕비님보다 자기를 기른 유모를 더 따르고 소중히 하였다는

이야기도 많이 있어요. 아기를 낳았다 하더라도 젖을 먹이지 않으면 진짜 어머니가 아닌 것이지요. 사람은 말을 할 줄 알기 때문에, 사실을 속이고 거짓말을 하기도 하지만요.

♣아기는 어떻게 해서 생기나요?

〈비슷한 문제〉

①아기는 어디서 태어나나요?

②아기는 엄마의 알에서 태어나나요?

③사람은 왜 알에서 태어나지 않는 것일까요?

④여자 아이는 엄마가 낳고, 남자 아이는 아빠가 낳나요?

⑤나에게는 왜 아기 나오는 길이 없을까요?

사람도 알에서 태어납니다. 하지만 새알 같은 그런 알에서 태어나는 것은 아닙니다. 새알은 새가 되는 생명의 씨앗 부분이 돋보기로 볼 수 있을 정도의 작은 것이예요. 나머지는 그 생명의 씨앗이 자라는 데 필요한 영양분이예요. 새는 왜 그런 알로 새끼를 낳느냐 하면, 새의 주둥이는 딱딱하고 또 연필 끝처럼 뾰족하잖아요? 그러니까 엄마의 젖을 빨 수 없지요. 그래서 처음부터 알 속에, 태어날 때까지 먹을 영양분이 가득 들어

있는 거예요.

그런데 사람이나, 개나, 코끼리 같은 것은 모두 아기로 태어나지요? 그것은 엄마의 젖을 빨아먹을 수가 있기 때문입니다. 제 힘으로 젖을 빨 수 있을 때까지 엄마 뱃속에서 자라다가 태어나는 거예요. 이런 동물을 포유 동물이라고 하지요.

아기는 달걀(수정란)의 노른자에 조그맣게 붙어 있는 것보다 훨씬 더 작은 것부터 시작됩니다.

아기가 되는 생명의 바탕은, 엄마가 만드는 난자라고 하는 알과 아빠가 만드는 정자라는 알이 합쳐져서 만들어집니다. 그래서 아기를 낳기 전에, 엄마가 난자를 낳고, 아빠가 정자를 낳아요. 그리하여 난자와 정자를 합쳐서 수정란이라는 생명의 바탕을 만드는 거예요. 아기의 씨앗이라 해도 좋겠지요.

그 씨앗을 기르는 주머니를 가지고 있는 것이 엄마입니다. 그 주머니는 아기를 위한 궁전이라고 하여, 줄여서 자궁이라고 하지요. 그 곳에 수정란을 넣어 주고 40주가 지나면 훌륭한 아기가 되는 것이랍니다.

아기가 엄마 뱃속에서 나올 때, 아기가 나오는 구멍이 크게 생기지요. 그 길을 산도라고 하는데, 보통 때는 조그맣게 오물아들어서 보이지 않게 되어 있습니다.

이제, 사람은 왜 달걀같은 모양으로 태어나지 않느냐 하는 것도, 여자 아이는 엄마에게서, 남자 아이는 아빠에게서 태어나는 것이 아니라는 것도, 아기가 어떻게 생겨나는가 하는 것도 알 수 있겠지요?

♣ 아기를 배었을 때 왜 배가 불룩해지나요?

사람은 자궁이란 곳에서, 아기의 싹이 나서부터 40주일 동안 그 곳에서 자라는 거예요. 캥거루 같은 동물은 배에 주머니가 붙어 있어 그 주머니 속에서 아기를 기를 수 있기 때문에 작게 낳아도 되는 것입니다. 주머니가 없으면서도 일찍 낳아서, 기르는 데 고생을 하는 동물도 있어요. 바로 팬더가 그런 동물이지요.

사람의 아기는 자궁 속에서 배꼽에 붙어 있는 탯줄을 통하여 엄마로부터 산소나 영양을 받고 자라게 됩니다. 40주일에 약 3킬로그램 정도로 자라요.

물론 그보다 작은 경우도 있고, 4킬로그램 이상이나 자라는 경우도 있어요. 그리고, 몸무게가 2킬로그램 정도라도 엄마 뱃속에서 40주일 있기만 하면 거의 아무 염려 없이 잘 자라지요. 그러나 몸무게가 2킬로그램 이상 되더라도, 35주일 이상 엄마 뱃속에 있지 않으면 제대로 자라지 않는 경우가 많습니다. 그래서 보육기에 넣어서 잘 보호해줘야 합니다. 체온의 조절이나

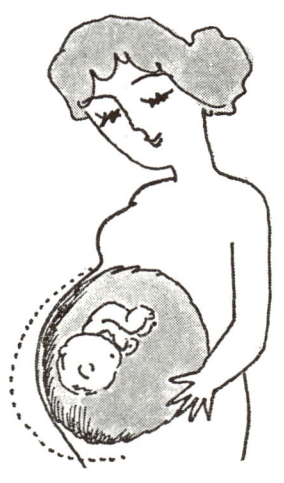

호흡이 잘 안 되기도 하고, 젖 빠는 힘이 약하기도 하기 때문이지요. 이런 경우에도 엄마 젖을 먹여야 한다는 것은 아주 중요한 일이예요.

40주일 동안 뱃속에서 자라면, 몸무게가 3킬로그램, 양수나 태반을 합치면 약 6킬로그램이나 되는 덩어리를 뱃속에 안고 있는 셈이지요. 이만한 것이 뱃속에 들어 있으면, 마치 큰 수박을 뱃속에 품고 있는 것과 같은 느낌이 들지요.

배가 자꾸 불룩해져서, 이제는 배가 터질 것 같이 되었을 때가, 그리고 아기가 이제 밖에 나와도 괜찮다는 때가 꼭 40주일이 되는 때입니다.

그러므로 엄마의 배가 불룩해진 것은, 뱃속의 아기가 커졌기 때문입니다.

♣ 어떻게 해서 젖이 나오나요?

가슴을 보세요.

가슴 양쪽에 둥글게 젖이 있을 거예요. 남자 아이에게도 여자 아이에게도 있어요. 그 한가운데 젖꼭지가 조그맣게 돋아 나 있지요? 그 젖꼭지에는 젖이 스며나오는 구멍이 20개쯤 있습니다. 그 하나하나의 구멍이 젖선이란 곳에 이어져 있고, 그 젖선에 포도송이처럼 2개, 4개, 8개, 16개 하는 식으로 젖만드는 공장이 이어져 있어요.

엄마 뱃속에 아기가 생기면, 이 젖선의 공장이 발달하기 때문에 젖이 커지는 겁니다. 그러므로 결혼하기 전에는 젖이 너무 부풀어 있지 않는 것이 좋다고 합니다. 너무 부풀어 있으면, 기름기가 젖 만드는 공장을 눌러 버리기 때문에, 아기가 태어났을 때 젖이 잘 나오지 않게 됩니다.

♣ 아빠는 아기를 낳지 않는데도 왜 배가 불룩 한가요?

어린이의 아빠는 배가 불룩한가요? 그렇다면, 아빠는 씨름꾼인가요? 씨름꾼은 몸이 무거워야 하니까 배가 불룩해도 좋지만, 그렇지 않은 경우라면 뱃 속에 기름기가 너무 많이 끼여 있어서 그런 것입니다. 운동을 많이 해서 기름기를 없애면, 불룩한 배가 좀 들어갈 수 있겠지요.

♣ 물에 손을 오래 담그고 있으면 손이 쭈글쭈글해지는데, 그 까닭은 무엇인가요?

오랫동안 손을 물에 담그고 있으면, 피부 표면에 물이 스며들어서 붇게 됩니다. 그러면 피부 표면이 늘어나서 넓이가 넓어지지 않겠어요? 그러나 피부 안쪽의 넓이는 변하지 않습니다. 그래서 피부 표면은 크게 퍼지려고 하는데, 안쪽은 그대로이기 때문에, 서로 맞지 않아서 쭈글쭈글해지는 거예요. 곧, 물에 오랫동안 손을 담갔을 때 생기는 주름은, 물이 스며들어 피부가 붇어서 넓어진 만큼 느슨해진 것이란 말이지요.

목욕탕에 오랫 동안 들어앉아 있어도 손이 쭈글쭈글해지지요. 그리고 쭈글쭈글해지는 것은 손뿐이 아닙니다. 물이나 더운물에 담갔던 피부는 어디나 다 쭈글쭈글해져 있어요. 다만, 손이나 손가락 끝의 피부는, 표면이 다른 곳보다 두껍기 때문에, 붇는 것도 역시 더 많이 붇는 것이지요.

♣ 왼손잡이는 왜 되나요?

"어째서 왼손잡이가 되었을까요?
하고 의문을 가지는 어린이는 아마 왼손으로 그림을 그리거나 밥을 먹거나 하는 사람을 보고, 왜 저 사람은 왼손잡이일까 하고 이상하게 생각하였겠지요. 아니면 자기가 왼손잡이 이든가요.

오른손잡이니 왼손잡이니 해도 그것은, 잘 듣는 손이나 팔에 대해서만이 아니예요. 윙크, 팔짱끼기, 다리꼬아앉기, 한쪽발뛰기, 수건짜기 등 정말 갖가지 동작에서 몸의 한쪽을 중점적으로 쓰고 있는 것입니다. 우리 나라 사람의 약 90%는 오른손잡이 라고 하지만, 그렇다고 해서 윙크나 다리 꼬기도 그렇다고 할 수는 없어요.

오른손잡이, 왼손잡이는 대뇌에 관계되는 것이기 때문에, 대개는 태어날 때부터 정해져 버리지요. 그러나 연습에 의하여 양쪽 손을 다 쓸 수 있게 되는 것이니만큼, 숟가락질이나 글씨 쓰기만이라도 연습해 보세요. 부모님이 열심히 고쳐 주기 때문에, 밥 먹을 때나 글씨 쓸 때 왼손을 쓰는 사람은 아주 드물지요. 세상의 여러가지 일이 오른손을 쓰도록 되어 있는 점이 많기 때문이기도 할 거예요. 그러나 너무 심하게 고쳐주려고 함으로써 정신적인 균형이 무너지는 일도 있기 때문에, 요즘에는 왼손잡이의 권리를 주장하기도 하고, 또 그것을 인정하려 하기도 합니다. 아마 얼마 가지 않아서 왼손잡이니 오른손잡이니 하는 따위는 전혀 문제가 되지 않는 날이 오겠지요.

♣ 그네에 흔들리면 어지러워지는 것은 왜 그런 가요?

그네를 아무리 오래 타도 어지러워지지 않는 사람도 있습니다. 어린이나 어린이의 친구들은 모두 어지럽다고 하던가요?

올림픽 대회 같은 데서 피겨 스케이트 선수들의 재주를 본 적이 있지요. 보기만 해도 눈이 빙빙 돌 것 같은 속도로 빠른 회전을 몇 번이나 돌고나서도 딱 멈춰 서서 빙그레 웃을 수 있는 것은 무슨 까닭일까요?

그것은 귀 안쪽에 있는 전정 기관이란 것이 있기 때문이지요. 그네를 타고 크게 흔들리거나 뱅글뱅글 돌거나 하면, 전정 기관은 여러 가지 자극을 받아서 흥분하여 반사적인 반응을 나타냅니다. 그 결과 어지러움을 느껴서 기분이 나빠지는 것입니다. 그네가 멈춰 섰는데도 아직 흔들리고 있는 것처럼 느껴지는 것은, 운동의

감각 또는 그 잔상에 의하여 외계 또는 몸
의 운동이 일어나지 않는데도 일어나고
있다고 착각하기 때문입니다. 이것이 어
지러움이지요. 한편, 이 착각에 대하여 반
사적으로 교정작용이 작용하기는 하지만,
보통 사람은 그 작용이 약하여 어지러워지
거나, 심하면 구역질이 나거나 하는 등 기
분이 나빠지지요. 운동 선수나, 그네를 뛰
어도 기분이 나빠지지 않는 사람은, 원래

체질이 강하기 때문이기도 하지만, 대개는 연습에 의하여 단련되
었기 때문입니다. 그러므로 그네를 뛰면 어지러워하는 사람도 억지
로 참고 몇 번이고 뛰면, 아무렇지도 않게 될 것이 틀림없습니다.

♣ 나이가 들면 왜 오줌을 싸지 않게 되나요?

이른바 '오줌싸개'는 병이 아닙니다.

오줌을 싸지 않게 되는 것은 서너 살 때부터인데, 일곱 살 무
렵까지는 가끔 오줌을 싸는 일이 있기는 하나 걱정할 것은 없습니다.

신장에서 만들어진 오줌이 요관이란 대롱을 지나, 방광이라고
하는 오줌 탱크에 약 절반 이상 차게 되면 오줌 누고 싶은 느낌이
일어나게 되지요. 어릴 때 오줌을 싸는 것은, 이 느낌이 아직 충분히
발달하지 않았기 때문입니다. 잠들어 있을 때는 이 느낌이 특히
둔해지므로 오줌을 싸게 되는 거예요. 그리고 서너 살이 되면, 밤
사이의 오줌의 분량을 조절하는 신경이나 호르몬의 작용으로 오줌

의 분량이 적어지는데, 이것이 아직 발달되지 않아서 오줌을 싸게 되는 일도 있지요. 그러나 대개는 몸의 성장과 더불어 신경도 발달하고, 호르몬의 분비도 정상적으로 이루어지기 때문에 오줌을 싸지 않게 됩니다.

이 시기에 너무 잔소리를 하면, 어린이는 신경질적이 되어 신경성인 오줌싸개가 되고, 이것이 버릇이 됨으로써 야뇨증이란 병이 되는 수가 있는 거예요.

♣사마귀는 왜 생기나요? 왜 검은가요?

우리들의 피부를 크게 셋으로 나누면, 거죽에서부터 표피, 진피, 피하 조직의 세 부분으로 되는데, 표피와 진피가 맞닿아 있는

부분의 세포에는, 누구의 것이나 다 갈색의 색소가 들어 있어요. 이 색소가 많으냐 적으냐에 따라, 피부가 희냐 검으냐가 정해지지요.

표피 외에 진피속에도 색소가 조금 있는데, 이 색소가 어느 한 부분에 많이 모여 있으면 검은 사마귀가 되는 것입니다.

사마귀는 날 때부터 있기도 하고, 유전적으로 사마귀가 생기기 쉬운 체질의 사람에게 생후 2,3년쯤 되어서 나타나기도 하고, 또 사춘기에 많이 나타나는가 하면, 늙어서 갑자기 나타나기도 하지요. 어째서 한 부분에 색소가 모이느냐 하는 것은 아직 알 수는 없습니다. 다만, 이 사마귀는 차차 커지기도 하고, 돋아오르기도 하고, 거죽이 까칠까칠해지기도 하는데, 암으로 변하는 일이 더러 있기 때문에 조심해야 한대요.

♣모기에 물리면 가려워지는 까닭은 무엇인가요?

모기에 물린 뒤의 가려움이 얼마나 견디기 힘든 것인지, 아마 겪어 보지 않은 사람은 없을 거예요. 특히 발바닥에 물렸을 때에는 정말 말

수 없이 괴롭지요? 그 밉살스러운 범인은 도대체 누구일까요?

모기는 동물의 피부에 앉으면, 위턱과 아래턱 끝에 있는 이빨로 그 피부를 찢고, 가늘고 긴 대롱으로 된 부리를 찔러넣는 거예요. 그 때, 가슴 부분에 있는 침샘에서 침이

나와, 부리를 통하여 동물의 몸 속으로 흘러들어가지요. 이 침이야말로 가려움의 진짜 범인이에요.

모기가 앉아서 피를 잔뜩 빨아마신 뒤가 오히려 덜 가려운 것은, 피와 함께 제 침을 도로 빼내었기 때문입니다.

♣유치원(어린이집)은 왜 있나요?

소나 말이나 개나 고양이는, 엄마 아빠에게서 물려받은 유전자라는 것으로 한평생의 능력이 정해지지만, 사람은 태어나면서부터 어떻게 자라느냐에 따라 일평생이 정해지지요. 어떻게 길러졌느냐, 어떤 교육을 받았느냐에 따라 평생이 정해지는 거예요.

왜냐하면, 사람에게 가장 소중한 것은 '말'이잖아요? 한국 사람은 한국말로 말을 하는데, 이건 유전이 아니지요? 엄마가 젖을 먹이면서 이야기를 들려주었기 때문에 우리말로 말을 할 수 있게 된 거예요. 그러므로 우리 나라 아기라 하더라도 영어를 하는 사람이 기르면 우리말을 전혀 할 수 없게 되는 거지요. 그래서 엄마가 젖을 먹이면서 들려 준 말을 '어머니의 말'이라는 뜻으로 '모어'라고도 합니다. 이렇게 말을 익힌 아기가 여러 형제들 속에서 자라면서 착하고 슬기로운 사람이 된답니다.

그러나, 요즘은 부부 사이에 어린이의 수가 적어졌잖아요? 이렇게 되면 어른들 사이에 아기가 있게 되어 어린이인데도 어른 같은 말투가 되고 말지요. 그래서 유치원에 가서, 친구들과 다같은 자격으로 서로 뛰어놀게 하기 위하여 유치원이 생긴 거예요. 자기가 아닌 다른 사람이 많이 있다는 것을 배우고, 또 제멋대로 해서는 안 된다는 것을 배우기 위해서지요.

♣ 유치원 다음에는 왜 초등학교에 가나요?

초등학교는 만 일곱 살이 된 어린이가 들어가는 곳이지요.

일곱 살이 되면, 사람으로서 알아 두어야 할 수학이라든가, 읽기라든가 하는 것이 필요해지기 때문입니다.

학교에 들어가면, 1(하나)+(더하기)2(둘=(은)3(셋)이라고 하는데, 그것이 왜 셋이 되는지도 알게 되지요. 학교에 들어가면, 모르는 것이나 이상한 것을 하나씩 알게 되는 거예요.

♣ 여름 방학 때는 왜 유치원에 가지 않나요?

여름에는 너무 덥기 때문에 유치원도 쉬는 거예요. 사람이 공부하기 좋은 온도는 섭씨 17도쯤이지요. 조금 춥다 할 때에 공부가 잘 되는 거예요.

그런데 여름에는 섭씨 30도 이상까지 올라가잖아요? 그렇게 되면 유치원이나 학교 안에서 축 늘어지게 되지요.

그리고 어린이는 매일매일 학교에만 있는 것은 좋지 않아요. 때로는 집에서 부모님과 함께 있는 것이 가장 행복한 거예요. 그래서 긴 방학을 하여, 어린이들이 가정에서 부모님들과 함께 지내는 시간을 만들어 주는 거예요.

즉 여름은 가정과 자연으로 어린이를 돌려주는 계절이기 때문에 유치원에 가지 않는 거예요.

♣ 가을 방학은 왜 없나요?

잘 생각해보세요.

1학기 공부가 끝나면 여름 방학이지요? 너무 더우니까 쉬는 겁니다.

2학기 공부를 하다가 추워지면 또 겨울 방학을 해야지요?

2학기가 끝나면, 이번에는 한 학년씩 위로 올라가는 준비를 하느라고 또 쉬잖아요?

그리하여 또 1학기가 시작되지요.

더울 때, 추울 때, 그 학년 공부가 끝났을 때, 이렇게 1년에 세 차례나 쉬는데, 또 방학을 하면 공부는 언제

하나요?

특히, 가을은 공부하기가 가장 좋은 때잖아요? 이 때는 쉬지 말고 열심히 공부를 해야지요.

♣ 유치원에는 왜 여선생님이 많은가요?

유치원 선생님이 되고 싶어하는 사람 중에는 여자가 훨씬 많기 때문입니다.

하기 싫어하는 사람에게는 선생님이 되어 달라고 해도 소용이 없잖아요?

유치원의 어린이들과 친구가 되어 함께 생활하고 싶다고 희망하는 사람이라야 유치원 선생님이 될 수 있는 것이지요. 그렇지 않으면 즐거운 유치원이 될 수 없어요. 어린이들의 좋은 친구가 되겠다고 희망하는 사람 중에는 젊은 여자가 훨씬 많기 때문입니다.

♣ 여자 선생님들 중에는 남자같은 머리를 한 분이 계신데 왜 그런가요?

남자 같은 머리란 어떤 머리 모양을 말하는 것일까요? 짧은 머리를 말하는 것이겠지요. 요즘에는 남자들 중에도 머리를 길게 기르거나 파마까지 한 사람이 많이 있잖아요?

옛날 우리 나라에서는 상투를 틀기 위하여 남자들도 머리를 길렀지요. 바다 건너 프랑스의 남자들도 역시 머리를 길렀고, 게다가 가발까지 쓴 일도 있었어요. 그러다가 오늘날로 내려오면서 차차 짧은 머리가 활동적인 것으로 되어, 남자나 여자나 짧은 머리를 하게 된 거예요. 곧, 머리 모양은 시대나 유행에 따라서 여러가지로 변하고 있는 거예요.

옛날에는 모든 사람이 거의 같은 머리 모양을 하고 있었지만, 요즘은 자기의 취미나 개성을 소중히 하는 시대이기 때문에, 갖가지 머리 모양을 하는 남자나 여자가 있는 거예요.

♣ 선생님은 우리와 같이 언제나 놀고만 있나요?

글쎄요…….

유치원 어린이들 눈으로 보면,

"선생님은 왜 우리들과 놀고만 있을까?"

"선생님은 직장이 없는 것일까?

"선생님은 왜 일하러 가시지 않을까?"

아니면,

"선생님은 왜 공책을 늘 가지고 있을까?

하고 질문이 나올 수 있겠군요.

그렇다면, 선생님은 다음처럼 되물을 수 있어요.

만약, 유치원에 선생님이 한 분도 안 계시다면 어떻게 될까요?

싸움이 시작되면 어떻게 될까요?

누군가가 찻길로 뛰어가면 어떻게 될까요?

누군가가 종이접기를 하고 싶은데, 접는 방법을 가르쳐 줄 선생님이 안 계시면 어떻게 될까요?

체조를 하고 싶은데, 어떻게 하는 건지 잘 모르겠어요. 어떻게 하면 좋을까요?

그것 보세요. 어느 것이나 선생님이 계시기 때문에 할 수 있잖아요?

어린이들과 함께 종이접기를 하거나, 체조를 하거나, 놀이를 하거나 하는 것이 선생님의 일이랍니다.

그래서 선생님은, 선생님의 일이 잘 되었는지 어떤지, 적어 넣을 공책을 늘 가지고 다니는 거랍니다.

♣ 자기를 나, 또는 저라고 하는 까닭은 무엇인가요?

여러 어린이에게는 모두 이름이 있지요? 그러나, 자기에 대해서 말할 때, 언제나 자기 이름을 말할까요?

가령 내 이름이 '조승혁'이라고 한다면, "조승혁은 짜장면이 먹고 싶어요." 라든가,

"조승혁은 수영장에 가고 싶어요."

"조승혁은 오줌이 마려워요." 라고 말을 할까요? 그렇지 않겠지요.

자기 이름을 말하는 대신,

"나 샌드위치가 먹고 싶어." 라든가

"전 짜장면이 먹고 싶어요." 라고 말해야 하겠지요.

이렇게 말하는 것을, 자기의 이름 대신 쓰는 말이라고 합니다.

♣ 말은 왜 있나요?

　　　　　사람은 슬기로와지기 위해서 말을 만들었어
요.

　　'말'이란, '물건'이나 어떤 '일'에 붙인 이
름이예요.

　　'산'이란 말은, 한라산이나 지리산 같은 산을
가리키지요. 그러므로 말의 뜻이란, 그 말이 가리키고 있는 '물건'
이나 '일'을 뜻하지요. '걷는다'란 말은, 사람이나 동물이 천천히
한 걸음씩 몸을 옮기는 일을 가리킵니다. 이것을 '뜻'이라고 해요.

　이렇게 해서, 사람은 자기들을 둘러싸고 있는 모든 '물건'이나
'일'에 이름을 붙여서 슬기로와진 것이예요.

　말을 가지고 있다는 것은 사람일 수 있는 조건의 하나입니다.

♣ 외국인과 우리 나라 사람은 왜 말이 다른가요?

　영국 사람은 영어로 말을 하지요? 일본 사람은 일본말로 말

하지요? 한국 사람은 한국말로 말하지요? 왜 말이 다를까요?

먼 옛날에는 비행기도, 기차도, 기선도, 자동차도 없었어요. 그러므로 여행을 할 때는 자기 발로 걷는 것 이외는 방법이 없었습니다. 그런 시대에 여행 같은 것은 아무도 하지 않았어요. 자기가 태어난 곳에서 살다가 늙어서 죽어갔지요. 말하자면, 교통 기관이 없었기 때문입니다.

그 때는 물론, 텔레비전이나 라디오도 없었고, 전화도 없었어요. 편지를 쓸 필요 같은 것도 전혀 없었지요. 신문이나 잡지 같은 것도 물론 없었습니다.

그러나 살다보니, 자기가 태어나서 살고 있는 곳의 사람들끼리만이라도, 물건에 이름을 붙여 놓지 않으면, 이만저만 불편한 것이 아니라는 생각이 들었던 거예요.

그래서 영국 사람들은 산을 가리켜 '마운틴'이라고 이름을 붙이고 말았어요. 일본 사람들은 '야마'라는 이름을 붙였고, 우리 나라 사람들은 '뫼'(나중에는 '산')라는 이름을 붙였지요. 영국 사람이나 일본 사람이나 한국 사람이 모두 모여서 똑같은 이름을 짓자는 의논을 할 수가 없었던 거예요. 그래서 그대로 몇 만 년이고, 몇 십만 년이고 세월이 지나고 말았어요. 이제는 고칠래야 고칠 수가 없게 되었지요.

그래서 나라(민족)가 다르면 말도 다른 거예요. 또 영어를 할 수 있다고 해서 외국인이 될 수 있는 것은 아니지요. 그리고, 온 세계 여러 나라의 말을 똑같은 말로 만든다는 것도 거의 불가능할 일일 거예요.

말이 다른 것은 역사적, 지리적 조건 때문입니다.

♣ 왜 사람마다 이름이 있나요?

이름이 없으면 친구들을 사귈 수 없잖아요?

친한 친구 이름을 말해 봐요. 영수, 수경이, 개나리, 철수, 재돌이, 영이……보세요, 여섯 사람이나 되잖아요?

만약 이름이 없다면 친구들을 어떻게 부를까요? 어떻게 하여 친구를 사귈까요?

그래요.

사람마다 이름이 있는 것은, 자기와 다른 사람이 있고 그 사람과 친구가 되기 위해서예요. 친구가 되기 위해서는 우선 이름부터 알아야 하잖아요?

♣ 사람은 왜 성과 이름이 있나요?

우리에게 이름만 있다면 어떻게 될까요? 글쎄요. 누구네 집의 철수인지 모를 때가 있지 않을까요? 정철수도 있고, 김철수도 있고, 이철수도 있지요. 이처럼 같은 이름이 얼마든지 있어요.

그래서 성은 아빠, 언니, 동생 등 가족이 모두 같지요. 엄마만은 성이 다르지만요. 엄마를 빼놓고는 온 가족이 같은 성을 쓰고 있고, 이름은 자기만의 이름으로 되어 있는 거예요.

115

♣ 횡단보도에는 왜 줄무늬를 그려 놓았나요?

여기가 횡단보도예요—하고, 누가 보아도 알 수 있도록 하기 위해서지요.

횡단 보도의 줄무늬는 보통 옆의 그림

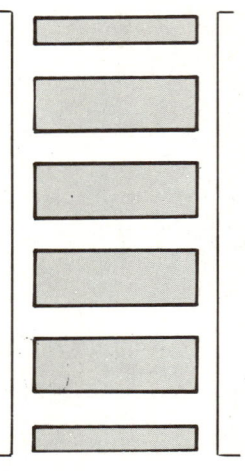

과 같이 되어 있어요.

도로에 아무것도 그려 놓지 않으면, 어디가 횡단 보도인지 모르겠지요.

이런 모양으로 도로에 줄무늬를 그려 놓게 된 것은, 자동차의 수효가 많아지고서 부터입니다. 자동차가 적었을 때에는 중간 차선도 없었지요.

♣ '차는 오른쪽으로, 사람은 왼쪽으로'는 누가 정했나요?

나라에서 정한 거예요.

해방 전에는 차도 왼쪽으로 다녔고, 사람도 왼쪽으로 다녔었지요. 해방 후에 차는 오른쪽으로 다니게 했을 때, 사람은 그대로 왼쪽으로 다니게 했습니다. 사람이 오른쪽으로 걷고 있으면, 차가 뒤에서 붕붕 하며 앞질러 지나가기 때문에 무척 불안하고 또 위험하지요. 그보다는, 차를 마주보고 걷는 반대 통행이 더 안전하기 때문에, 차는 오른쪽으로, 사람은 왼쪽으로 정한 것이예요.

그러나 세계 여러 나라가 다 그런 것은 아닙니다. 일본과 영국 같은 나라는 우리와 반대이지요. '차는 왼쪽으로, 사람은 오른쪽으로' 되어 있어요. 일본은 오래 전에 영국을 흉내내서 그렇게 하였다는 거예요.

♣어째서 시간이 있나요 ?

〈비슷한 문제〉

◎시계는 어째서 12시까지 밖에 없을까요 ?

이것은 아주 어려운 문제이군요.

시간이 있기 때문에, 시간이 있다는 것을 사람이 알게 된 것이지요. 만약 시간이 없고 공간뿐이라면, 그 공간도 없는 거예요. 시간이 있다고 인식하는 것, 그 자체가 시간적 인식이니까요.

잘 모르겠지요 ?

왜 시간이 있느냐—있기 때문에 있다고 할 수 밖에 없군요.

그러나 시간이란 붙들지 않으면 없는거나 마찬가지지요. 8시란 시각과 9시란 시각 사이를 1시간이란 식으로 나타내고 있으니까요.

유치원 같은 데서는, 시간이 달아나지 않도록 시간표를 만들어서 공부를 하고 있습니다.

12시까지 밖에 없는 까닭은, 하루의 길이를 24로 나누고 그것을 오전과 오후로 나누었기 때문입니다.

♣ '시간이 없다'고 말하는데, 시간은 어디로 가버렸을까요?

시간이란 이상한 것이예요. 보이지도 않고, 만질 수도 없고, 시간이란 도대체 무엇일까요?

유치원에 갈 때, 집을 나와서 유치원에 도착할 때까지는 시간이 걸리지요. 천천히 걸으면 시간이 많이 걸리고, 빨리 걸으면 시간이 적게 걸려 빨리 유치원에 도착하지요. 달려가면 더욱 빨리 도착하여, 시간이 많이 걸리지 않아요.

집에서 유치원까지의 거리는 같아도, 걷는 속도에 따라 걸리는 시간은 달라집니다. 빠르게 걸으면 유치원에 빨리 도착하여, 노는 시간이 많아지지요. 천천히 걸으면 유치원에 도착하고서 노는 시간이 적어지고, 꾸물꾸물하고 있으면 노는 시간이 없어지고 말겠지요.

하루의 시간은 정해져 있습니다.

그 시간 안에서 아빠와 엄마는 여러 가지 일을 하고 있어요. 일이 너무 많으면, 하루의 시간 안에 다 할 수 없을 때도 있지요. 그럴 때 "시간이 없다."고 하는 거예요. 그러니까 시간이 어디로 가 버린 것이 아니고, 시간이 모자란다는 뜻이지요.

♣ 남의 것을 뺏으면 왜 안 되지요?

닭 같은 동물은 남이 먹고 있는 것을 잽싸게 가로채기도 하지요. 개나 고양이 같은 것들도 힘센 놈이 약한 놈의 것을 제멋대로 빼앗지요.

그러나 사람에게는, 남의 것을 빼앗으면 빼앗긴 사람에게 큰 곤란을 끼치게 된다고 생각하는 점이 있어요. 왜냐하면, 그 물건은 그 사람이 필요하기 때문에 가지고 있는 것이 아니겠어요? 그래서 그것을 빼앗아 버리면 큰일이겠지—하고 생각하게 되는 것이지요. 그렇기 때문에 사람이라고 할 수 있는 거예요.

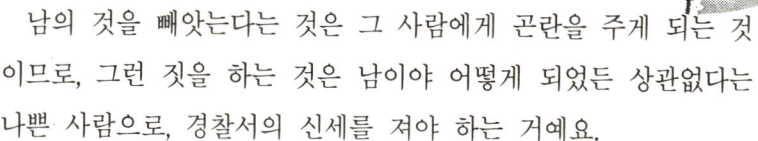

남의 것을 빼앗는다는 것은 그 사람에게 곤란을 주게 되는 것이므로, 그런 짓을 하는 것은 남이야 어떻게 되었든 상관없다는 나쁜 사람으로, 경찰서의 신세를 져야 하는 거예요.

♣ 천당이란 곳은 정말 있나요?

〈비슷한 문제〉

① 나쁜 짓을 하면 지옥에 가나요?

② 왜 천당과 지옥이 있나요?

119

천당과 지옥이란 그리스도교에서 말하는 것입니다. 불교에서는 극락과 지옥이라 하지요.

사람은 죽은 후의 세계는 알 수 없으므로, 이 세상에 살고 있는 동안 착한 일을 하면 천당에 갈 수 있고, 나쁜 짓을 하면 지옥에 떨어진다고 생각하였어요.

어쨌든, 죽은 후의 세상이 어떤 것인지 다녀온 사람이 없기 때문에 알 수는 없어요. 여러 사람들에게 물어 보았지만 아는 사람이 없었어요. 사람이 죽으면 아무것도 없게된다는 것은 도저히 생각할 수 없기 때문에 천당이니, 지옥이니 하고 공상해 본 것이겠지요.

하지만 전쟁 같은 것이 일어나면, 사람들이 이 세상을 지옥이라고 하는데 그걸보면, 천당도 있고 지옥도 있는 것 같지요?

♣신은 정말 있을까요?

있습니다.

옛날에는 비가 오면 비의 신, 바람이 불면 바람의 신―이렇게 무슨 신 무슨 신―하면서, 왜 그렇게 되는지 알 수 없을 때는 모든 것을 하느님, 또는 신의 탓으로 돌렸었지요. 신이란, 신비스러워서 사람으로서는 짐작할 수도 없는 것으로 여겨왔지요.

그렇다면, 사람이 과학의 힘으로 모든 것을 알고 나면 신은 없어질까요? 그렇지도 않아요.

사람은 자기가 태어났을 때, 자기 스스로 탯줄을 끊을 수는 없지요. 또 죽었을 때, 자기가 자기의 시체를 장사지낼 수도 없겠지요. 모든 일을 남이 해 주지 않으면 안 되는 거예요. 이처럼, 스스로 자기의 모든 일을 해낼 수 있게 되기 전에는, 신은 있는 거예요. 자기가 못 하는 일은 남이 해 주는 것이므로, 자기도 남의 일을 해 주어야 해요.

♣ 제삿날에는 돌아가신 할아버지께서 정말 오시나요?

우리에게는 아빠와 엄마가 있잖아요? 마찬가지로 아빠, 엄마에게도 각각 아빠, 엄마가 있는 거예요. 그리고 그 아빠, 엄마에게도 또 아빠, 엄마가 있었어요.

그렇지 않았다면, 우리는 태어나지 못했을 거예요.

이런 돌아가신 할아버지, 할머니들을 조상이라고 하지요.

조상의 넋은 일년에 한 번씩 제삿날에,

"자손들이 요즘 어떻게 살아가고 있는지, 어디 한번 가볼까?"

하고, 찾아오시는 거예요.

그러므로 제삿날에는 집 안팎을 깨끗이 청소 해 놓고 조상을 맞이해야 되겠지요?

조상의 넋이 집에 와 계시는 동안은, 몸가짐을 바르게 하여, 모든 일에 삼가고 조심하며, 공손한 태도를 가져야 합니다. 이렇게 하지 않으면, 자손들은 자기들에게 큰 해가 온다고 생각하기 때문입니다.

♣고구마는 왜 구워 먹나요 ?

추울 때, 그 뜨겁고 뜨거운 고구마를 후후 불면서 먹는 것을 정말 맛있고 재미있지요.　속까지 따끈따끈하고 아주 먹음직스럽지요.

케이크 보다도 더 맛있다고 생각해 본 적은 없나요 ?

구워 먹는 것은 고구마 뿐이 아니지요. 감자도 구워 먹어 본 적이 있을 거예요.

은종이에 싸서 난로 위에서 구울 수도 있고, 전자 렌지에서 간단히 구울 수도 있지요. 옛날에는 아궁이나 화롯불 속에 .묻어서 구워 먹기도 했어요. 시간은 좀 오래 걸렸지만 무척 재미있는 일이었지요. 그 때는 케이크나 쿠키같은 것이 없었으니까 고구마의 맛이 제일이었습니다.

곡식이나 감자류에는 많은 녹말이 들어 있어요. 녹말은 찌거나 굽거나 하면 성질이 변하여 소화가 잘 되지요. 그래서 감자나 고구마는 찌거나, 굽거나, 기름에 튀기거나 해서 먹는 거예요.

녹말은 찌거나 굽거나 하면 소화가 쉬워지고, 또 맛이 좋아진다는 것을 알았지요 ?

그런데 단 하나, 고구마의 한 종류인 마는 날것으로 먹는 것이 소화에도 좋고, 영양분도 파괴되지 않는다는 거예요. 신기하지요 ?

♣ 산타클로스 할아버지는 정말 있나요?

있고 말고요!
없다고 하는 사람은 마음이 가난하고 좁은 사람이지요.

산타클로스 할아버지는 지구 위에서 일어나는 모든 일을 하나도 **빠짐없이** 구석구석 보고 계세요.

우리 어린이들은 크리스마스날 장난감을 받기도 하겠지요? 그 때, 먹을 것이 없는 가난한 사람이 있으며, 그 사람에게도 먹을 것을 주어서 도와 주기도 하지요.

사람은 누구나 혼자서는 살 수 없어요. 사람은 누구나 남의 손을 빌지 않을 수 없는 거예요. 우리는 누구나 남의 도움을 받고 살아가고 있지요. 그러니까 나도 내가 할 수 있는 데까지 남을 돕지 않으면 안 되지요. 이런 일을 해 주는 것이 산타클로스 할아버지 랍니다.

♣ 마법이란 어떤 것인가요?

보통 우리들이 생각할 수 없는 일을 해내는 것입니다.

예를 들면,
알리바바 이
야기에서,
열려라, 참깨!"

하면, 바위문이 스르르 소리없이 열린다든가, 빗자루에 걸터 앉아서 하늘을 난다든가, 하늘을 나는 융단이라든가 하는 것이 모두 마법의 이야기이지요.

　말하자면, 마법에는 사람이 "이렇게 되었으면 얼마나 좋을까, 그런 일을 할 수 있었으면……" 하고 바라는 마음이 나타나 있는 것이지요.

♣ 그림책은 왜 읽나요?

어머! 그럼 읽고 싶지 않단 말이예요? 묻는 뜻을 알 수 없군요.

그림책은 재미가 있기 때문에 읽는 거예요. 재미있는 일, 웃기는 일, 울리는 일, 이런 여러 가지 이야기들이 그림책에 들어 있는 거예요.

혼자 읽어서 잘 모르겠거든, 선생님께 읽어

달라고 하세요. 선생님이 읽어 주시면 잘 알아들을 수 있을 거예요. 그것을 모른다면 사람이 아니지요?

♣ 그림책에는 마음이 있나요?

물론 있지요.

마음이 없는 그림책 같은 것은 읽어도 아무 재미가 없어요. 우습지도 않고 슬프지도 않아요.

그림책 속의 마음은, 우리의 마음을 기쁘게도 하고 슬프게도 하며, 웃기기도 하고 울리기도 합니다.

그러므로 그림책을 만드는 사람도 정성을 들여서 이야기를 꾸미고, 그림을 그리는 사람도 정성을 기울여 그림을 그리는 거예요.

어떤 그림책에 어떤 마음이 담겨 있는지, 잘 생각하면서 읽도록 하세요.

♣ 세계에서 제일 훌륭한 사람은 누구 일까요?

세계에서 제일 훌륭한 사람이란 것은 아무 데도 없답니다.

제일 키가 큰 사람이라든가, 몸무게가 제일 무거운 사람이라든가, 가슴둘레가 제일 큰 사람이라든가, 이렇게 숫자로 나타낼 수 있는 부분은 첫째, 둘째 하는 식으로 차례를 매길 수 있지요.

그렇지만 훌륭하다는 것에는 숫자를 붙일 수가 없어요.

그러니까 세계에서 재일 훌륭한 사람이란 없는 거예요.

♣구름을 타고 다닐 수 있을까요?

구름을 타고 다니는 손오공의 이야기를 들었나요? 아직 듣지 못했다면, 유치원 선생님도 좋고, 엄마도 좋으니까, "그 책을 읽어 주세요." 하고 부탁해 보세요.

구름은 아주 작은

물방울이 모인 것이기 때문에 실제로는 탈 수 없어요.

그러나 비행기 위에서 보면, 아래로 내려다보이는 구름은 마치 커다란 융단 같기도 하지요. 푹신푹신한 솜덩이 같기도 하고요. 그래서 탈 수 있을 것같이 생각

되지요. 그러니까 눈을 감고, 구름을 타고 가는 것처럼 상상해 보세요. 그러면, 여러 가지 재미있고 즐거운 일을 구름 위해서 할 수 있을 거예요.

♣어른들은 왜 담배를 피우나요?

어른들은 모두 담배를 피우나요?

잘 살펴보세요. 피우는 사람도 있지만, 피우지 않는 사람도 있을 거예요. 피우느냐, 피우지 않느냐는, 그 사람의 결심에 달렸어요.

그러므로, 왜 피우느냐고 피우는 사람에게 물어 보지 않고는 알 수 없는 일이지요. 사람마다 대답이 다르리라 생각되는군요.

♣ 어른들은 왜 반바지를 입지 않나요?

어른들이 반바지를 입지 않게 된 것은 우리 나라에서 멀리 떨어진 프랑스에서, 1789년에 일어난 프랑스 대혁명 때부터라고 합니다. 프랑스 대혁명 이전에는, 귀족들은 퀼로트라는 반바지에 부츠(장화)를 신고 다녔으며, 이것이 높은 사람들, 곧 귀족의 옷차림이었어요. 역시 높은 사람에 속하는 교회 신부님들의 옷은, 수단이란 길다란 옷이었지요. 한편, 일반 국민들의 옷차림은 긴 바지였습니다.

그런데 1789년 임금님의 정치가 흔들리게 된 프랑스에서는, 이들 세 계급의 대표자들이 한 자리에 모여서 회의를 열었어요(3부회의 소집). 그러나, 귀족이나 신부님들은 자기들의 이익을 지키는 일밖에 생각하지 않았지요. 그래서, 일반 국민들은 마침내 자기들의 사람으로서의 권리를 싸움으로써 차지할 것을 결심하고, 인권 선언을 발표하였습니다. (이것은 1776년의 미국 독립 선언과 함께 오늘날 민주 헌법의 기초가 되는 아주 중요한 일이지요.) 인권 선언을 발표한 사람들의 옷차림은 물론 긴바지였어요. 이윽고 혁명이 시작되자, 긴바지는 귀족이나 신부가 아닌 사람들, 곧 시민의 옷차림으로서, 보통 사람들이 자랑으로 여기게 되었어요.

그리하여, 혁명에 의하여 왕의 정치가 무너지고, 드디어 긴바지 입은 사람들이 사회를 이끌어 나가게 되었던 것이지요. 이와 같이, 긴바지란 시민 계급의, 사람으로서의 권리를 나타내는 상징의 하나였어요.

오늘날에는 어른들 누구나가 긴바지를 입게 되었습니다. 그러나 프랑스 대혁명으로부터는 벌써 200년 이상이나 세월이 지나가고 말았기 때문에, 어째서 긴바지를 입게 되었느냐에 대해서는 따져 보려고 하는 사람조차 없을 정도로, 이제는 몽땅 잊어 버리고 말았지요.

♣ 사람은 소나 돼지를 잡아먹는데도, 왜 꾸중을 듣지 않나요?

살아 있는 것은 모두가 먹이를 먹지 않으면 죽고 말아요. 그런데, 그 먹이가 되는 것은 거의가 살아 있는 것이어야 하지요.

사람은 살아 있는 동물이지요.

그러므로 먹지 않고는 살아갈 수 없는 거예요. 사람의 먹이는 모두 생명 있는 것 뿐이예요.

쌀, 보리, 채소, 과일, 쇠고기, 돼지고기, 물고기 등 모두가 생명이
있는 것들이지요.

곧, 사람은 생명있는 것으로부터 그 생명을 얻어서 살아가고 있는
셈이지요. 쌀의 생명으로 살아가고 있고, 물고기의 생명이나, 소나
돼지의 생명으로도 살아가고 있는 것이예요.

사람이 살고 있다는 것은, 쌀이나 보리나, 채소나, 소나 돼지나
닭이나 생선 등 많은 생명을 죽이고 있다는 말이지요. 그러므로
필요 이상으로 먹어서는 안되는 거예요. 너무 많이 먹으면, 그만큼
많이 죽여야 하기 때문이지요.

그리고 너무 뚱뚱해지지 않도록 조심하세요.

♣ 스님은 왜 머리를 빡빡 깎았나요?

부처님은 스님들에게,

"모든 사람들을 구원하여라."

고 하셨어요. 많은 사람들을 구원하는 활동을
'보살행'이라고 하지요. 보살행을 하는 사람은
네 가지 맹세를 하고 있어요.

첫째는, 모든 사람을 구원한 다음, 나도 구원받겠습니다.

둘째는, 이 세상의 괴로움은 끝이 없지만, 끊어 버리겠습니다.

셋째는, 부처님의 가르침은 한이 없이 많지만, 끝까지 배우겠습
니다.

넷째는, 부처님의 길에 꼭대기는 없지만, 꼭대기까지 오르겠습
니다.

라는 것이지요.

모두가 할 수 없는 일 뿐이지만, 그 중의 둘째인,

'이 세상의 괴로움은 끝이 없지만, 끊어 버리겠습니다.'

고 하는 것은, 마치 머리털 같은 것이라고 해요.

머리털은 면도칼로 빡빡 밀어도, 다음날에는 0.3밀리나 돋아난 대요. 그러니까 다시 깎아 버리는 일을 되풀이하는 것이지요.

말하자면, 머리를 빡빡 깎는 것도 스님들이 도를 닦는 한 방법이 되는 것이지요.

♣호스는 왜 길게 만드나요?

호스는 무엇을 하는 것이지요?

그렇지요. 물을 보내는 것이지요.

가스를 보내는 호스도 있어요.

물이나 가스를 어디서 어디까지 보내느냐

에 따라 호스와 길이가 정해지겠지요.

호스가 길다는 것은 저절로 그렇게 된 것이 아니고, 사람이 필요하기 때문에 길게 만든 것 뿐입니다.

♣가게에서는 왜 여러 가지 물건을 팔고 있나요?

잘 살펴보세요.

여러 가지 물건을 파는 가게도 있지만, 한 가지 물건만 파는 가게도 있을 거예요.

여러 가지 물건을 팔고 있는 가게에는, 여러 가지 물건을 사고 싶은 손님들이 모이지요.

한 가지 물건 밖에 팔고 있지 않는 가게에는, 그 물건만 사는 손님이 오는 거예요. 목적에 따라서 다른 거지요.

유치원에서도 친구들과 가게놀이를 해 보세요. 사고 싶은 물건이 없기도 하고, 팔다 남은 물건이 있기도 하여 무척 재미있을 거예요.

♣ 불꽃놀이는 어째서 그렇게 아름다운가요?

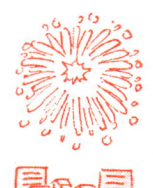

여름 밤하늘에 꽝꽝 터지는 불꽃, 정말 아름답지요.

불꽃놀이가 왜 아름다우냐 하면, 화약을 만들 때 노랑색이 나는 약, 빨강색이 나는 약, 보라색이 나는 약들을 섞어서 조그만 덩어리를 만들고, 그것을 속에 넣어서 커다란 덩어리로 만들어 터뜨리면, 마치 국화꽃이 활짝 피는 것처럼 사방으로 퍼져 나가도록 만들었기 때문입니다.

♣ 쓰레기는 쓰레기차로 실어나른 다음 어떻게 되나요?

쓰레기는, 다시 물건으로 만들 수 있는 쓰레기와, 그렇지 않은 쓰레기로 나뉘어 각각 다른 곳으로 옮겨지지요.

쇠, 유리, 플라스틱, 종이 등은 녹여서 다시 쓸 수 있도록 따로따로 처리됩니다.

못 쓰는 쓰레기는 낮은 땅을 메우는 데 쓰이지요. 쓸모 없는 낮은 땅을 메워서 집을 짓기도 하고, 공원으로 꾸미기도 하며, 바다를 메워서 육지로 만들기도 합니다.

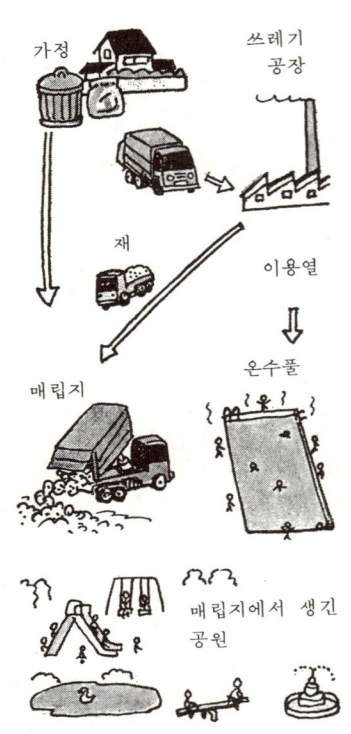

♣ 가위 바위 보는 누가 정했나요?

가위 바위 보는 정말 재미있는 것이예요.

 가위는 보에게 이기지만 바위에 지고, 보는 바위에게 이기지만 가위에 지며, 바위는 보에 지지만 가위에게 이기는 등 아주 재미있게 되어 있어요. 이런 관계를 삼각관계라고나 할까요?

이 놀이는 우리 나라에서도 언제 시작되었는지 모를 만큼 오랜 옛날부터 있었어요. 게다가 재미있는 것은, 세계의 어느 나라 어린이들도 이 놀이를 하고 있다는 거예요. 말은 달라도 놀이는 똑같아요.

그러니까 어느 나라의 누가 정했는지는 아무도 모르는 거예요.

♣ 사람은 누가 만들었을까요?

 아주 어려운 질문이군요.   그러나 한 마디로 말한다면, 역시 "하느님이 만들었지요." 라고 밖에는 달리 말 할 수가 없어요.

왜냐하면, 생명이란 어떻게 생겨났는지 알 수가 없기 때문입니다. 다만, 물 속에서 생겨났다는 것만은 확실한 것 같아요.

그렇다면 물이 물일 수 있는 것은, 태양계의 혹성 가운데서는 지구뿐이예요. 물이 섭씨 0도에서 언다는 것은 알지요? 언다는 것은 고체가 된다는 거예요. 섭씨 100도에서 물이 증발하잖아요? 이것을 기체가 된다고 하지요. 물이 액체로 있는 것은 섭씨 0도에서 섭씨 100도 사이이지요. 그 사이에서도 섭씨 35도 내지 40도쯤 되는 곳에서 생명이 생겨나는 것 같아요. 지구는 바로 그런 위치에 있다는 거예요. 이것은 우연한 일이지요. 지구가 태양으로부터 조금 가까운 곳에 있었다거나, 조금 먼 곳에 있더라도, 지구에는 사람이 생겨나지 못했을 거예요.

곧, 생명이 생겨난 것도, 그리고 차츰 사람이 생겨나게 된 것도, 신비롭고 신비로운 우주의 법칙이 작용하였기 때문인 것 같아요.

신비하다고밖에는 무어라 설명할 도리가 없어요. 그러므로 사람을 만든 것은 하느님이라고 해도 결코 틀린 이야기는 아니예요.

물론 어느 정도 진화되고부터는, 사람이 사람을 사람으로 다듬어 왔다고도 할 수 있어요. 그러므로 사람을 만든 것은 사람이라고 해도 잘못은 아니지요.

♣ 사람은 일을 하는데, 동물은 왜 일을 하지 않나요 ?

사람이나 동물이나, 풀이나 나무나 모두 생물이지요. 생물은 생명을 가지고 있어요.

생물은 먹지 않으면 죽지요. 먹어도 결국은 죽기 때문에, 죽기 전에 자기 자손이 끊어지지 않도록 새끼를 낳아야 합니다. 생명은 기계로는 만들 수 없기 때문이지요.

그러므로 생물에게 먹는 일과 낳는 일은 소중한 일입니다.

이 말은 무슨 말이냐 하면, 동물도 사람처럼 일을 하고 있다는 것이지요.

그런데, 사람만은 다른 동물과 틀리는 점이 있어요.

사람 이외의 동물은, 저절로 나는 것 밖에 먹을 수가 없는데, 사람만은 자연에 손질을 하여 먹이를 얻을 수 있다는 거예요. 땅을 일구어 밭이나 논으로 만들고, 씨앗을 뿌려서 사람에게 필요한 쌀이나 보리를 만들 수가 있는 거예요. 이렇게 해서 거둬들인 것을 먹기 좋게 요리하기도 하고, 쓰기 쉽게 만들면서 살아나갑니다. 이런 것을 일이라고 합니다. 일은 사람 밖에 하지 않아요.

그렇기 때문에 사람이 다른 동물과 틀리는 동물, 그야말로 사람이 된 것이라 할 수 있겠지요.

사람이 동물과 같은 정도의 일밖에 할 수 없다면, 그건 사람이 아니겠지요.

♣ 물에서 나올 때, 개는 부르르 떠는데, 사람은 왜 안 떠나요?

개와 사람이 어떻게 다른지 잘 살펴보세요. 잘 보고 생각하면 대답은 쉽지요.

개는 털이 길게 나 있지요. 그러나 사람은 털이 짧아 반늘반늘하지요. 개는 네 발로 서 있으며, 손이 없어요.

사람은 두 발로 서 있으며, 손이 있지요. 다른 점은 또 얼마든지 있지만, 질문에 대한 대답은 이 두 가지만으로도 충분해요.

개가 물에 들어가면, 털이 흠뻑 젖어서 몸이 무거워지지요. 사람은 반들반들하니까, 물 속에서 나오면 물이 흐르잖아요. 게다가 서 있으니까 더 빨리 흘러 버려요.

그리고 매우 중요한 일은 몸에 묻은 물이 마를 때 많은 열을
필요로 한다는 거예요. 그것은 체온을 빼앗아 가 버리지요. 그래서
개는 물에 들어가는 것을 아주 싫어해요. 사람도 빨리 수건으로
닦지 않으면, 겨울 같은 때는 무척춥겠지요.

♣ 사람은 정말 원숭이였나요?

〈비슷한 문제〉
○어째서 원숭이와 사람은 비슷한가요?
정말 원숭이였나요? 하고 묻는 것을 보
니,
"사람은 원래 원숭이였어."
하는 이야기를 들은 일이 있었던 모양이군요.

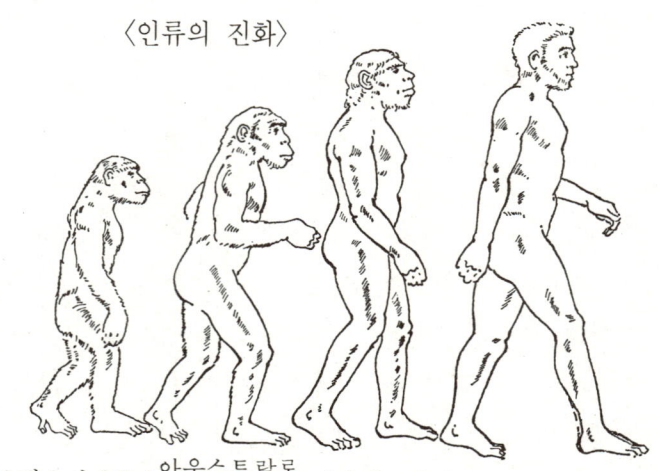

〈인류의 진화〉

오레오피테쿠스　아우스트랄로　네안데르탈인　현생 인류
　　　　　　　　피테쿠스

그렇게 말할 수 있을지도 모르겠네요. 왜냐하면, 사람과 원숭이는 처음에는 거의 구별할 수 없을 만큼 비슷했으니까요. 그런데 사람은 뒷다리로 일어섬으로써, 앞다리로 걷는 일에서 해방되어, 도구를 쥐고, 땅을 일구고, 씨앗을 뿌리고……이런 식으로 물건을 만들어 내게 된 것이예요. 처음에는 원숭이와 사람 사이에는 별 차이가 없었지만, 오늘날에는 사람이 원숭이를 기르게 되었지요. 동물원의 우리 속에 가두어 놓고 말이예요. 사람의 조상과 원숭이의 조상은 같은 것이었던가 봐요. 그러므로 사람은 원래 원숭이였다는 이야기도 틀린 말이 아니겠지요.

바꾸어 말한다면, 같은 것으로부터 갈라졌기 때문에, 원숭이와 사람은 비슷한 점이 많은 것이라 할 수 있어요. 그러나 비슷하기는 하지만 아주 달라요. 따라서,

①비슷한 점은 무엇일까?

②다른 점은 무엇일까?

이렇게 나누어서 생각해 보는 것도 재미있을 거예요.

♣ 사람에게는 왜 꼬리가 없나요?

그것은 방해가 되기 때문입니다.

잘 생각해 보세요. 바지를 입을 때 방해가 되지 않겠어요?

밤에 잠자리에 들 때 잠옷을 입어야겠지요? 그 때도 방해가 되지 않겠어요. 유치원이나 학교에서 의자에 앉을 때, 꼬리가 있으면 어떻게 될까요? 역시 방해가 될 거예요.

이와 같이, 살아가는 데 방해가 되는 것, 필요가 없는 것은 차츰 퇴화해 가는 거예요. 그리고 필요한 것, 그것이 없으면 살아갈 수 없는 부분은 반대로 진화해 나가는 것이고요.

그것은 사람뿐이 아니예요. 사람 이외의 동물도 식물도—곧, 살아 있는 것이면 어떤 것이든 필요하지 않고 방해가 되는 것은 차츰 없어져 가고, 필요한 것은 차츰 발달해 간다는 법칙이 작용하고 있는 거예요.

그러므로 꼬리가 필요한 긴꼬리원숭이 같은 것은, 꼬리를 나무 가지에 감으면서 나무에 올라가고, 고양이는 꼬리로 몸의 중심을 잡는가 하면, 소나 말은 꼬리로 파리를 쫓는 등, 각각 필요에 따라 발달해 온 거지요.

그리고 사람에게 꼬리는 필요 없는 방향으로 발달해 버린 거예요. 그러니까 사람도 옛날에는 꼬리가 있었던 모양이예요. 엉덩이 쪽을 만져 보세요. 툭 튀어나온 곳이 있지요?

그것은 꼬리의 뼈가 짧아진 곳이라고 합니다.

그래서 아직도 그 뼈가 긴 사람은 차분하게 의자에 앉아 있을 수가 없다는 거예요. 아직 원숭이에 가깝기 때문이라나요? 정말일까요?

♣ 프로 레슬링 선수는, 왜 피투성이가 되어도 그만두지 않나요?

구경거리이기 때문이예요.

많은 손님으로부터 돈을 받고 보여 주는 것이
지요. 손님 중에는, 피를 흘리면서도 끝까지 싸우
는 것을 보고 싶어하는 사람도 있어요. 그러니
까 그만두려고 해도 그만둘 수 없는 거예요.
손님들에게 미안하니까요.

프로 레슬링을 보고 있으면, 내 자신은 별로 하고 싶어지지 않을
거예요. 그저 남이 하는 것을 구경만 하는 것이 더 좋은가봐요.

♣ 침팬지는 어떻게 자전거를 탈 수 있나 요?

사람 이외의 동물로서, 자전거를 탈 수 있는
건 침팬지만이 아니예요. 원숭이는 물론이고,
개나 곰도 탈 수 있어요. 여러 나라의 다양한
서커스가 텔레비전에 나오고 있으니, 그런 때
주의해서 살펴보세요.

자전거는 가만히 서 있으면 넘어지고 말아요. 움직이고 있을 때는,
쓰러지지 않도록 중심을 왼쪽으로 보냈다가 오른쪽으로 보냈다가
하여, 균형을 잡으면서 나아갑니다. 그래서 침팬지를 자전거에 태
우고 뒤에서 밀어 주면, 핸들을 오른쪽 왼쪽으로 움직이며 중심을
잡다가, 어느 새 제 힘으로 탈 수 있게 되는 거예요.

이처럼 동물들은 쓰러지지 않도록 균형을 잡는 감각이 아주
뛰어나 있답니다.

제 힘으로 자전거를 만들 수는 없지만 자전거에 태워서, 뒤에서

밀어 주면 쓰러지지 않도록 균형을 잡는 감각이 퍼뜩 깨어나는 것이겠지요.

그러나 자전거를 만들거나, 고장난 곳을 고치거나 할 수 있는 것은 사람뿐이랍니다.

♣ 원숭이 손은 어째서 사람 손과 비슷한가요 ?

정말 닮았지요. 그러나, 원숭이 손이 사람 손을 닮았다고 하기보다는, 사람 손이 원숭이 손을 닮았다는 것이 옳을는지 몰라요.

왜냐 하면, 원숭이의 조상과 사람의 조상은 같은 것이며, 나무 위에서 살고 있었던 것 같기 때문이지요. 나무 위에서 살기 위해서는 가지를 잡기 쉽도록 손가락이 길게 발달해야 하지 않겠어요. 그래서 원숭이 발을 보면, 네 개의 발이 모두 손처럼 생겼잖아요 ?

하지만 사람은 나무 위에서 땅으로 내려와, 서서 생활하게 되었지요. 그래서 뒷다리는 발로 발달했고, 앞다리는 손으로 발달한 거예요. 때문에 앞의 두 손만이 원숭이 손과 닮아 있는 거예요. 그러나 잘 살펴보면, 약간 다른 점이 있어요, 엄지손가락을 구부리는 모양이라든가, 손가락의 길이라든가, 손가락 끝에 지문이 있다든가 하는 것을 잘 살펴보세요.

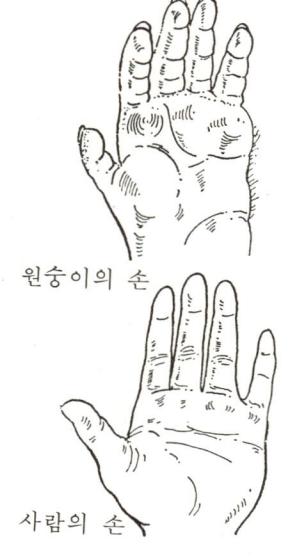

원숭이의 손

사람의 손

♣ 원숭이의 엉덩이는 왜 빨간가요?

빨간 피가 비쳐 보이기 때문이예요.
어린이 여러분의 입술은 빨갛지요?
엄마 뱃속에서 나온 아기도 빨갛지요?
목욕탕에서 나왔을 때 몸이 빨갛지요?
이 모두가, 빨간 피가 표면에 비쳐 보이기
때문이지요.

원숭이는 엉덩이가 또 하나의 얼굴이예요. 그래서 결혼을 하고
싶어지면, 엉덩이가 아주 곱게 빨개지는 거예요. 그럴 때, 아기의
경우와 마찬가지로 적혈구가 불어나는 거예요.

엉덩이를 빨간 빛으로 곱게 물들이고는,

"내 엉덩이 예쁘지요!"

하고, 보아 달라고 하는 셈이지요.

♣ 왜 사람은 호랑이 고기는 먹지 않나요?

아마 식량으로 쓸 만큼, 호랑이나 사자가
많지 않기 때문일 거예요.

사람은 아주 억센 동물이므로, 소화되는 것,
영양분이 있는 것, 맛있는 것이라면 무엇이나
가리지 않고 먹어 치우지요. 그러므로, 사자고

기, 호랑이고기도 가리지 않고 불고기로 해 먹을 수 있다고 생각해요. 그런데도 사자고기나 호랑이고기를 요리해서 파는 음식점이 없는 것은, 그런 음식점을 시작한다 하더라도 금방 고기가 없어지거나, 아니면 맛이 없거나 둘 중의 하나겠지요.

그리고 옛날부터 사자나 호랑이는 사나운 동물이므로 사람은 오히려 도망치느라 바쁠만큼, 사냥의 목적물이 되지 않았기 때문이기도 하겠지요. 알기 쉽게 말하자면, 가축이 되지 않았기 때문이라고 하는 것이 좋겠네요.

♣ 사자나 호랑이 고기는 육식동물이기 때문에 맛이 없고, 소나 말의 고기는 초식 동물이기 때문에 맛있나요?

그런 식으로 생각하기보다는 생물에는 무엇인가 먹지 않으면 죽는다—하는 법칙이 작용하고 있다는 점에서 생각하는 것이 좋겠어요.

먼저 식물인 풀이나 나무는, 땅 속으로부터 수분을 빨아올리고, 그 수분과 태양에너지를 공기 중의 탄산가스 속의 탄소로 고정함으로써 탄수화물을 만들어 내고, 그것을 영양분으로 해서 자라는 것이지요. 그러니까, 이 지구상의 식물은 아무리 불어나도 괜찮은 셈이예요. 왜냐하면, 먹이를 자기 몸 속에서 만들기 때문이지요.

그러나 동물은 먹이를 자기 몸 속에서 만들 수 없어요. 그래서 초식 동물은 풀이나 나무를 먹어서 태양 에너지를 제것으로 하잖아요? 그러므로 초식 동물은 식물이 없으면 살 수 없답니다.

또 초식 동물은 몇 만, 몇 십만 포기의 식물에 대하여 한 마리 정도만 있어야 하겠지요.

그러나 육식 동물은 에너지를 동물의 고기에서 얻잖아요? 그러니까, 육식 동물이 초식 동물보다 많아진다면, 육식 동물은 굶어 죽을 수 밖에 없을 거예요. 말하자면, 육식 동물의 수효는 초식 동물의 수효의 몇십 분의 일이거나, 몇백 분의 일밖에 불어날 수가 없는 셈이지요. 이 균형이 무너지면 모두 멸망하고 말게 되는 거예요.

그렇다면, 맛이 있다 없다 하는 문제가 아니고 초식 동물은 풀을 먹고, 육식 동물은 초식 동물의 고기를 먹으며, 육식 동물은 초식 동물의 수효에 비례해서 불어날 수밖에 없다는, 자연의 법칙으로 잘 돌아가고 있다고 생각하는 것이 좋다고 생각해요.

♣ 사자나 호랑이는 왜 낮에 자나요?

사자나 호랑이는 배가 부를 때는 잠을 자지요. 배가 고파지면 먹이를 찾아 움직이기 시작합니다. 사자나 호랑이는, 아마 자기보다 힘이 센 동물은 없다고 생각하고 있기 때문이겠지요.

잘 때도 드르릉 드르릉 코를 크게 골면서 잔 답니다. 밤에도 깊이 잠들어 있을 때가 많지요. 그러므로 밤에만 활동하는 동물 이라고도 할 수 없는 거예요. 호랑이나 사자가 자고 있는 것을 보았다면, 그것은 아마 배가 불러서 낮잠을 자고 있었던 것이라 생각되네요.

♣사자나 말은 어째서 빨리 뛸수 있나요?

말은 위험으로부터 재빨리 도망치기 위해서 빨리 뛸수 있고, 사자는 말 같은 먹이를 쫓기 위해서 빨리 뛸 수 있는 거예요.

사자는 육식 동물이예요.

사자는 풀을 먹고 있는 말에게 살금살금 다가가서, 붙잡으려는 거예요. 그 때, 속력이 늦으면 곧 붙잡히고 말지요.

그렇기 때문에 빨리 뛰는 거예요. 이와 같이, 빨리 뛰는 말을 사자는 쫓아가지 않으면 안 되지요. 그래서 사자는 좀더 빨리 뛰지 않으면 안 되는 거예요.

그러나 말은 등뼈를 똑바로 하여 뛸 수 있기 때문에 장거리 선수라고 할 수 있어요. 그와는 반대로 사자는 등뼈를 물결치듯 구부렸다 폈다 하며 뛰기 때문에 단

거리 선수라고 할 수 있어요.

〈동물의 속도 비교〉

캥거루우 (5.0초)

치이타이 (3.2초)

말 (5.6초)

사자 (5.6초)

( ) 안은 100m를 달리는 시간

그래서 말은 곧 잡히지 않으면 모두 도망쳐 버린답니다. 자연이란 참으로 잘조화 되어 있는 것 같지요?

다음의 동물들은 순간적으로 얼마나 속력을 낼 수 있는지 알

144

아봅시다.

○ 더러브렛(말의 일종)　　　　시속 77km

○ 얼룩말　　　　　　　　　　시속 64km

○ 사자　　　　　　　　　　　시속 64km

○ 치타(표범의 일종)　　　　　시속 112km

표범은 나무에 올라가 있다가 위에서 먹이를 향해 뛰어든답니다.

♣ 왜 얼룩말만 얼룩무늬 옷을 입고 있나 요 ?

다른 동물과 같아 보이기 싫어서예요.

"나는 나다!"라고 말하는 것이겠지요.

얼룩말은 얼룩말이라는 거예요. 만약 다른 동물들이 흉내를 내어 얼룩진 옷을 입는다면 얼룩말은 다른 무늬의 옷으로 갈아 입을 겁니 다.

그러나 다른 동물들은 얼룩말의 흉내를 내지 않고 있어요.

얼룩말이 입고 있는 무늬는 얼룩말이 만들어 낸 것이예요. 얼룩말의 무늬를 하마가 닮으면 우스꽝스럽겠지요. 거기에다 남의 작품을 자기가 지은 듯이 자기 것으로 만든다면 그것은 흉내내기가 되는 것이지요.

얼룩말은 자기들의 얼룩무늬가 이 세상에서 제일 좋은 것으로 여기고 있어요.

자기가 제일 좋다고 생각하고 있기 때문에 남과 비교해도 그것은 소용이 없는 일이예요. 얼룩무늬와 팬더의 무늬는 비교할 수 없으니까요.

♣ 어째서 팬더는 눈 언저리가 검을까요?

잘 보세요.

팬더의 눈은 검정 속에 빠끔히 있고, 크기도 비교적 작지요. 그렇기 때문에 아마도 눈을 크게 보이게 하기 위해서 눈 언저리를 검게 하였을 겁니다.

적도 큰 눈으로 노려 보면 무서워 하니까요.

♣ 팬더의 귀는 왜 검을까요?

그것은 팬더에게 직접 물어 보지 않으면 알 수 없는 일이예요.

사람이 아무리 생각해도 알 수 없는 일들이 자연 속에는 참으로 많이 있어요. 얼룩말이 왜 얼룩진 무늬인지, 팬더는 왜 검정과 흰색의 무늬를 하고 있는지 사람은 알 수 없지요.

아마도 팬더가 검게 되고 싶어 검은 것이겠지요.

♣ 곰은 왜 겨울잠을 자나요?

곰에게 직접 물어 보지 않으면 정확하게 알 수 없으나, 사람들은 생각하고 연구해서 다음과 같을 것이라고 알고 있어요.

곰이 겨울잠을 자는 것은, 겨울이 되면 먹이가 없어지므로 먹이를 찾는 것보다는 잠을 자는 쪽이 힘(에너지)을 덜 낭비할 수 있다고 생각했기 때문일 거예요. 그래서 가을이 되면 놀랍도록 많이 먹어, 몸의 두꺼운 살가죽 밑에다 지방분을 만들지요.

살가죽 밑에 지방분이 두껍게 되면 뇌(머리) 속의 겨울잠을 명령하는 중추(중심부)가 자극을 받아 겨울잠을 자라는 명령을 내리는 모양이예요. 따라서, 피부 밑의 지방질이 어느 정도 고이지 않으면 겨울잠을 잘 수가 없나 봐요.

겨울잠을 자는 동안에 살가죽 밑의 지방질이 조금씩 조금씩 없어지지요. 암컷은 겨울잠을 자는 동안에 새끼를 난답니다.

그리고 살가죽 밑의 지방질이 없어지면 잠을 깨지요. 빨리 잠을 깨는 것은 새끼를 난 어미곰이라는 것도 알 수 있어요.

♣ 어째서 겨울잠을 자는 동물과 안 자는 동물이 있는 것일까요?

사람이라든가, 개라든가, 고양이 같은 동물들은 물론 겨울잠

을 안 자는 동물들이예요. 또한, 카나리아나 참새도 겨울잠을 안 잔답니다.

　겨울잠을 안 자는 동물들을 세어 보세요. 그들 동물의 특징은 모두 몸이 따뜻하다는 거예요. 다시말하면 그들은 겨울에도 먹이를 규칙적으로 먹을 수 있는 동물이라고 할 수 있겠죠.

〈 동면하는 모습 〉

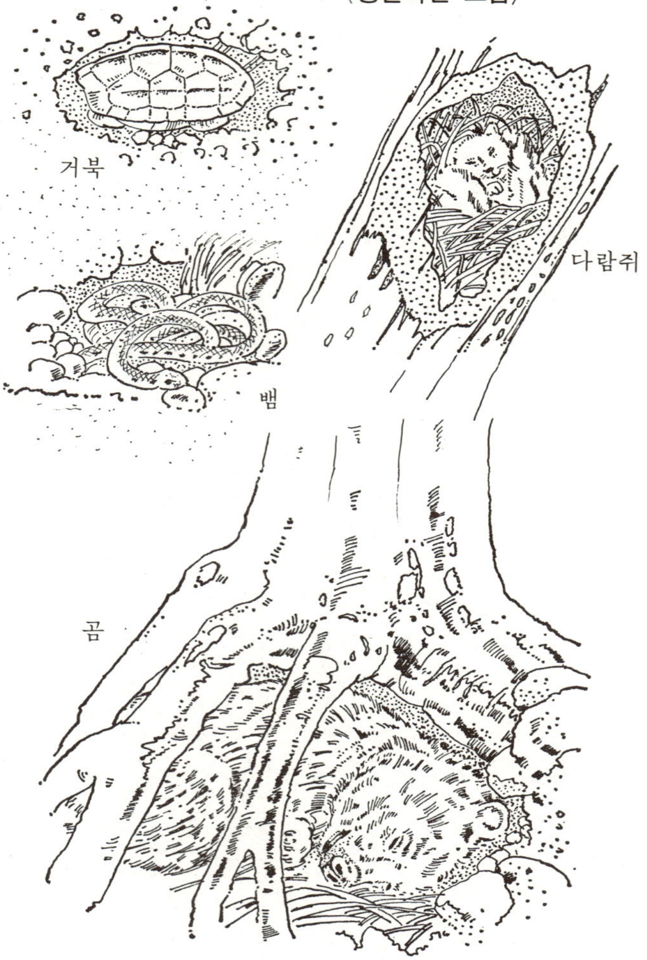

거북

다람쥐

뱀

곰

겨울잠을 자는 동물로는 개구리, 거북이, 뱀 등이 있어요. 이들은 자연의 온도에 따라 몸의 온도가 변화된답니다. 어떤 동물이건 몸의 온도가 떨어지면 몸이 둔해지지요.

물의 온도가 섭씨 0도에서 100도 사이일 때는 흐르지만 섭씨 0도보다 낮으면 얼음이 되어 움직이지 않지요. 생물도 온도가 떨어지면 잠이 오게 되는 거예요.

그렇기 때문에 자연의 온도에 영향을 받는 동물은 겨울잠을 자게 되는 것이에요. 그러나 잠자는 동안에 죽는 수도 있답니다. 죽는 것도 모르고 자는 것을 영면(영원히 자는 것)이라고 하지요.

♣ 코끼리 코는 왜 길까요? 코끼리의 코는 손을 대신하는지요?

코끼리의 몸통을 잘 보세요. 특히 머리를 자세히 살펴 보세요.

대단히 머리가 크지요. 그래서 머리의 무게도 대단히 무겁답니다.

그와 같이 무거운 머리를 받치기 위한 몸통은 어떠한가요. 굵고 짧지요. 그렇기 때문에 땅 위에 있는 먹이를 먹을 때 목은 구부러지지 않고, 다리도 앞다리를 구부리지 않으면 안 되어 큰 일이었지요. 그래서 윗입술과 코가 붙어 버려 코끼리의 코가 된 것이랍니다.

코끼리의 코는 사람의 코와는 달리, 윗입술과 코가 함께 발달되어 있는 것을 잘 살펴 보도록 하세요.

그리하여 코 끝이 사람의 손가락과 같이 발달해 버린 거예요.

그렇게 되면 발을 구부리지 않아도 되고, 머리를 숙이지 않아도 먹이를 먹을 수 있답니다.

코끼리는 물건을 주울 때 어떻게 하나요?

코끼리가 물을 마실 때 어떻게 하지요?

잘 살펴 보세요.

코끼리의 코는 손을 대신하며, 물을 마실 때 컵을 대신하기도 한답니다.

♣ 코끼리의 방귀는 과연 세계에서 제일 클까요?

우리는 먼저 방귀가 어떻게 해서 나오나 하는 것을 알아야 할 거예요.

방귀는 먹는 것을 소화시킬 때 장 속에 살고 있는 대장균의 발효 작용 때문에 생기는 것이예요.

성분은 탄산가스와 수소가스이고, 냄새는 주로 유화수소가 조금 섞여 있을 때 난답니다.

어쨌든 동물은 먹지 않으면 죽기 때문에 크게 뀌나 작게 뀌나 방귀를 뀌게 되어 있지요.

그러나 코끼리의 방귀가 세계에서 제일이랄 수는 없어요. 그때 그때의 먹이에 따라 하마나, 말이나, 팬더나 거기에 걸맞는 큰 방귀를 뀔 수 있기 때문입니다.

방귀 소리를 재본 기록은 없기 때문에 어느 동물의 방귀가 세상에서 제일 크다고는 결정지을 수가 없는 거예요.

기린도 원래는 목이 길지 않았으나, 높은 나무의 잎을 먹고 살아 남은 크고 이 긴 기린만이 자손을 남길 수 있었기 때문에 길어졌다고 생각됩니다. 또 한 가지는, 기린은 원래 약한 동물이어서 늘 사자나 표범에게 시달리기 때문에 먼 곳에 있

는 적을 빨리 발견하기위해 목이 길어졌다고 생각되기도 하지요.

목이 긴 기린의 목뼈의 수는 다른 포유 동물과 같이 7개밖에 안 됩니다. 기린은 심장에서 보내지는 피가 머리까지 올라가는데 대단히 힘이 들기 때문에 목 중간에 펌프 구실을 하는 기관이 있답니다.

♣ 하마는 주로 물 속에 있는데 괴롭지 않을까요?

그야 물론 괴롭지요.

 그렇기 때문에 가끔 물 위로 얼굴을 내밀고 '휴—'
하고 숨을 몰아 쉬고 다시 물 속으로 들어가는 거예요.

잘 보세요. 하마
의 콧구멍은 눈과 같은 높이에 있어요.
그래서 얼굴을 담그고 물에서 눈을
내놓고 있을 때는 코도 자연히 나오게
되는 것이예요. 그렇기 때문에 괴롭지
않은 것이랍니다.

♣ 캥거루는 어째서 배의 주머니 속에 새 끼를 넣고 있을까요?

 갓 태어난 캥거루 새끼는 너무 작아서 주머니
속에 넣어 두지 않으면 어디로 가 버렸는지 알
수 없기 때문이예요.

배에 주머니를 가지고 있는 동물을 유포 동
물이라고 말하며, 이 유포 동물은 새끼를 기

르는 태반(어미 몸 안의 태아
가 들어 있는 곳)을 갖지 못
하였기 때문에 뱃속에서 자라
지 않으면 안 될 정도로 작은
새끼를 그대로 낳게되는 거예
요. 그렇기 때문에 낳아 기를
수가 없어 주머니 속에 넣어서
젖을 물려 두지요.

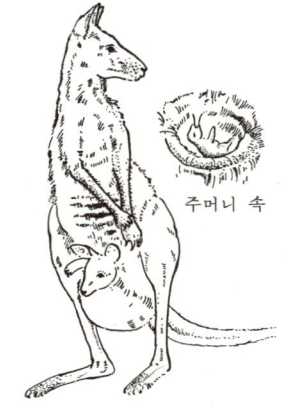

주머니 속

그러나 캥거루의 젖꼭지는 사람의 젖꼭지와는 달리 배꼽의 탯줄과 같은 역할을 하고 있어요. 갓 태어난 새끼의 크기는 2cm 정도밖에 안 된답니다.

♣고래는 왜 바닷물을 뿜어 내나요 ?

'고래의 바닷물 뿜기'는 유명하지요. 텔레비전의 화면 같은 곳에서 잘 보도록 하세요.

고래는 콧구멍 우묵한 곳에 고여 있는 바닷물을 조금쯤 뿜어 내기도 하지만, 거의가 내뱉는 숨이 희게 보여서 물을 뿜어내는 것처럼 보이는 것입니다.

고래나 돌고래는 우리들 인간과 같은 포유 동물이예요. 그렇기 때문에 산소를 공기 속에서 얻는 거예요.

20분이고, 30분이고 바다속에서 견디기 때문에 그 동안 몸속에 품고 있던 숨을 힘차게 내뿜고, 또한 마시는 것이지요.

숨을 내뿜을 때 콧구멍에 고인 바닷물과 함께 숨을 내쉬게 되는 것이예요. 이때, 숨이 차가운 공기에 닿아서 흰빛으로 보이는 것입니다.

고래의 체온은 늘 섭씨 38도이기 때문에 내뿜는 숨이 희게 보이는 것이지요. 그래서 우리의 눈에는 마치 바닷물을 뿜어 내는 것같이 보인답니다.

♣ 고래는 동물인데 어째서 바다에 살고 있을까요?

동물—정확히 말해서 포유 동물(젖먹이 동물)이지만 바다에 살고 있는 것은 고래만이 아니니 다시 잘 알아 보세요.

그러면, 고래는 어째서 바다에 살고 있을까요?

그것은 바다가 살아가는 데 편하기 때문이랍니다. 몸이 커지면 커질수록 물속이 더 편하지요.

예를 들면 몇 십만톤자리 배는 육지 위에서는 다닐 수 없지만, 바다 위라면 쉽게 떠갈 수 있잖아요?

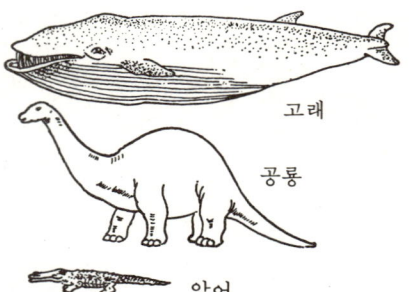

〈크기 비교〉

고래
공룡
악어
사람(성인 1.5m~2m)

결국, 고래는 육지에서 살면 몸이 너무 크고 무거워 살아갈 수가 없기 때문에 바다에서 사는 것일겁니다.

♣ 개는 '멍멍…… 짓는 것밖에 못 하나요?

그렇습니다. '멍멍……'이라고밖에 못 하지요. 그러나 잘 보세요. '으응……'이라고 할 때도 있고, '으으……'라고도 하고, '쿵쿵……' 할 때도 있고 여러 가지 있지요. 잘 관찰해 보세요.

응석부릴 때는 어떤 소리를 내는지.

화를 낼 때는 어떤 소리를 내는지.

'조심해!'라고 야단칠 때는 어떤 소리를 내는지.

공격을 할 때는 어떤 소리를 내는지.

개들끼리 신호를 할 때는 어떤 소리를 내는지.

개는 '멍멍……'이라고 밖에는 할 수 없으나, 자기 마음을 친구들에게 전달하기에는 '멍멍……'으로 충분할 거예요.

♣개나 고양이는 왜 털이 온 몸에 나 있을까요?

온 몸에 털이나 나 있는 것은 개나 고양이 뿐인가요?

아니지요. 토끼, 소, 말 그 밖에도 많이 있지요.

그렇다면, 털이 나 있지 않은 동물은?

개구리, 뱀, 거북이 이 밖에도 더 많이 있지요?

사실은 털이 있는 동물은 몸의 온도(체온)가 따뜻하답니다. 정온이라고 하여 그 체온이 일정한 거예요. 인간도 그러한 무리에 속하지요.

그와 같은 정온 동물의 무리는 자기의 체온이 도망가지 못하게 하기 위해서 털이 나 있는 거예요.

그러나 인간은 옷을 입지요. 그 때문에 거의 털이 나 있지 않은 것같이 되어 버렸지만, 역시 자세히 보면 눈에 보이지 않을 정도의 가늘고 짧은 털이 온 몸에 나 있어요.

확대경으로 살펴 보세요.

♣ 개는 옷을 안 입어도 춥지 않을까요?

개는 잔뜩 털이 난 모피를 입고 있는 셈이예요. 그렇기 때문에 옷을 안 입어도 춥지 않답니다.

개나 고양이는 언제나 몸의 온도가 37℃정도 되기 때문에 겨울이고, 여름이고 체온이 똑같다는 것을 알고 있는지요.

그와는 반대로 개구리나 뱀은 주위의 자연 환경의 온도에 따라 몸의 온도가 변하는 동물이예요.

그렇기 때문에 겨울에 춥게 되면 몸의 온도가 떨어져 움직일 수 있는 능력이 떨어집니다. 그래서 겨울잠을 자는 것이지요.

개는 옷 대신 모피를 입고 있기 때문에 겨울이 되면 겨울털로 바꾸고, 봄이 되면 겨울털은 빠지고 여름 모피가 되지요.

어린이 여러분도 털이 빠지는 것을 본 적이 있지요?

♣ 개는 어째서 혀를 길게 내어 핥나요?

사람도 핥을 때가 있지요. 어린이는 어떤 때 핥나요? 이젠 핥는 일은 없나요?

옛날 사람들은 맛있는 음식을 먹고 나서는 그 음식을 담았던 그릇을 깨끗이 핥아 버리곤 했답니다.

그런데, "그러면 마치 개 같아요, 보기에 흉하니 핥지 말아요!" 라고 못 핥게 했기 때문에 사람은 음식을 먹고 난 다음 그릇도 닦고, 손도 씻었던 거예요.

그러나 개는 그렇게는 안 되지요. 그렇기 때문에 맛있는 음식을 먹고 난 다음 먹은 자리를 깨끗이 핥게 되는 거예요. 그리고, 좋아하는 사람도 핥는답니다. 말하자면 뽀뽀를 하는 것이나 마찬가지인 셈이지요.

그 뿐인가요. 자기가 낳은 새끼도 핥고, 자기 몸도 핥아 깨끗이 하지요.

개는 혀로 맛있는 것에서부터 좋아하는 것, 좋아하는 사람 등을 핥으며, 자기 몸을 씻는 데까지 사용하고 있어요.

♣개는 사람의 말소리를 알아들을까요?

말의 뜻은 모릅니다.

그러나 사람이 말을 할 때, 그 말소리에는 입놀림이나 몸짓이나 억양이 있지요. 그렇기 때문에 개는 오랫 동안 행동을 관찰하여 자기를 부르고 있는 것인지, 꾸짓고 있는 것인지, 공을 집어 오라는 것인지를 구별할 수가 있는 것이예요. 그러나 그것은 말소리를 알아들어서가 아니라 주인의 동작에 따라 판단하고 행동하는 것이랍니다.

♣ 개는 오줌을 눌 때 왜 한쪽 다리를 들까요?

개가 오줌을 눌 때, 한쪽 다리를 드는지 잘 살펴 보세요.

우선, 강아지나 어린 개는 다리를 들지 않고, 궁둥이를 좀 내리고 오줌을 누지요. 큰 개라 할지라도 암컷은 다리를 들지 않아요.

그렇다면 다리를 들고 오줌을 누는 개는 어른 개가 된 수컷이에요.

"여기는 나의 영역이야."라고 하는 것을 다른 개들에게 알리기 위하여 오줌을 누는 것이래요. 왜냐 하면, 오줌에는 자기의 냄새가 배어 있기 때문이예요.

한쪽 다리를 들고 누는 것은 될 수 있는 대로 전신주의 높은 곳까지 묻게 하기 위해서지요. 전신주의 높은 곳까지 묻을수록 자기가 크고 힘이 센 개라는 것을 다른 개들에게 알려 주기 때문이래요.

그러기 위해서는 될 수 있는 대로 한쪽 다리를 높게 올려서 오줌을 전신주 높은 곳까지 누어야지요.

♣ 다크스훈트는 왜 다리가 짧은가요?

참 재미있는 질문이군요.

다크스훈트의 조상은 굴 속에 살고 있는 토끼나 쥐를 몹시 좋아했었대요.

그래서 토끼나 쥐를 쫓아 갔으나 다리가 길어서 어찌할 방법이 없었던 거예요.

때문에 다크스훈트는 토끼나 쥐가 숨어 있는 굴 속으로 들어갈 수 있게 자기의 다리를 점점 짧게 했던 것이예요.

그와 같은 개의 종류를 이번에는 사람이 애완용으로 개량해 나갔는데 그것이 오늘날의 다크스훈트예요.

♣ 고양이가 쥐를 쫓는 까닭은 무엇일까요?

옛날에는 살기 위해서였지요. 그러나, 오늘날에는 스포츠가 되어 버렸답니다.

옛날에는 고양이의 먹이가 쥐였지요. 하느님이 그렇게 정해 주셨던 거예요.

고양이는 쥐를 잡아 먹지 않으면 굶어 죽을

수밖에 없었어요. 그렇기 때문에 고양이가 늘고, 쥐가 줄어 들면, 고양이가 굶어 죽었던 거예요.

고양이에 있어서 쥐를 쫓는 것은 살기 위한 수단에 불과했지요.

그런데 오늘날에는 고양이에게 사람들이 먹이를 마련해 주기 때문에 쥐를 잡아 먹을 필요가 없게 되었어요.

요즘은 고양이가 쥐를 쫓는 일은 사람이 골프를 즐기는 정도의 오락으로 되어 버렸답니다.

♣고양이는 쥐를 정말로 먹을까요?

사람이 고양이를 기르게 된 이유는, 열심히 일하여 지어 놓은 곡식을 쥐라는 놈이 가로채기 때문에 기르게 되었습니다. 그래서 쥐를 잡을 수 있는 고양이를 키우게 되었어요. 사람은 고양이에게 "자네는 잠자리가 편하지 않으니, 비바람도 피할 겸 우리 집에 와서 살도록 하게 그 대신 우리 쌀이나, 보리나, 콩을 훔쳐 먹는 쥐라는 놈을 잡아 먹어 주게나."라고 부탁하여 고양이는 사람이 사는 집에 들어 와서 살게 되었던 거예요.

그러나 요즘은 사람들에 의하여 달라져 가고 있지요.

말하자면, 고양이에게 먹이를 만들어 주는가 하면, 한편으로는 고양이를 애완 동물로 만들어 가고 있어요.

이러다가는 머지않아 고양이가 쥐를 피할 날이 오지나 않을는지요.

♣ 쥐는 고양이를 싫어하나요?

부처님께서 쥐, 소, 호랑이, 토끼, 용, 뱀, 말, 양, 원숭이, 닭, 개, 돼지와 같은 12지라는 것을 정할 때 여러 동물들에게 ○월 ○일까지 모이도록 하되 빨리 온 순서대로 결정할 것이라고 ─말씀하셨을 때, 고양이가 쥐에게 모이는 날짜가 어느 날이냐고 물었더니 쥐가 하루 늦게 가르쳐 주었더래요. 그래서 고양이는 하루 늦게 갔기 때문에 이미 결정된 뒤가 되어 고양이는 대단히 화를 냈다나 봐요.

이 말을 들으신 부처님께서도 화를 내시며 고양이에게 앞으로는 쥐를 잡아 먹어도 좋다고 허락을 하셨나 봐요.

이 이야기는 반은 거짓말이고, 반은 참말이래요.

참말은 고양이가 쥐를 먹는다는 것이예요. 생물은 먹이를 못 먹으면 죽기 때문에 부처님이 아닌 하느님이시라도 그렇게 결정 짓지 않을 수 없었겠지요. 그러나 12지를 정할 때 늦게 갔다는 것은 거짓말이예요. 단지, 거짓말을 하여 남을 속이거나 하면 벌을 받는다는 뜻에서 이와 같은 이야기가 만들어졌을 겁니다.

♣ 어째서 고양이에게는 수염이 있을까요?

아하! 수염이 있는 것은 고양이뿐일까요? 아닙니다.

동물 중에는 수염을 가지고 있는 동물이 대부분입니다.

사람도 수염이 난 사람이 많지요.

그런데 같은 수염이라 할지라도 고양이의 수염은 좀 색다른 역할을 맡고 있나 봐요.

고양이의 수염이 난 곳에는 아주 날카로운 신경이 통하고 있는데 우선, 얼굴 양쪽의 수염을 빳빳이 곤두 세우고, 굴 속에 들어갈 때는 굴에 부딪치는 방법으로 굴의 크기를 알 수 있다나 봐요.

고양이는 수염에게 그러한 일을 할 수 있게 역할을 준 것이지요.

수염을 기르고 있는 사람은 수염에게 어떠한 역할을 주고 있을까요 ?

♣ 토끼는 긴 귀를 가진 모습으로 달님에게서 날아왔나요 ?

어떻게 그와 같은 의문을 갖게 되었나요 ?

달님을 자세히 보면 토끼의 모양이 보이지요. 그래서 그와 같은 의문을 갖게 된 모양인데, 사실은 지구 위에 살고 있는 토끼의 그림을 인도의 인드라 신께서 달님의 표면에 그려 놓으셨다는 이야기가 있어요. 이를 '쟈타카 이야기'라고 한답니다.

인드라 신께서는 생물을 죽여서는 안 되는 날(정진일), 도련님으로 둔갑하여 사람들의 마음을 시험하려고 땅 위로 내려오셨답니다. 맨 먼저 수탉에게로 가셨다가 다음에 승냥이, 원숭이의 순으로 만나시고 마지막으로 토끼를 찾아가 만나셨지요. 그랬더니, 토끼는

"도련님, 나는 잠깐 나가서 먹을 것을 장만해 가지고 오겠으니, 장작을 모아 불을 지펴 주세요."라고 말을 마치고 어디론지 나가 버렸어요. 도련님은 토끼의 말대로 불을 지펴 가며 기다렸더니 얼마 후에 돌아온 토끼는 힘없는 목소리로 "도련님, 제가 도련님에게 대접할 것을 못 구해 와 죄송하기 짝이 없어요. 대신 제가 이 불 속에 뛰어들 터이니 저의 몸이 구어지면 꺼내서 맛있게 잡수시기 바랍니다."라고 말하자마자 불 속으로 뛰어들었대요. 이것을 지켜 본 도련님은 원래의 인드라 신으로 되돌아 오시어 불 속에서 토끼를 두 손으로 안아 올리시며 "장하다, 자기의 목숨을 버려 가면서까지 남을 돕고자 하는 그 마음씨야말로 사람을 구하는 길이로다." 그 렇게 말씀하시고 달님의 표면에 토끼의 모습을 그려 주셨답니 다.

달님 속의 토끼 그림은 지상의 모든 사람들에게 토끼의 이런 마음씨를 가르치기 위한 것이랍니다.

♣ 토끼의 귀는 왜 길까요?

토끼는 무엇을 먹고 사는 동물인지 어린이 여러분은 알고 있나요?

토끼는 풀을 먹고 사는 동물이지요.

그러나 그 토끼를 잡아 먹고 사는 동물이 있답니다. 그것은 여우나 개 등과 같은 고기를 먹는 동물이에요.

그렇기 때문에 토끼는 언제든지 여우나 늑대가 어디에 있나,

어디서 다가오나를 알아야 하지요. 그래서 토
끼는 귀를 계속 쫑긋하게 치켜 세워 어떠한
작은 소리도 지나쳐 버리지 않도록 하는 것이
랍니다.

그래서 토끼의 귀는 그렇게 길어진 모양이
예요. 게다가 귀를 쫑긋이 세우면 바람 부는
방향까지도 알 수 있다나요.

♣토끼의 똥은 왜 동그랗지요?

그것은 똥이 나오는 곳, 마지막의 직장이라는
곳에서 동그랗게 되는 것이랍니다.

토끼는 풀잎이나, 전나무, 벗나무의 새순, 그 밖에
먹을 수 있는 것은 무엇이고 먹지요.

그러나 토끼가 먹는 것은 어느 것이고 섬유질이
많아요. 섬유질이라고 하는 것은, 즉 힘살이지요.

토끼는 수분을 거의 풀잎에 있는 것만으로 취하고 있어요. 그
러므로 먹은 풀잎에서 수분을 얻지요. 그리고 소화가 안 된 부분은
장 속에서 동글동글 말아서 항문으로 '뽕'하고 누게되는 거예요.

♣토끼는 어떻게 해서 풀을 먹을 수 있나요?

살아 있는 생물은 무엇인가를 먹지 않으면 죽지요.
이것은 무엇보다도 중요한 거예요.

사람은 밥이나 빵을 먹지요.

결국, 먹는 것은 아무거나 다 좋은 것이 아니라, 자기가 그 먹이를 먹고 소화시켜 영양분으로 바꿀 수 있는 것이어야 합니다.

토끼는 풀을 먹으면 그것을 소화시켜 영양분으로 바꿀 수 있지요. 그러나, 사람은 야채는 소화시킬 수 있으나 풀은 소화를 못시키는 것도 있어요. 사람도 토끼가 먹는 풀의 반쯤은 먹어서 소화시킬 수가 있어서 민들레나 질경이의 새순은 사람도 먹을 수 있답니다.

토끼는 풀 이외에 야채나 무잎, 곡물 등도 즐겨 먹지요.

〈토끼가 좋아하는 풀〉

별꽃

민들레

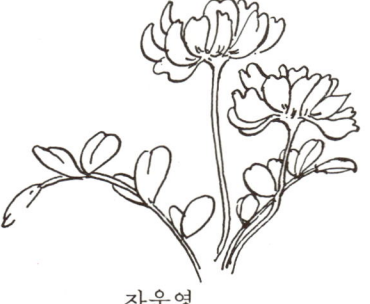

자운영

그러나 풀을 먹을 때는 먹어서 해로운 풀도 있으니, 선생님이나 부모님에게 여쭈어 보고 먹이도록 하세요.

♣ 뱀은 왜 개구리를 좋아할까요 ?

뱀에게는 개구리가 좋은 먹이가 되지요. 개구리는 곤충이 좋은 먹이가 되고, 곤충은 꽃의 꿀이나, 같은 곤충, 열매와 같은 것을 먹고 살지요.

이와 같이 이 세상의 만물은 무엇인가가 무엇인가를 먹으며 살고 있지요. 이것이 자연이라는 거예요.

♣ 뱀은 왜 다리가 없나요 ?

다리란 사람의 경우, 서서 걷는 2개의 다리를 말하지만, 개나 말의 경우에는 걸을 때 사용하는 4개의 다리를 모두 말하는 거예요.

그러고 보면, 뱀은 분명히 다리가 없군요. 그것은 왜냐 하면, 뱀은 들쥐를 대단히 좋아하기 때문이예요.

그런데 들쥐라는 놈은 땅에 구멍을 뚫고 그 속에 숨어버리지요.

그러면 뱀은 구멍 속까지 쫓아가서 들쥐를 잡지요. 이때, 만약 다리가 있으면 귀찮겠지요. 그래서 다리를 점점 짧게 하여 나중에는 뱃속에 넣어버린 것이랍니다.

가령, 비행기는 땅 위에서는 다리를 내놓고 있으나 하늘로 떠올랐을 때는 다리를 몸 속에 넣어 버리지요. 그와 같이 뱀도 다리를 몸 속에 넣어 버린 거예요. 뱀을 유리판 위에 올려 놓고, 밑에서 올려다 보면 재미있답니다. 어떻게 하여 자기의 몸을 움직이고 있나 자세히 살펴보세요.

♣ 뱀은 어떻게 나무에 올라갈 수 있나요?

우선, 뱀은 어떻게 하여 몸을 움직이고 있는가를 알아야 합니다.

선생님께 뱀을 유리판 위에 놓아 달라고 하세요. 다음에는 유리판 밑에서 올려다 보세요. 뱀의 배의 비늘이 파도와 같이 움직이는 것을 여러분은 볼수 있을 거예요. 앞쪽에서부터 뒤쪽으로 파도와 같이 움직여 가고 있지요. 그것으로 뱀은 슬슬 앞으로 기어 나가는 거예요.

될 수 있다면 뱀을 팔에 감아 보세요. 뱀의 배에 있는 비늘이 팔에 달라붙는 것을 느낄 거예요. 그렇습니다. 그 비늘로 집게 모양으로 집듯이, 빨아당기듯이 하며 나무를 오르는 거예요. 가는 가지에다 꼬리를 감거나, 몸 전체를 감거나 하며 나무에 오르는 것입니다.

♣ 새는 어떻게 날 수 있나요?

공기가 있기 때문입니다.

학이나 오리가 나는 장면을 텔레비전 화면 같은 데서 자주 비쳐 주고 있으니, 그 때 잘 보세요. 학은 두 다리로 아주 힘차게 뛰어 나가고, 다음에 날개를 펼쳐 날아 오르지요.

학도 오리도 날개로 공기의 바람을 받아 몸을 공중에 떠 올리는 거예요.

날개를 펼치면 앞에서 불어 온 바람이 몸을 들어 올려 하늘에 뜨게 하는 것이예요. 새들은 모두 그렇게 하여 나는 것이랍니다.

날개가 없으면 공기가 몸을 위로 밀어 올리는 일을 하는 장소가 없어지기 때문에 날 수 없는 것이지요.

다음으로 중요한 것은, 새의 몸

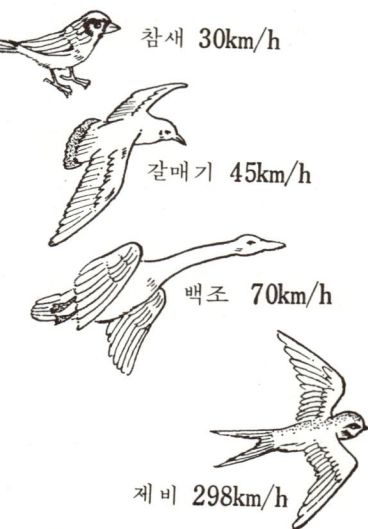

〈새의 나는 속도 비교〉

참새 30km/h

갈매기 45km/h

백조 70km/h

제비 298km/h

의 형태를 보세요. 물고기와 같이 유선형이지요, 그것은 공기의 저항을 적게 하기에 알맞은 형태를 하고 있는 거예요.

몸을 가볍게 하기 위하여 뼈 같은 것도 훨씬 가볍게 되어 있지요. 그 밖에 똥은 절대로 모아 두지 않고 언제고 눌 수 있게 되어 있습니다.

그렇기 때문에 새는 똥을 누고 싶으면 언제든지 어디서나, 눈답니다. 물론 날아가면서도 누지요.

조금이라도 몸을 가볍게 하며 날 수 있게 하기 위해서지요.

> ♣ 새가 나뭇가지에 앉아 잠을 자도 떨어지지 않는 것은 어째서일까요? 정말 자고 있는 것일까요?

참새가 나뭇가지나 전깃줄에 앉아 있는 모습을 잘 살펴 보세요. 만약에 볼 수만 있다면 자고 있는 참새의 발톱을 자세히 보세요.

나무에 앉았을 때의 발

사람이라면 떨어지겠지만 참새는 절대로 떨어지지 않아요. 왜 그럴까요?

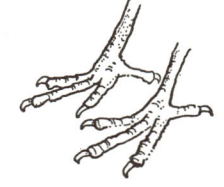

평평한 곳에 내렸을 때의 발

그것은 참새가 나뭇가지를 잡고 자면, 가지를 잡고 있는 발톱이 꽉 조이는 구조로 되어 있기 때문이지요. 몸의 무게를 얹혀서 웅크리면 발톱이 꽉 조여지는 거예요.

자연이라는 것은 참으로 신기하지요. 그렇기 때문에 참새는 나뭇가지에서 정말로 자고 있는 것입니다.

♣ 어째서 나는 새와 날지 못하는 새가 있지요?

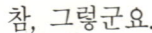

참, 그렇군요.

나는 새와 날지 못하는 새 이외에도 물 속으로 들어가는 새도 있지요.

논병아리나, 펭귄은 살아가는 데 날지 않아도 되는 새이지요.

또, 닭같이 사람이 마당에다 기르는 것도 있지요.

사람이 모이를 듬뿍 먹여 달걀을 낳게 하여 반찬을 만들기 때문에 가축이 되어 버린 거예요.

그와 같이 닭은 사람의 보호를 받고 살기 때문에 도망치거나 날을 필요가 없어지게 된 거예요.

타조 같은 것도 오스트레일리아 사막에서는 적이 없었던 모양이예요. 그래서 날개가 필요 없게 되어 차차 작아져서 쓸모없게 된 것 같아요.

♣ 닭은 어째서 하늘을 날 수 없나요?

첫째 원인은, 날 필요가 없기 때문이예요.

사람이 기르게 되면서 잔뜩 먹여 살찌게 만들었기 때문에 몸이 무거워서 얼마 날지 못하게 된 것도 원인이 되지요.

다음으로, 작은 닭장에 가두어 기르기 때문에 날 수 없게 되어 날개가 작아진 것도 원인이 되지요.

그렇기 때문에 들에 놓아 기르는 닭은 50m쯤은 거뜬히 날고, 지붕 위 정도라면 쉽게 날아 오를 수 있는 거예요.

♣ 닭의 깃털은 왜 빠질까요?

깃털이 빠지는 것은 어느 때일까요?

봄에서 여름에 걸쳐서 빠지지요. 그 까닭은 덥기 때문에 서늘하게 하기 위해서입니다. 그리고 또, 계란을 품어 병아리를 까야 되지 않아요. 이 때, 암탉의 배의 털이 빠져 몸의 온도가 바로 계란에게 전달되도록 하기 위해서라고도 합니다.

빠진 털로 계란 주위를 둘러 쌓을 수도 있고, 둥지를 만들 수도 있지요.

♣ 닭이 흙을 파헤치고 들어 앉는 까닭은 무엇일까요?

닭이 흙모래를 파헤쳐 가며 흙을 뒤집어 쓰는 모습은 우리가 자주 볼 수 있는 일이지요. 참새도 마찬가지예요.

왜 닭이나 참새가 흙모래를 파헤쳐 가며 뒤

집어 쓰기를 할까요?

그것은 몸에 붙어 있는 진드기를 털어 버리기 위해서랍니다. 또 더운 날에는 땅의 시원한 곳에 배를 깔아 식히기 위해서 그렇게 한다는 거예요.

♣ 닭은 어째서 위를 보며 물을 마실까요?

어린이 여러분은 물에 얼굴을 대고 꿀꺽꿀꺽 마실 수가 있겠지요? 그 때, 입술은 어떠한 일을 할까요? 혀는 과연 어떻게 움직일까요?

닭뿐만이 아니고 새의 무리는 모두 부드러운 입술이 아니고 딱딱한 입술이지요. 그것이 우선 사람과 틀린 점이에요.

그 다음에는 혀를 잘 살펴 보세요. 사람과 같은 포유 동물의 혀는 넓적하고 폭이 넓지요. 그러나 닭이나 새의 혀는 가늘고 길지요. 그래서 물 속에 주둥이를 박고 물을 머금으면 주둥이 사이에서 새어 버리기 때문에 위를 바라보며 목구멍에 흘려 넣지 않으면 안 되는 거예요.

♣ 어떻게 계란이 병아리가 될까요?

어린이 여러분은 계란을 깰 수 있나요? 학교에 다니는 어린이

라면 계란 정도를 스스로 깰 수 있어야지요.

우선, 어린이가 이제부터 알아 보고자 하는 계란은 수정란이란 계란이어야 합니다.

병아리뿐만 아니고, 닭이라 할지라도 수탉은 정자라는 알을 내놓고, 암탉은 난자라는 알을 내놓습니다.

난자와 정자가 함께 합쳐서 된 알을 수정란이라고 하지요. 그렇기 때문에 수정란이라는 것은 수탉과 암탉이 함께 만든다고 말하는 것이 좋겠지요.

그 수정란을 사람의 경우에는, 엄마의 뱃속에서 키워 아기가 되게 하지요. 그러나 닭은 입술이 없어서 엄마의 젖을 못먹기 때문에 알 속에 영양분을 듬뿍 채워 수정란에게 갖게 하는 것이예요.

그래서 수정란을 깨 보면 계란의 노른자 위 한 가운데 작고 둥근 것이 보이지요. 그것이 병아리가 되는 것이예요. 나머지는 전부 그 병아리의 먹이지요.

그렇게해서, 계란에서 병아리가 태어나는 것입니다.

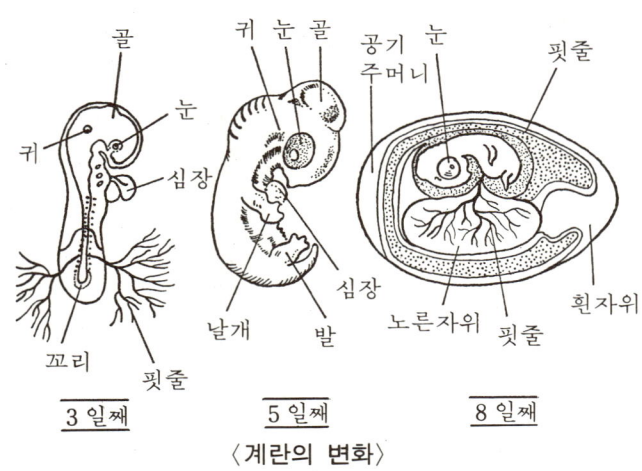

〈계란의 변화〉

♣ 사람이 계란을 따뜻하게 해도 병아리가 태어나나요?

어느 엄마가 카나리아의 알을 브래지어 속에 넣었더니 새끼가 되었다는 이야기를 들은 적이 있지요.

그러나, 카나리아는 따뜻하게 하기 시작하여 약 15일이 되어야 새끼가 되기 때문에 그 동안 잘못하여 눌러서 깨

도 안 되고, 차갑게 해도 안 되기 때문에 어려운 것이지요.

또한 사람의 몸의 온도는 36℃~37℃이며 새 알을 까는 데는 약 38℃로, 새의 체온이 조금 높아서 몹시 힘이 든다는 거예요.

그렇기 때문에 여러분이 한다는 것은 매우 성공하기가 어려울 것으로 생각됩니다.

♣ 참새는 알에서 새끼가 태어나는데, 모르모트는 왜 알에서 태어나지 않을까요?

입술을 잘 비교해 보세요.

참새는 뾰족한 주둥이지요. 모르모트는 참새와는 입술이 다르지요.

그렇기 때문에 모르모트는 어미의 젖을 빨수 있지 않겠어요. 참새 새끼는 그 주둥이로 어

미의 젖을 빨 수 없겠지요. 그 주둥이로 어미의 젖을 물었다가는 상처가 날 거예요. 심하면 젖꼭지도 잘려 나갈 거예요.

그렇기 때문에 참새는 알 속에 듬뿍 영양분을 넣어 두어 태어나면 바로 모이를 쫄 수 있게 되어 있지요. 참새는 젖을 먹을 수 없기 때문이예요.

♣ 어째서 아빠닭, 엄마닭, 아가닭은 함께 살 수 없나요?

원래는 함께 있었지요. 그러나, 사람들이 닭을 가축으로 만들어 버렸기 때문에 계란을 낳기 위한 암탉과 계란을 따뜻하게 하기 위한 엄마닭과 정자를 내놓는 아빠닭의 할 일이 구별되어져 버렸기 때문에 인간 가족들처럼 아

빠, 엄마, 아기가 오손도손 함께 지낼수 없게 된 거예요. 그러나 병아리들이 따뜻하게 해 준 암탉을 엄마닭으로 알고 있답니다.

낳은 엄마보다 기른 엄마가 더 참된 엄마가 되는 셈이지요.

♣ 어째서 참새는 전깃줄에 앉아도 감전이 안 될까요?

전깃줄에 전기가 통하고 있다는 것쯤은 대부분의 어린이들은 모두 알고 있겠지요?

전기에 닿으면 눈 깜짝할 사이에 몸에 전기가 오지요. 심할 때는 심장이 멎어 죽게 됩니다.

우리 가정에 들어와 있는 전기는 100볼트나 200볼트로 되어있어 만약 감전이 되면 죽을 정도는 아니지만 크게 다칠 염려가 있어요.

그러나 전깃줄은 두 줄이어야만 해요. 즉, 플러스(+)의 전선과 마이너스(−)의 전선이지요. 그 두 줄이 맞붙었을 때 비로소 반짝하고 불꽃이 튀는 거예요.

그렇기 때문에 참새도 두 줄의 전선에 발을 걸쳐 놓으면 반짝하고 불꽃을 퉁겨 새까맣게 타 버릴 것입니다. 진짜 참새구이가 되겠지요.

그러나, 전깃줄에 앉아 있는 참새는 한 줄에 앉아 있지요. 한편, 참새와는 관계없이 전기는 계속하여 흘러가고 있는 것이예요.

♣ 참새와 비둘기의 걸음걸이는 왜 다를까요?

참, 잘 관찰했군요.

참새의 걸음걸이는 어떠하지요? 두 발을 모아 뜀뛰듯이 걷는 것 같지요.

그와 달리 비둘기는 어떠하지요? 왼발 오른발 서로 엇갈리며 마치 사람과 같이 걷지요.

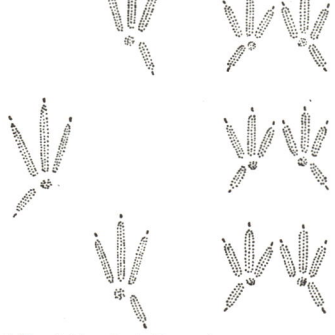

그러나 날아오를 때는 두 발을 모아 등을 움츠리고 후드득 하고 날아 오르지요.

그렇기 때문에 참새는 언제고 날아오를 수 있게 두 발을 모으고 있는 거여요.

정말인지 아닌지는 참새나 비둘기에 직접 물어 보는 수밖에 없겠지요.

비둘기의 발자국   참새의 발자국

♣ 참새나 까마귀의 집은 어디에 있나요?

참새는 시골에 있는 집 지붕의 기와 밑 같은 곳이나, 물받이 홈통 같은 곳에 집을 지어 놓고 살지요.

까마귀는 큰 소나무 꼭대기에 가는 나뭇가지를 얼기설기 얽어서 바람에 날아가지 않도록 먼저 거칠은 둥지를 만들지요. 그런 다음 그 속에 지푸라기, 새의 날개 등으로 둥글게 하여 그 곳에 알을 낳지요.

그러나 참새와 까마귀가 집을 짓는 것은 알을 낳아 새끼를 기를 동안만이고, 새끼가 자라서 둥지를 떠나면 어미도 둥지를 떠나버리지요.

그렇기 때문에 둥지는 해마다 새롭게 지어야 하며, 또 해마다 둥지는 쓰고 나면 낡아 부서지게 되어 있어요.

참새나 까마귀는 암컷과 수컷이 결혼을 하기로 약속하였을 때부터 둥지를 짓기 시작합니다.

♣ 비둘기는 어디서 자나요?

비둘기를 어디서 보았나요?

절이나, 교회, 공원 같이 사람이 많이 모이는 곳에서 비둘기에게 모이를 주는 것을 보았을 거예요.

비둘기의 모이를 땅 위에 뿌려 주면 비둘기는 이쪽 저쪽 보면서 모이를 쪼아 먹고 있지요.

그런데, 그 근처에 비둘기 똥이 떨어져 희게 된 곳이 없던가요?

절간의 지붕 밑이라든가 커다란 성당 건물밑의 비를 피할 수 있는 곳, 비둘기 똥으로 하얗게 되어 있는 곳의 위쪽을 올려다 보세요.

밤이 되면, 비둘기들은 그러한 곳의 지붕 틈바구니에 모여들어 잠을 잔답니다.

♣ 어미 십자매는 어째서 알껍데기를 먹을까요?

어미 십자매는 알을 낳기 전에 알껍데기를 먹지요. 알껍데기의 원료가 모자라기 때문이예요. 껍데기의 원료가 모자라면 알껍데기가 딱딱하지 않은 부드러운 알을 낳게 되지요.

그래서 십자매를 기르는 사람들은 가끔 조개껍데기 같은 것을 갈아 먹이도록 해야 합니다.

♣ 어떻게 해서 앵무새는 사람의 말을 할 수 있지요?

앵무새가 흉내내는 것은 사람의 말소리뿐일까요?

그렇지 않습니다. 그러나 여러분 곁에 있는 앵무새는 사람이 기르고 있는 것이기 때문에, 사람의 말소리를 가장 많이 들을 수 있어 쉽게 잘 내는 모양입니다.

앵무새는 곁에 있는 뻐꾸기의 흉내라던가 꾀꼬리의 흉내도 잘 내는 모양입니다.

꾀꼬리의 흉내를 내면 상대방인 꾀꼬리가 자기와 같은 꾀꼬리로 알고 안심하면 공격을 하지 않게 한다던가 또는, 뻐꾸기의 흉내를 내서 방심시켜 모이를 빼앗는 다던가 하는 일이 있는 모양입니다.

앵무새가 사람의 말을 잘 하는 것 같아 보이지만, 사실은 사람의 말을 이야기하고 있는 것은 아니예요.

사람의 음성을 흉내내고 있으나 발성 방법도 틀리고, 무엇을 이야기하고 있는지 그 내용도 모르면서 흉내내고 있는 것에 불과하답니다. 오로지 소리만 흉내낼 수 있는 발성 기관을 가지고 있을 뿐이랍니다.

♣동물원의 펭귄은 덥지 않을까요?

물론 덥지요.

펭귄도 많은 종류가 있어요. 그러니까 반드시 남극 대륙만이 고향은 아니예요.

고향이 북쪽의 섬인 펭귄도 있지요. 그렇기 때문에 더위를 많이 느끼지 않는 것도 있지만 대개 남극 부근에서 온 것들이기 때문에 우리 나라 더위에는 고생을 하는 모양입니다.

그래서 물속에서만 살고 있는지도 모르지요.

생각해 보면, 펭귄뿐만이 아니고 동물원에 살고 있는 모든 동물은 자연에서 옮겨져 있기 때문에 그것만으로도 더울거예요.

♣ 펭귄은 날개가 있는데 어째서 못 날지요?

펭귄이 못 난다고요? 맞습니다. 펭귄이 날 수 없다는 것을 어떻게 알았지요? 펭귄은 본 적이 있나요? 펭귄은 남극 대륙에 사는 펭귄과 바다새를 말하며, 몸 길이는 50~100cm정도 되며, 날개는 있으나 바다 속에 들어가 먹이를 잡아 먹지요. 그렇기 때문에 날개는 물고기의 지느러미 모양으로 변화해 버렸어요. 그 날개로 바다 속을 헤엄치지요. 땅 위를 걸을 때는 흰 배를 보이며 뒤뚱뒤뚱 걷기 때문에 유명하답니다.

♣ 물고기는 어째서 물 속에 있을까요?

물 속에서 사는 것은 물고기뿐일까요?

게, 새우, 조개류, 고래, 상어 등 많은 생물이 물 속에 살고 있지요.

사실은 먼 옛날, 지구상에 인류가 태어나기도 전에 모든 생물은 물 속에 살고 있었지요.

그런데 시간이 지나 감에 따라 육지에 식물이 자라기 시작했던 것입니다.

그러다가 물 속에서 살고 있던 동물 중에서도 모험심과 호기심이 많은 동물이 "땅 위에 올라가 보자."라고 결심하고 최초로 초식 동물이 올라와 살게 되었으며, 그 후 많은 동물들이 생겨났던 거예요.

그러나 "알지도 못하는 곳에 가는 것은 싫어요.", "물 속에서 살고 있는데 애써 육지로 올라 간다는 것은 귀찮은 노릇이야." 하고 생각한 동물도 있었어요. 그런 동물들은 육지로 안 올라가고 물 속에 남았지요. 그 결과 물고기와 그 밖의 생물들이 오늘까지도 물 속에 살고 있는 거예요.

또한, 한번 땅 위에 올라가 보았으나 땅 위에서는 몸무게가 무거워 살기가 힘이 드는 동물은 다시 바다로 돌아왔다는 이야기도 있어요.

아마도 고래나 돌고래 같은 것들이 그랬던 모양이예요.

> ♣ 물고기는 물 속에만 있는데 괴롭지 않을까요? 그리고 물고기는 물 속에서 숨을 쉬고 있는지요?

물론 물고기라 할지라도 숨은 쉬고 있지요. 살아 있는 모든 생물은 모두 숨(호흡)을 쉬고 있어요.

그렇다면 "호흡한다"라는 말은 어떤 말일까요?

"호흡한다"라는 말은 모든 생물이 살아가기

위하여 필요한 산소를 몸 안에 마시고 이산화탄소를 밖으로 내보내는 것이예요.

땅 위에 사는 동물은 폐로 호흡하고 있으나, 물 속에 사는 동물이 일일이 물 위로 얼굴을 내놓고 호흡을 한다는 것은 큰 일이 아닐 수 없지요.

그래서, 물 속에 사는 동물들은 물 속에 녹아 들어온 산소의 작은 알갱이를 아가미를 통해 몸 안에 넣을 수 있도록 되어 있어요. 되어 있어요.

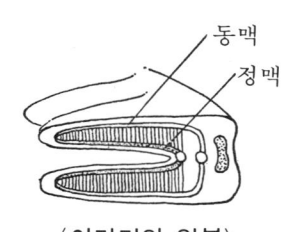

결국 물고기의 아가미는 포유 동물의 폐와 똑같은 역할을 하는 셈이지요.

큰 어항에 공기를 넣는 것을 본 적이 있나요? 그것은 물 속의 산소가 모자라지 않게 넣어 주고 있는 것이예요.

그러나, 물 속에 사는 동물이라고 해서 전부 아가미로 호흡하는 것은

〈아가미의 일부〉

아니예요. 고래나 돌고래는 땅 위의 동물과 같이 폐로 호흡하고 있어요.

그래서 고래나 돌고래는 때때로 물 위로 얼굴을 내놓고 호흡을 하곤 한답니다. 고래의 바닷물 뿜기는 앞에서 다루었기 때문에 이미 알고 있으리라 믿습니다.

어쨌든 그것은 고래가 숨을 쉬고 있는 것이랍니다.

♣물고기의 집은 물 속에 있나요?

물고기는 집이 따로 없습니다.

억지로 말을 하자면 물이 집인 셈이지요.

단지 물고기의 종류에 따라 사는 장소가 다를 수는 있지요.

 어떤 물고기는 수면 가까이에, 어떤 물고기는 바닷속 깊숙이 살고 있듯이 물고기는 종류에 따라 생활 범위가 어느 정도 결정되어 있답니다.

그러나 그것은 생활 테두리이지 결코 집은 아니예요. 집이란 사람만이 가질 수 있는 것인가 봐요.

그러나 사람 이외의 동물도 둥지를 만드는 동물은 어느 의미로는 집을 가지고 있다고 말할 수 있어요.

예를 들어, 거미는 줄을 쳐서 거기에서 잡힌 먹이를 먹고 살지요. 거미줄은 거미의 생활 테두리로서 그것은 거미 자신이 만들어 낸 거예요.

또한, 새도 둥지를 지어 알을 낳고 새끼가 클 때까지 집을 지키며 기르는 장소로 이용하고 있어요.

이와 같이, 거미나 새는 필요에 의하여 둥지를 짓기 때문에 집이라

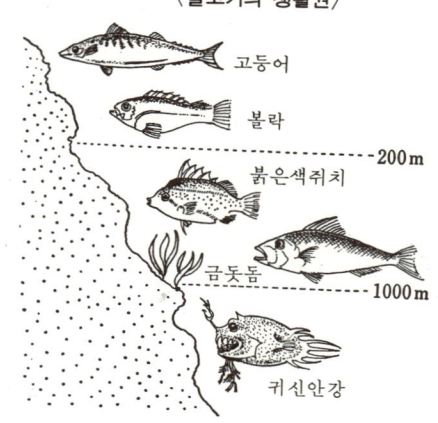

〈물고기의 생활권〉

고등어

볼락

─200m

붉은색쥐치

금돗돔

─1000m

귀신안강

고 하여도 좋을 거예요.

♣바닷고기는 아무도 먹이를 안주는데, 어떻게 살 수 있나요?

대개의 물고기는 자라기 전에 거의 죽지요. 어떤 것은 알일 때 다른 물고기에게 잡아먹히기도 합니다. 또 어떤 것은 운 좋게 알에서 작은 물고기로 자란 뒤에도 큰 물고기에게 먹히기도 하지요.

그러니까 물고기는 한 번에 몇백, 몇천 개의 알을 낳는 거예요. 따라서, 한 덩어리 중의 작은 알맹이가 한 개의 알인 거예요. 즉 하나의 물고기인 것이랍니다.

결국, 물 속에 살고 있는 동물은 다른 동물의 알이나, 미역 같은 해초를 먹이로 하기 때문에 누가 먹이를 주지 않아도 살아나간답니다.

그리고, 물 속에 살고 있는 조개나 전복이나 게나 그 밖의 생물들도 한꺼번에 많은 알을 낳지요.

이와 같은 생물들은 대개 알을 낳기만 하고 기르지는 않는답니다. 그렇기 때문에 어른이 되는 일은 지극히 적지요.

어미가 새끼를 기르는 동물은 성장하여 어른이 될 때까지 어미의 보호를 받기 때문에 적에게 습격당하는 일이 적지요.

생물 중에서는 사람이 가장 오래 길러지고 있어요. 여러분은 사람으로 태어난 것을 다행으로 생각하지 않습니까?

♣ 물고기는 물 속에서만 살고 있는데 춥지 않을까요?

여러분은 물이 0℃ 이하일 때 얼어 버린다는 것을 알고 있는지요?

또한, 100℃ 이상일 때는 기체가 되어 버리지요. 결국, 물의 온도는 0℃에서 100℃사이가 되는 셈이지요.

물은 공기가 덥게 되거나 차갑게 되거나 온도의 차이는 심하지 않아요.

그리고 물고기에 있어서는 너무 온도의 변화가 많지 않은 것이 바람직하지요. 그 이유는 물고기가 변온 동물이기 때문이예요.

변온 동물이란 주위의 온도 변화에 따라 체온이 변화하는 동물을 말하지요.

그렇기 때문에 너무 자주 온도가 변화하면 물고기는 몸의 온도를 변화시키기에 바빠 병이 날지도 모를 일입니다.

물고기와 같은 변온 동물에 비하여 포유 동물이나 새 종류는 늘 일정한 몸의 온도를 지니고 있기 때문에 정온 동물 또는 항온 동물이라고 말한답니다.

♣ 물고기도 소리를 들을 수 있나요?

물론 들을 수 있답니다.

여러분이 집에서 기르는 금붕어나 붕어도 분명히 소리를 듣고 있어요. 라디오 소리, 어린이들의 이야기 소리 등 전부 듣고 있답니다.

그러나, 그 소리가 자기 생활과 관계가 없을 때에는 전혀 무관심하게 되어 버리지요.

무관심이 되어 버린다는 것은 들리고 있는데도 들리지 않은 것과 같은 상태가 되는 거예요.

예를 들어, 손뼉을 짝짝치고 늘 모이를 주면 손뼉을 짝짝 치기만 하여도 모이를 주는 줄 알고 물 위로 떠 오르지요. 메기로 어떤 학자가 그와 같은 실험을 해 본 일이 있답니다.

〈붕어의 외형〉

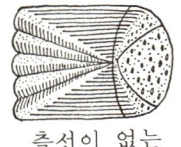

측선이 없는 비늘

측선이 있는 비늘

연못 속의 잉어 같은 것은 "나와라 나와라, 연못 속의 잉어야!" 라고 손뼉을 치면 소리는 듣고 있지요.

그러나, 물고기의 귀는 사람의 귀와 같은 모양을 하고 있는 것이 아니고 몸통 양쪽에 물의 흐름, 물의 압력 등을 알아 내는 감각 기관이 한 줄로 줄지어져 있는데 바로 그것으로 듣고 있는 것입니다.

♣ 물고기는 잘 때 눈을 감나요?

거의 모든 물고기는 눈을 뜬 채로 잠을 자지만 더러는 눈을 감고 자는 물고기도 있답니다.

어린이 여러분은 집에 금붕어가 있으면 잘 관찰해 보세요.

밤에 조용조용, 어항을 들여다보면 금붕어는 물 한가운데서 꼼짝 않고 있는 것을 볼 수 있을 거예요.

10분이고, 20분이고 움직일 줄 모르고 같은 장소에 떠 있지요. 이 때가 몸을 쉬고 있을 때, 즉 잠자고 있을 때지요.

바다 밑, 바위 위에서 잠을 자거나 모래 속에 숨어서 잠을 자는 물고기도 있답니다.

그러나 그럴 때도 눈알이 투명한 막으로 쌓여 있어 거의 눈을 감지 않고도 상처를 입을 염려가 없게 되어 있지요.

♣ 물고기는 어떻게 헤엄치나요 ?

어떻게 헤엄을 치느냐고 물어 보면 대답하기가 매우 어렵습니다.

왜 헤엄을 치느냐고 묻는 의미와 어떻게 해서 헤엄을 치느냐고 묻는 의미의 두 가지 질문이 되기 때문에 아주 어려운 질문이 되지요.

'왜 헤엄을 치나?'라고 묻는 쪽은 '사람은 왜 걷나?', '개는 왜 달리나?', '새는 왜 나는가?'라고 묻는 것과 같지요.

자기의 몸을 지금 있는 장소에서 다른 장소로 옮기기 위해서지요. 물 속에서 물고기가 자신의 몸을 옮기는 것을 '헤엄친다'고 말하며 새의 경우일 때 '난다'고 말하지요.

다음으로 '어떻게 해서 헤엄을 치느냐'라는 물음에 대해서는 다음과 같이 답할 수가 있겠지요.

우선, 천천히 헤엄을 칠 때는 지느러미를 움직여 헤엄을 치며, 깜짝 놀랐을 때나 빨리 헤엄칠 때는 몸통을 구부려서 좌우로 흔들어 몸을 멀리 헤치고 헤엄쳐 나가지요. 잘 관찰해 보세요.

물고기에 의한 여러 가지 수영 방법이 있으니 어항 같은 데서 물고기가 헤엄치는 모습을 잘 보아 두세요.

♣ 금붕어는 늘 헤엄을 치고 있는데 피곤하지 않을까요 ?

물론 피곤하면 지치지요.

잘 들여다 보세요. 금붕어가 배 지느러미나 가슴 지느러

미를 움직이고 있을때가 헤엄치고 있을 때입니다.

놀래 주거나 하면 몹시 빠른 속도로 움직인답니다. 물론 그럴 때도 헤엄치고 있는 것이지요.

그러나 물 속에서 꼼짝을 않고 있을 때나, 움직이지 않고 천천히 물을 먹어 아가미에서 내뱉고 있을 때가 쉬고 있을 때랍니다.

물 속에만 있기 때문에 늘 헤엄을 치고 있는 것같이 생각하기 쉽지만, 사실은 물 속에서 가끔 쉬기도 한답니다.

쉴 때는 금붕어의 몸 속에 있는 부레(공기 주머니) 속의 공기를 조절하여 적당한 곳에 멈출 수 있게 하는 거예요.

금붕어의 몸은 물 속에서 살기에 편리하게 되어 있답니다.

♣ 송사리는 언제쯤에나 금붕어가 될 수 있나요?

대단히 어려운 문제입니다.

정어리가 언제쯤에나 고래가 되느냐 하는 질문과 같군요.

송사리는 송사리라는 이름의 민물고기로서 아무리 커도 3cm 정도밖에 안 자라지요. 우리 나라 민물고기 중에서는 제일 작은 물고기지요.

그런데 금붕어는 이름 그대로 붕어의 무리지요. 붕어를 길러 품종을 개량하여 사람이 만들어 낸 거예요.

금붕어는 가슴 지느러미나, 배 지느러미나, 꼬리 지느러미가 너무나 커서 급한 흐름 속에서는 헤엄치기가 어렵지요.

결국 금붕어는 자연 그대로의 물 속에서는 살 수 없게 된 셈이지요.

그렇기 때문에 송사리를 아무리 길러도 금붕어가 될 수는 없는 거예요.

♣ 뱅어도 비늘이 있나요?

분명히 있습니다. 확대경으로 들여다 보세요.

뱅어뿐만 아니라 사람이 먹기 쉽게 가공한 물고기도 비늘이 없어 보이지만 원래는 비늘이 있었던 겁니다.

왜냐 하면, 비늘이라는 것은 자기의 몸을 지켜주는 것이기 때문이지요.

미꾸라지 같은 물고기는 비늘이 퇴화하여 마치 없어진 것

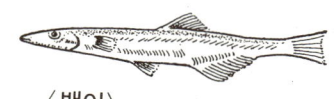

〈뱅어〉
길이 10cm
4~5월경 강물을 거슬러 올라가서 산란한다.

같지만, 그 대신 끈적끈적한 점액으로 몸을 감싸고 있는 거예요.

물고기는 모두 자기의 몸을 지키기 위한 비늘을 지니고 있답니다.

♣ 미꾸라지는 어떻게 하여 빨리 헤엄칠 수 있지요?

어디서 보았지요? 아마 강가나 냇물가에서 보았을 거예요.

천천히 헤엄칠 때는 가슴 지느러미나 배 지느러미가 움직이지요. 그리고, 꼬리 지느러미도 물의 흐름에 따라 방향을 바꿀 때 움직이지요.

그러나, 여러분이 ·미꾸라

지를 잡으려고 두 손을 살그머니 물 속에 넣으면 순간 쏜살같이 도망쳐 버리지요.

그것은 몸을 꼬불꼬불 꼬부려 물을 헤치며 헤엄치기 때문이예요. 다시 말하면, 물을 박차고 헤엄을 치는 거예요.

그럴 때 진흙탕이 이는 것이지요.

♣ 개구리는 왜 튀어오르나요?

개구리의 다리를 보세요. 뒷다리가 훨씬 크고 굵다는 것을 알 수 있을 거예요. 앞다리는 어떻습니까? 훨씬 가늘고 작지요. 이번에는 헤엄치는 것을 잘 보세요. 앞다리를 쭉 앞으로 뻗고, 뒷다리로 물을 차며 헤엄치지요.

앞다리로는 연잎을 붙잡을 때나, 땅 위로 오를 때 사용할 뿐이지요. 그러므로, 땅 위에서 천천히 걸을 때는 앞다리를 쓰지만 급할 때나 튀어오를 때는 뒷다리로 튕긴답니다.

♣ 개구리는 어떻게 헤엄을 칠 수 있나요?

개구리와 같이 물 속이나 땅 위에서 살 수 있는 동물을 양서류라고 말하지요.

개구리는 알을 물 속에다 낳아요.

다음은 알이 바뀌어 올챙이가 되어 물 속에서 살게 되지요. 물론 물 속에 있는 것이 편하기 때문이에요.

물 속에 녹아 있는 산소를 마 시고 물 속 밑바닥에 가라 앉아 있는 먹이를 먹고 자라지요. 그래 서, 어른이 되면 날아다니는 벌레

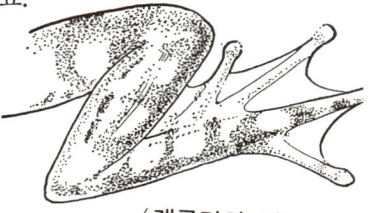

〈개구리의 발〉

를 잡아먹기 위하여 땅위에 올라오는 것이랍니다.

그러나, 물이 더 살기 편하기 때문에 자주 퐁당퐁당 물 속으로 뛰어들지요.

♣ 개구리는 언제 잠을 자나요?

개구리의 겨울잠을 여러분은 알고 있겠지요. 개구리는 자연의 온도에 따라 몸의 온도가 변하므로 기온이 떨어지는 늦가을부터 흙 속의 따뜻한 곳에 들어가 겨울동안 잠만 자다가 봄이 되어 따뜻해지면 눈을 뜬답니다.

그렇기 때문에 눈을 뜬 다음에는 다시 늦가을이 될 때까지 거의 잠을 안 잔다고 말할 수 있지요.

낮이나 밤이나 열심히 벌레를 잡아 먹고 몸을 살찌게 하여 알을 낳아 새끼를 기르지 않으면 자손이 끊기기 때문이겠지요.

그렇지만, 사실은 가끔 잠을 자기도 한답니다. 벌레를 잔뜩 잡아 먹고 배가 부를 때, 잠시 돌 틈이나 연잎 위에서 꼼짝 않고 있을 때가 있지요. 이럴 때가 자고 있는 때라고 말할 수 있어요. 잠을

자고 있는게 아니라면 쉬고 있는 것이랍니다.

♣ 개구리는 비가 오면 어째서 좋아하나 요?

'개구리가 어떻게 헤엄치나요?'라고 쓰인 곳을 다시 읽어 보세요.

개구리는 물 속에서도 살 수 있고 땅 위에 서도 살 수 있다고 씌어 있지요. 이와 같은 동물을 양서류라고 말했을 거예요.

양서류의 특징은 몸이 젖어 있지 않으면 고통스럽게 되며, 몸이 마르면 죽게 될지도 모르지요.

결국, 양서류는 수분을 좋아한다는 거예요. 그래서 매우 습기가 많은 날이나 비가 올 듯하면 개구리는 좋아서 개굴개굴 노래하는 것이랍니다.

♣ 개구리는 왜 배꼽이 없지요?

배꼽이 없는 것은 개구리뿐일까요?

뱀이나 새, 물고기도 배꼽이 없어요. 이와 같은 동물들은 알로 태어나요. 알로 태어나는 동물은 배꼽이 없답니다.

그러면, 사람이나 코끼리, 개, 고양이 같은

포유동물은 어디에서 태어날까요? 사람이나 개의 알이란 물론 들어 보지도 못한 말이겠지요. 포유 동물은 전부 엄마의 뱃속에서 태어나는 것이예요. 아기가 엄마의 뱃속에서 탯줄이라는 곳을 통하여 영양분을 받아 커져서 태어나는 것이지요. 배꼽은 그 때의 탯줄이 이어졌던 것이예요.

알에서 태어난 동물은 알 속에 크게 되기 위한 영양분이 준비되어 있어 어미에게 영양분을 따로 받을 필요는 없지요. 그래서 배꼽이 없는 거예요. 그렇지만, 사람이나 개는 아빠가 내놓는 정자라는 알과 엄마가 내놓는 난자라는 알이 합쳐서 수정란이라는 것이 생기는 거예요.

♣ 올챙이 꼬리는 어디로 가 버리나요?

유치원이나 초등학교에서 올챙이를 길러 관찰해 보았으면 좋겠습니다.

그 때, 어항 속에 5마리쯤 길러 각각 이름을 붙여서 구분할 수 있게 하고 먹이로는 밥풀이나 말린 식품 같은 것이 좋겠지요.

어느 정도 자라, 뒷다리가 조금 나오면 반대로 꼬리가 조금 짧아질 거예요.

다음에 뒷다리가 다 나오면 꼬리는 더욱 짧아지고, 그 다음에 앞다리가 나오고, 4개의 다리가 갖추어지면 꼬리는 더 짧게 되어 없어지고 말지요.

즉, 올챙이 꼬리는 다리를 크게 할 때 영양분으로 흡수되어 버리는 거예요.

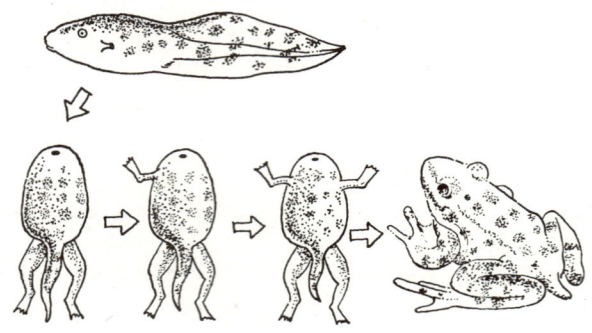

〈 개구리의 자라는 형태〉

♣ 올챙이와 개구리는 어째서 먹이가 다를까요 ?

올챙이는 개구리의 아기입니다. 개구리는 어른이고요. 그래서 먹이가 다릅니다.

그렇다면, 모든 동물이 아기 때의 먹이와 어른이 되었을 때의 먹이가 다르냐 하면 반드시 그렇지만은 않아요. 같은 동물도 있답니다.

또, 유충일 때 많이 먹고, 성충이 되면 전혀 먹지 않는 것도 있지요. 개똥벌레 같은 것이 그렇지요.

배추흰나비 같은 것은 유충 때 양배추의 잎을 먹는데 성충이 되면 꽃의 꿀만 먹지요.

올챙이는 물에서만 살고 있기 때문에 물 속에 있는 것을 먹게 되지요.

그러나 자라서 개구리가 되면 땅 위에 올라와 벌레를 잡아 먹지요. 이와 같은 까닭으로 아기일 때와 어른이 되었을 때에 먹는 그 먹이가 제각기 달라지는 거예요.

♣ 거북의 등껍데기는 어째서 딱딱한가요?

〈 거북의 종류 〉

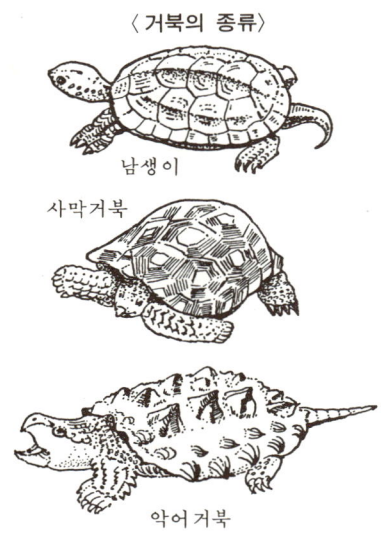

남생이

사막거북

악어거북

갈라파고스거북

자기 생명을 지키기 위해서지요.

거북이가 등껍데기를 방패로 하고 있을 때는 등껍데기 속에 목, 발, 꼬리를 모두 숨기지요.

그리고 안전하다고 느꼈을 때, 우선 목을 슬금슬금 내밀고 다음에 앞다리를, 그리고 뒷다리를 내놓은 다음 꼬리를 내놓고 도망치려 할 것입니다.

그 때, 막대 같은 것으로 거북의 머리를 툭 쳐서 놀라게 하면 바로 움츠려 버리지요.

♣ 게의 먹이는 무엇일까요?

이것은 어려운 질문이군요.

게라고 한 마디로 말하지만 300가지 이상의 종류가 있답니다. 그렇기 때문에 종류에 따라 먹이도 틀리답니다.

우리가 알고 있는 꽃게나 해안에서 많이 살고 있는 게의 무리는 해초를 먹고 사는 것도 있고, 죽은 물고기를 먹고 사는 것도 있지요.

해안에 떠 있는 해초나, 동물성 단백질 등은 게의 좋은 먹이가 된답니다.

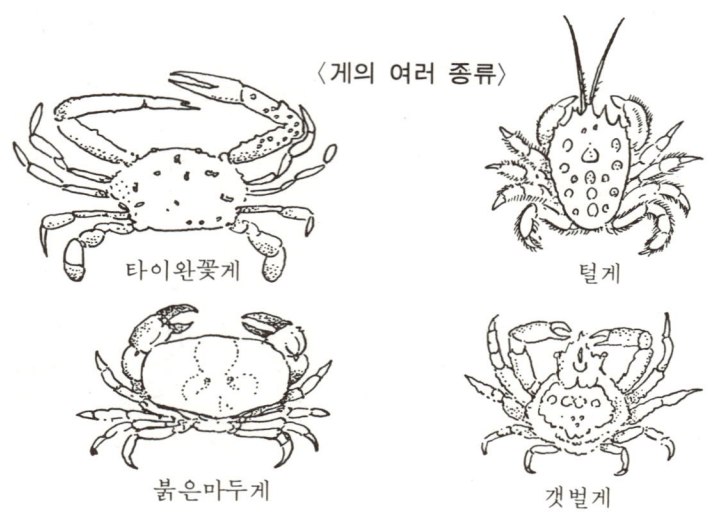

〈게의 여러 종류〉

타이완꽃게

털게

붉은마두게

갯벌게

♣ 게는 어째서 옆으로 걷지요?

옆으로 걷는 게만 보셨군요.

분명히 앞으로 걷는 게도 있답니다.

게를 잘 보세요. 게는 딱딱한 껍데기가 붙어 있

지요. 그리
고 2개의 집게다리와 8개의 다리
가 껍데기 옆으로 나와 있어요.
그런데 그 다리는 껍데기의 옆
구멍에서 니와 있어요.

그렇기 때문에 앞다리와 뒷다리
사이에 틈이 거의 없어서 옆으로
뻗으면 다른 다리에 방해가 되지
않아 옆으로 걷는 쪽이 훨씬 편한 모양이예요.

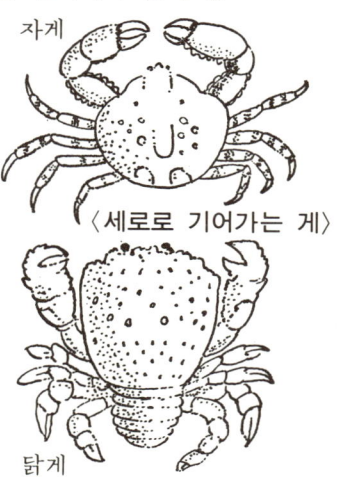

자게

〈세로로 기어가는 게〉

닭게

♣ 가재는 자라서 어떻게 두 마리가 될 수 있을까요?

가재가 두 마리가 되었다고 하지만 그것은
껍데기를 벗는 것을 본 거예요.

어항 속에서 기르면 가재나 새우는 껍데기를
잘 벗지요.

거북과 같은 것은 몸이 커지면 껍데기도

점점 커지기 때문에 껍데기를 벗지 않아도 되지만, 새우나 가재가 한번 입은 껍데기는 커지지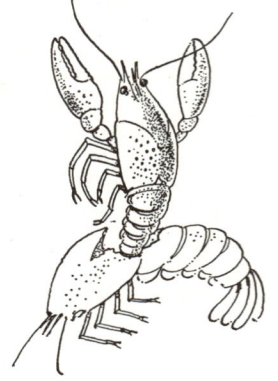
〈가재의 탈피 모습〉
않아 몸이 커지면 입고 있는 껍데기는 맞지 않게 되기 때문에 더 큰 것을 입기 위해 벗어 버린답니다.

그러니 잘 살펴 보세요. 한 마리는 살아 있으나 다른 한 마리는 허물을 벗은 빈 껍데기라는 것을 알 수 있을 겁니다.

♣어째서 우는 매미와 울지 않는 매미가 있을까요?

매미 중에는 우는 매미와 울지 않는 매미가 있다는 것을 알고 있나요?

개나 고양이는 모두 울 수 있으며, 울지 않는 개나 고양이는 없지요.

어째서 매미만이 울지 않는 것이 있는지 이상하군요. 동물들이 우는 것은 화가 나거나, 겁이 나거나 할 때의 기분을 나타내기 위해 울며 또한, 친구들을 부를 때나 무엇인가를 알리기 위해서라던가 그 밖에 여러 가지 뜻에서 우는 모양이예요.

매미도 우는 매미는 친구들에게 "지금 여기 있다."라고 알리거나, 어두운 흙 속에서의 생활이 끝나고 밝은 하늘 밑에서 살고 있는 것에 대한 기쁨을 노래하는 것인지도 모르지요.

그러나, 울지 않는 매미는 우는 매미의 울음 소리를 듣고, 기뻐하지 않을까요? 울지 않아도 노래를 듣는 기쁨으로 만족하지 않을까요?

울지 않기 때문에 불쌍하게 여겼는지도 모르지만, 울어서 만족해 하는 매미와 듣기만 하는 것으로 만족해 하는 매미를 생각하면 어떨런지요?

우는 매미는 수컷이고 울지 않는 매미는 암컷이랍니다.

알을 낳을 수 있는 매미는 못 울어도 알을 낳기 때문에 행복하고, 알을 낳을 수 없는 매미는 알을 낳는 매미를 위하여 울어 주고 있는 거예요.

♣ 매미는 왜 금방 죽을까요?

매미의 새끼가 흙에서 나와 날개를 갖게 되어 불과 1~2주일간이면 죽어 간다는 것을 듣고 깜짝 놀란 모양이군요.

울기 잘하는 여치매미는 7년이나 흙 속에 어두운 굴을 파고, 나무 뿌리에서 즙을 빨아 먹고 살아 있었는데 땅 위에 나와서의 생활이 너무나도 짧아 불쌍하게 느껴졌던 모양이지요.

그러나 매미를 보고 있으면 여름의 밝은 태양 아래 우거진 나뭇잎 사이를 날며, 멋있어 보이는 나뭇가지를 찾아 즙을 빨아가며 울고 있지요.

잠시도 쉬지 않고, 게으름 또한 피우지 않고 열심히 살고 있지요.

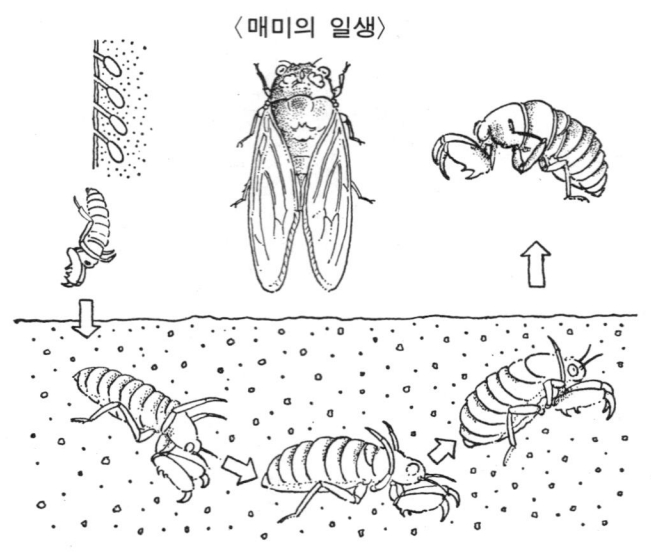

〈매미의 일생〉

　매미가 되고서의 생활은 짧지만, 이 짧은 기간에 암컷과 수컷이 만나 암컷은 많은 알을 낳지요.

　짧은 기간이지만 새끼를 남긴다는 지극히 중요한 일을 하고 있는 거예요.

　오랜 땅 속에서의 생활은 짧은 여름 살림을 위한 준비였었고, 흙 속의 생활이 없었다면 땅 위에서의 생활은 이루어질 수 없었을 거예요.

　흙 속의 생활과 연결하여 생각한다면 곤충의 무리로서는 상당히 오랜 생활이 되는 셈이지요.

　분명히 매미가 되어 날아다니는 기간은 짧지요. 그러나, 길고 짧은 것보다도 큰 일을 차분히 한다는 것이 생활을 위해서는 지극히 당연한 거예요.

♣ 메뚜기의 눈은 왜 눈물이 나오는 것 같나요?

눈물이 나오는 눈을 여러 어린이들은 본 적이 있나요?

친구들과 눈물이 흐르고 있는 눈을 자세히 보세요.

눈물이 나오는 눈과 나오지 않는 눈이 다르다는 것을 알았다면 그것은 대단한 발견입니다.

메뚜기의 눈 뿐만이 아니고 잠자리의 눈도, 딱정벌레의 눈도 자세히 들여다 보세요. 모두 메뚜기의 눈과 같이 눈물을 흘리고 있는 것처럼 보일 거예요.

눈물을 흘리고 있는 눈같이 보인다면 눈물이 나오고 있나 안 나오고 있나를 살펴 보세요. 화장지로 메뚜기의 눈을 씻어 종이가 젖는지를 알아 보세요.

물론 이 때, 젖지 않았다면 눈물을 흘리지 않은 것이 되지요.

그렇다면, 어째서 눈물을 흘리는 것같이 보일까요?

〈잠자리의 눈〉

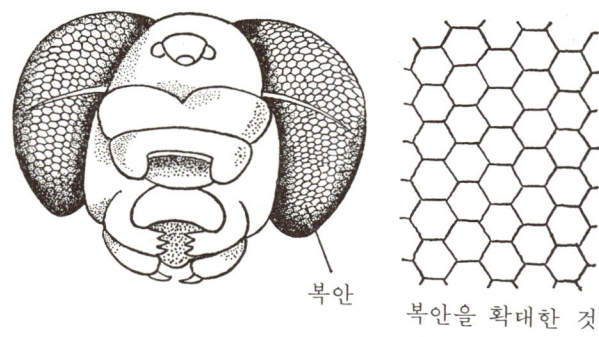

복안

복안을 확대한 것

203

눈물에 젖은 눈을 잘 보세요. 빛이 나 보이지요?

실은 메뚜기의 눈은 울고 있는 것이 아니라 빛나고 있는 겁니다. 마찬가지로 잠자리의 눈도 자세히 보면 빛나 보일 거예요.

빛나 보이는 이유는 눈이 유리나 플라스틱과 같이 투명체로 둘러싸여 있기 때문이예요. 비닐로 물건을 싸면 빛나 보이는 것과 같은 이치예요.

이것은 눈을 보호하기도 하고 렌즈 역할도 한답니다.

확대경으로 자세히 보면 작은 눈이 많이 모여 있는 것을 볼 수 있지요. 이와 같은 눈을 복안이라고 말하지요.

사람의 부드러운 눈과는 달리 딱딱하답니다.

♣ 잠자리의 날개는 어째서 유리 같지요?

　　　　잠자리가 하늘을 나는 것을 보고 있으면 날개가 잘 안 보여서 가늘고 짤막한 나뭇가지가 있는 것같이 보이지요. 날개는 유리같이 투명하여 보이지 않고, 몸통과 머리만 가는 막대 같이 보이기 때문이예요.

　　　　이와 같은 날개는 파리나 벌 또는 매미도 마찬가지이며, 나비나 모기는 그와 같은 날개 위에 가루가 묻어 있지요.

날개 모양으로 같은 무리를 선별하는 데는 나비나 모기같이 가루를 묻혀 무늬를 표시하기도 하고, 유지매미와 메뚜기 같이 색을 입히기도 하지요.

유리같이 투명한 날개는 투명한 것이 편리하기 때문에 그렇게 만들었을 거예요.

날개에 무늬가 없으면 가슴이나 배 위의 색이나 무늬가 보다 분명히 보일 거예요.

또한, 비닐과 같이 가볍게 만들어진 이유는 날으는데 좀 더 가볍게 하기 위해서인지도 모르지요.

♣벌은 왜 쏠까요?

어떤 때 사람이 벌에 쏘이는지 알고 있나요? 벌을 잡았을 때 쏘이게 되는 겁니다.

벌집 가까이 다가갔을 때나 벌이 놀라거나 했을 경우 적으로 알고 쏘게 되지요.

벌집을 건드리거나, 막대기로 찌르거나 하면 벌들은 떼지어 쏘려고 덤비지요.

결국 벌들은 자기들을 공격해 오는 적이라고 생각되면 쏘는 것이랍니다.

벌들은 자신이나 동무들을 보호하기 위하여 쏘지요.

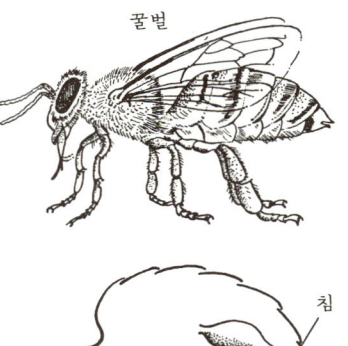

꿀벌

침

꿀벌집에 말벌 같은 큰 벌들이 공격해 오면 작은 꿀벌의 일벌들은 큰 말벌들과 쏘아 가며 싸운다는 말을 들어 보았는지요?

쏘는 것은 사람에게뿐만이 아니고 자기네 집을 해치려는 어떠한 동물에게나 맞서는 방어 수단이지요. 그러므로, 될 수 있는 대로 벌집 가까이 가지 않도록 주의를 해야 될 거예요. 많은 벌들에게 쏘여 사람이 죽은 일도 있답니다.

한편, 벌과 날파리도 식별할 줄 알아야 되겠지요. 곤충의 무리에는 벌이 아닌데도 벌 같은 색채와 무늬를 띈 벌레가 있기도 합니다.

꿀벌의 일벌은 한 번 쏘면 죽습니다. 일벌에 있어서 쏜다는 것은, 즉 죽는다는 거예요. 죽어 가면서도 동족을 지키는 것은 참으로 갸륵한 일이 아닐 수 없지요.

♣나비 새끼는 어째서 유충일까요?

닭이나 개의 어린 것은 모두 아빠, 엄마를 닮았는데 어째서 나비의 새끼만은 유충일까요?

그 아름다운 나비와는 전혀 다른, 보기에도 흉한 유충이나 송충이가 나비로 되는 것은 이상한 일이군요.

그래서 옛날 사람들은 유충이나, 송충이가 나비가 되는 것으로는 생각지도 않았어요.

나비는 작은 아기나비가 차차 커져서 큰 어른나비가 되는 것이 아니예요. 나비의 일생은 유충이 번데기가 되어 나비로 탈바꿈을 하는 것입니다. 그리고 나비로 된 모습 그대로 살다가 일생을 마치게 되지요.

유충일 때는 잎을 먹고 무럭무럭 자라서 몸 속에 나비가 되기 위한 아름다운 몸매나 날개를 만드는 영양을 모아 두는 거예요.

〈나비의 일생〉

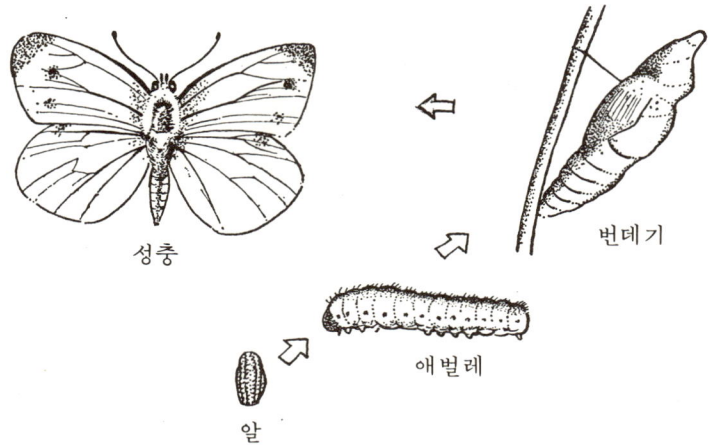

성충

번데기

애벌레

알

　유충이 번데기로 바뀌어 움직이지 않고 있을 때, 몸 속에서는 나비의 몸이나 날개가 만들어지고 있는 겁니다.

　그런다음, 번데기에서 태어난 아름다운 나비는 더 이상 몸을 고친다던가 크게 한다던가 할 필요가 없을 정도로 훌륭하게 되는 거예요.

♣ 나비의 날개에 가루는 왜 묻어 있나요?

　나비의 날개에 아름다운 무늬를 붙이기 위하여 분가루가 묻어 있는 거예요.

　여러 가지 색종이를 잘게 썰어서 여러 가지 무늬를 만들 수 있겠지요.

　그와 마찬가지로 날개의 가루 한 알 한 알이 여러 가지 분가루가 되어 무늬를 만들고 있는 거예요.

호랑나비

날개를 확대하여 보면   더욱 확대하여 보면

현미경으로 보면 물고기에 붙어 있는 비늘과 같이 나비의 날개에 분가루가 붙어 있어 이것을 '비늘 가루'라고 한답니다.

나비의 날개의 무늬 중에는 햇볕에 쪼이면 금속과 같이 반짝반짝 빛나는 것도 있지요.

아름다운 나비의 날개를 이용해서 브로우치나 쟁반 같은 공예품이나 장식품을 만들기도 하지요.

또한, 날개의 분가루는 빗물에 날개가 젖지 않도록 지켜 주기도 한답니다.

♣ 지렁이는 눈이 있나요?

지렁이를 잡아서 손바닥에 놓고 자세히 들여다 보아도 머리가 어느 쪽에 있는지 잘 모를 거예요.

뱀이라면 눈이 있고 입을 크게 벌려 혀를

내밀기 때문에, 머리가 있고 꼬리가 있는 것을 잘 알 수 있지요.

그러나 지렁이의 경우는 어느 쪽이 머리고, 어느 쪽이 꼬리인지 구분하기가 어려울 거예요.

눈을 발견하면 곧 머리라는 것을 알 수 있지만 눈도 보이지 않지요.

그러나 지렁이는 땅 위를 기거나 땅 속으로 스며들어, 가고 싶은 곳으로 움직이는 것이 분명하지요. 그것은 눈은 없어도 몸의 어디엔가 냄새나 촉감을 느끼는 곳이 있기 때문에 움직이고 있는 거예요.

땅 위를 기는 지렁이를 보아 앞으로 기는 쪽이 머리가 되지요. 그러나, 지렁이의 경우 뇌가 들어 있는 머리가 앞에 있는 것이 아니고 몸 속에 뇌가 나뉘어져 있는 거예요(곤충도 머리는 있으나, 뇌는 머리 속 뿐만이 아니고 머리, 가슴, 배에 나뉘어져 있지요?.

중요한 것은 모든 생물은 반드시 먹이를 먹고 똥을 눈다는 거예요. 먹이를 먹는 쪽을 머리라고 하지요.

♣ 지렁이는 뼈가 없나요?

뱀은 등뼈가 머리에서 꼬리까지 있으며, 등뼈에서는 바퀴 모양의 가는 뼈가 나와 있지요.

그러나 지렁이는 등뼈도 가는 뼈도 없답니다.

그래서 지렁이는 마치 소시지 봉지에 고기가 담겨져 있듯이 그렇게 보이는 거예요.

♣동물은 왜 말을 못하나요?

 　참새는 '짹짹' 울고, 고양이는 '야옹야옹'하고, 개는 '멍멍' 짖듯이 동물들은 제각기 울음 소리를 가지고 있어요.

　동물은 모두 우는 소리로 이야기하고 있답니다.

　참새의 울음 소리를 잘 들어 보세요.

　'짹, 짹, 짹'

하고, 간격을 두고 얌전하게 울기도 하고,

　'짹짹짹……'

하고, 틈을 두지 않고 시끄럽게 울기도 하지요.

　사람이 여러 가지 말을 써서 이야기 하듯이 참새들도 여러 가지 울음 소리로 이야기하는 것이랍니다.

　원숭이나 침팬지 등은 여러 가지 울음 소리를 가지고 있어요.

　"안심하고 먹어라."

　"무엇인가 오고 있으니 조심을 하여라."

등 여러 가지로 말들을 한답니다.

　그와 같이, 동물들은 자기들만이 알 수 있는 울음 소리를 가지고 이야기하고 있는 거예요.

　사람의 말소리를 흉내내는 앵무새는 어떻게 사람의 말소리를 낼 수 있는지 아직 잘 몰라 학자들이 연구하고 있는 중이랍니다.

　사람의 말소리와 우는 소리가 각각 다른 이유는, 우는 소리는 태어나면서부터 가지고 있는 소리이고, 말소리는 사람이 만든 것으로, 어려서부터 가르치고 깨우쳐 주었기 때문이지요.

♣ 사람이 기르는 동물은 어떻게 말을 알아 듣나요?

개에게

"앉아!"

하고 명령하면 앉고,

"손!"

하면 앞발을 내어 놓지요.

그와 같이, 개는 사람의 말을 잘 알아 들어요.

처음에는 잘 알아 듣지 못하였으나 매일매일 같은 말을 반복하여 길을 들이고 알아 듣고 잘 하면 머리를 쓰다듬어 칭찬을 해 주기도 하고, 맛있는 먹이도 주기 때문에 결국 알아 듣게 된 거예요.

침팬지, 곰, 강치 등은 모두 어린 새끼 때부터 훈련시키면 사람의 말소리를 듣고 여러 가지 동작을 할 수 있게 된대요.

그러나, 어른이 된 동물의 경우는 어려운 모양이예요.

여러 어린이들도 어렸을 때의 공부가 무엇보다도 중요하다는 것을 알아 둡시다.

♣ 수컷은 어째서 가족을 지키지 않으면 안 되는지요?

병아리들이 아빠닭 엄마닭과 함께 마당을 거닐 때, 갑자기

 고양이가 다가와 병아리를 먹으려 했어요.

수탉은 날개를 옆으로 벌려 그 밑에다 병아 리를 숨겼어요. 그리고, 고양이를 향해 날개를 치며 목을 길게 뻗어 털을 곤두세우고 발로 차려고 날아올랐어요.

고양이는 깜짝 놀라, 멈칫하며 머리를 숙이고 '야옹'하며 노려 볼 뿐 다가서지 못하고 있었지요.

수탉은 날아올라 고양이를 향해 공격했어요. 그러자, 고양이는 슬금슬금 도망쳐 버렸지요.

모든 동물의 수컷은, 암컷과 귀여운 새끼를 지키는 역할을 하며, 암컷은 새끼를 낳고 기르는 역힐을 하지요.

그렇기 때문에 수컷은 용기와 힘이 있어야 하며, 암컷은 온화하고 부드럽지 않으면 안되는 거예요. 모든 동물의 수컷은 암컷이나 새끼를 지키지 않으면 다른 동물에게 잡아 먹히는 거예요.

원숭이와 같이 많은 무리를 지어서 살아가는 동물은 반드시 지도자가 있어 무리들을 지키기 위한 사명을 열심히 하고 있답니다.

♣선생님은 기르는 동물이 무섭지 않나요?

 송충이를 무서워하시는 선생님.

개구리를 무서워하시는 선생님.

개를 무서워하시는 선생님.

모든 동물을 무섭게 생각하고 있는 선생님도 있지요.

그것은 성장해 가면서 주위의 어른들이 송충이나 개구리를 괴롭히는 것은 여자 아이답지 않다는 말씀들을 하셨기 때문이예요.

무서워하는 쪽이 여자답다고 가르쳤던 것이지요. 그래서 어른이 된 뒤에도 무서워하게 된 것 거예요.

그러나 선생님은 여러 가지 동물들과의 바른 접촉 방법을 배워 친하기 때문에 기르는 동물을 무서워하지 않아요.

동물들의 마음이 되어 바르게 접촉하면 친해지고 귀엽게 느껴지게 되는 거예요.

풀과 나무

♣ 씨앗과 꽃은 어느 쪽이 먼저 생겨났을까요?

씨앗을 만들기 위해서 꽃이 생겼으니, 꽃이 씨앗보다 먼저 생긴 것일까요?

아름다운 꽃은 꽃잎이 있는 꽃입니다. 꽃잎이 아름다운 꽃은 나비와 벌 따위의 곤충이 날라 오게 하기 위한 거예요. 곤충들은 아름다운 꽃잎과 좋은 향기에 이끌려 찾아오지요. 그리고 꽃은 곤충들을 위해서 꿀을 마련하는데, 꽃이 곤충들을 불러들이는 것은 단지 꿀을 주기 위한 것이 아니고, 수술의 꽃가루를 암술에 묻혀 주게 하기 위한 거예요.

그러나, 꽃잎이 없는 것도 있어요. 소나무의 꽃에는 수술만인 암술만인 꽃이 있어 꽃가루는 바람이 날라다 주지요. 이 꽃잎이 없는, 수술과 암술간의 꽃이 꽃의 시초랍니다. 이 꽃이 생겼을 때 씨앗도 생긴 거예요.

씨앗과 꽃은 함께 생겨났다고 하는 쪽이 바른 생각이예요.

그 다음, 바람에 의하는 것이 아니고, 곤충으로 하여금 꽃가루를 묻혀 주게 하는 아름다운 꽃이 생겨난 거예요. 아름다운 꽃도 씨앗을 만드는 꽃이예요. 역시, 꽃과 씨앗은 모두 같이 생녀난 셈이 되겠지요.

씨앗이 생겨나지 않는 꽃도 있지요. 장미의 꽃에는 씨앗이 생기지 않는 꽃과 씨앗이 생기는 꽃이 있으니 잘 살펴 보세요. 씨앗이 생기는 꽃에는 수술이 있는데, 씨앗이 생기지 않는 꽃에는 수술이 없다는 것을 알 수 있을 거예요.

씨앗이 생기지 않는 장미의 꽃에는 많은 꽃잎이 있어요. 겹꽃은 씨앗이 생기지 않는 꽃이랍니다.

♣ 알뿌리 속에는 꽃님이 잠들고 있나요?

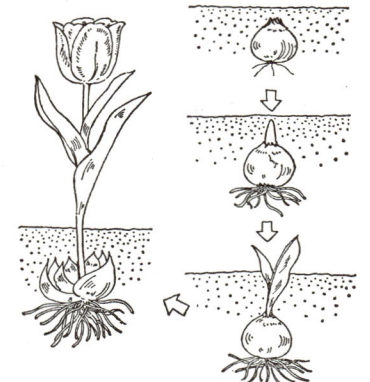

알뿌리 속에는 꽃님의 아기가 잠들고 있어요. 아기는, 알뿌리에서 뿌리가 나와 흙 속에서 물을 흡수해 주면 잠에서 깨어 튼튼하게 자라는 거예요.

히아신스나 튤립의 알뿌리는 여름철의 더운 때는 조용히 잠자고, 가을이 되어 시원해지면 잠에서 깨어나지요.

먼저 뿌리를 내고, 물을 흡수하여 알뿌리 속에 모아 두었던 양분을 써서 뿌리를 많이 늘여 가지요.

알뿌리는 뿌리부터 잠이 깨어 봄이 찾아올 때까지 많은 뿌리를 땅 속에 뻗어서 많은 물과 양분을 빨아들이는 준비를 하고 있어요.

봄이 가까와지면 새싹을 내고 잎을 만들며, 잎도 잠에서 깨어나고 작은 꽃눈이 부풀게 됩니다.

꽃님의 아기가 자라기 시작하며, 어느덧 작은 봉오리로 되어 잎 사이에서 보이기 시작하지요. 꽃님의 아기가 태어난 것이예요.

♣ 나팔꽃의 씨앗에서 왜 다른 꽃은 안 피나 요?

나팔꽃의 씨앗에는 나팔꽃이 될 눈이 들어 있답니다.

이 작은 씨앗 속에 나팔꽃이 되는 설계도가 들어 있는 것이예요. 길다란 덩굴을 만들고, 많은 잎들을 파게 하고, 많은 꽃을 피게 하고, 씨앗을 만들 때까지의 설계도가 들어 있다고 할 수 있지요.

나팔꽃의 씨앗 속에는 나팔꽃의 설계도가, 해바라기의 씨앗 속에는 해바라기 꽃의 설계도가 들어 있는 거예요.

이 설계도는 대단히 작은 세포 속에 있는, 염색체 안의 유전자에 들어 있다는 거예요. 전자 현미경으로도 겨우 볼 수 있는 것으로, 어떠한 설계도가 들어 있는지를 지금 연구하고 있는 중이며, 이제까지 여러 가지의 이상야릇한 것들이 알려진 것만도 많답니다. 나팔꽃의 씨앗으로 다른 꽃을 피게 할 수가 있는지 없는지는 신기한 일이라고 생각되며, 여러분이 자라서 연구하여 밝혀 주기를 기대하겠어요.

♣ 똑같은 나팔꽃의 씨앗에서 여러 가지 색깔의 꽃이 피는 것은 무슨 까닭이며, 어떻게 아름다운 꽃이 피는지요?

나팔꽃에는 파란색의 꽃, 빨간색의 꽃, 흰색의 꽃 등으로 여러 가지 색깔의 꽃이 있는데, 이것은 씨앗 속에 파란꽃, 빨간꽃, 흰꽃 등이 되게 하는 설계도가 들어 있기 때문이예요.

겉으로 보아서 같은 색깔을 하고, 같은 모양을 하는 씨앗일지라도 씨앗의 속은 다른 거예요. 같은 양복을 입은 철수와 순이가 다른 것과 같아요.

씨앗이 검정색 양복을 입고 있다고 생각하면 알 수 있을 거예요. 같은 검정색 껍질인 씨앗이라도 속은 다르거든요.

♣ 씨앗은 땅 속에서 어떻게 자라지요?

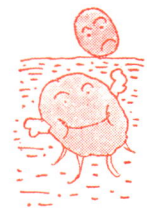

땅에 뿌린 씨앗을 파내어 들여다본 적이 있는 모양이군요. 뿌렸을 때의 씨앗보다도 커져 있는 것을 알아 낸 것은 대발견이예요. 어떻게 되어 있는가에 의문을 가지게 되었으면, 이를 살펴보는 것이 중요하지요.

씨앗을 뿌린 후, 물을 뿌려 주었을 거예요. 씨앗은 땅 속에서 물을 빨아들인 거예요.

그래서 바싹 말라 있던 씨앗이 물을 빨아들여 씨앗 속에 물이 많아졌기 때문에 부푼 것이지요.

〈씨의 단면도〉

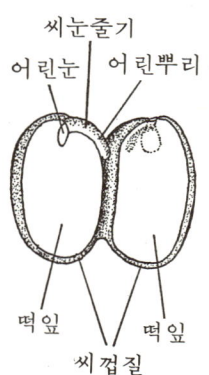

씨눈줄기
어린눈　어린뿌리

떡잎　　　떡잎
씨껍질

씨앗 속은 현미경이 아니면 볼 수 없는 아주 작은 세포로 되어 있어요.

이 작은 세포의 하나하나가 모두 물을 빨아들여 부풀어 살아가기 위한 활동을 시작하는 거예요.

접시에 물을 담고 콩을 담가 두어 보세요. 부풀어 오르는 것을 이내 알 수 있지요. 유리병에 콩을 가득 넣어 물을 부은 다음 마개를 해 두면 유리병이 깨어질 정도로, 부풀어오르는 힘이 강하다는 거예요.

♣ 씨앗에 물을 주면 어째서 싹이 트나요?

씨앗은 물이 없을 때에는 가만히 잠자고 있는 거예요.

〈발아의 모습〉

씨앗뿐 아니고, 풀이나 나무와 같은 식물도 물이 없이는 살아갈 수가 없답니다.

흙이 있어도 물이 없는 곳에

서는 풀이나 나무는 자라지 않습니다. 풀이나 나무가 없는 사막은, 물이 전혀 없는 사막이예요. 그러나 약간이라도 물이 있으면, 선인장과 같은 적은 물로도 살아가는 식물이 있지요. 씨앗은 물이 씨앗 속으로 스며 들면 잠에서 깨어나서 살아가는 활동을 시작합니다. 그러나, 물이 있어도 따뜻해지지 않으면 활동을 시작하지 않습니다.

씨앗은 땅 속에서 먼저 뿌리를 내고, 뿌리에서 물과 양분을 빨아들이면서 뿌리를 더욱 뻗어나게 한 다음, 눈을 자라게 하는 거예요. 눈이 나오기까지에는 우리의 눈으로는 보이지 않는 흙 속에서 뿌리를 뻗고 있었다는 것을 알아야 합니다.

♣ 씨앗이란 이상야릇하군요. 작은 씨앗이 어떻게 큰 잎으로 자랄 수 있을까요?

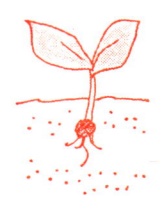

씨앗 속에는 줄기나 잎으로 되는 기본과 뿌리로 되는 기본이 있어요.

감의 씨앗처럼, 작은 쌍떡잎이 보이는 것도 있지만, 씨앗을 쪼개어 보아도 잎이나 뿌리를 알아보지 못하는 것이 많이 있지요.

작은 줄기와 잎 그리고 뿌리가 되는 기본은 현미경으로 겨우 알아볼 수 있는 세포가 모여서 이루어져 있는 거예요.

이 세포가 새로운 세포를 차례로 만들어서 세포를 늘리고, 이 세포가 몇 천, 몇 만, 몇 억 등으로 모여서 된 것이 잎과 줄기와 뿌리인 거예요.

잎이 커지는 것은, 세포의 수가 계속해서 늘어나는 것을 뜻합니다. 작은 씨앗 속에는 계속해서 늘어나는 생명력이 있는 세포가 있기 때문에 커다란 잎이 되는 거예요.

잎과 줄기와 꽃과 뿌리를 만들어 내는 생명력이, 이 씨앗 속에 들어 있다니, 이상야릇한 일이지요? 이 세포가 늘어가는 것이야말로, 생명의 활동이며, 이 작은 생명이 큰 풀이라든가 나무의 생명을 만들어 내고 있는 거예요.

♣ 해바라기는 아무 것도 먹지 않는데도 어떻게 잘 자라나요?

토끼도, 금붕어도, 배추벌레도 모두 입으로 여러 가지 먹이를 먹고 자라고 있지요. 입으로 먹이를 먹지 않으면 죽게 되지요. 해바라기는 어디를 보아도 입을 찾지 못하겠어요. 입이 없으니 아무것도 먹을 수가 없지요. 그런데도 어떻게 해서 잘 자라는 것인지 이상하게 생각되었던 모양이군요. 살아 있는 것에는, 입이 있어서 먹이를 먹으며 사는 동물의 무리와, 입이 없는데도 살고 있는 풀이나 나무 따위의 식물이 있지요.

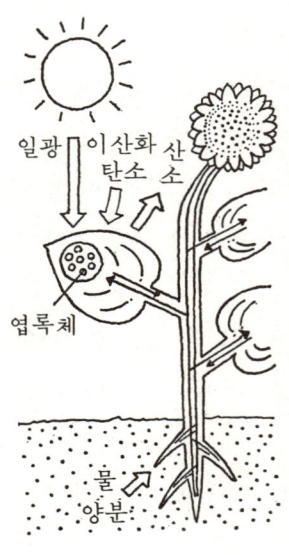

식물도 자라면서 살아가기 위해서는 먹이를 먹어야 해요. 그래서 풀이나 나무는 뿌리에서 물과 양분을 빨아 먹고, 잎에서 햇빛과 공기를 받아서 살아가는 거예요. 물과 양분과 빛과 공기를 잎과 뿌리 속으로 빨아들여서 먹는 거랍니다. 입은 없지만, 해바라기도 잎과 뿌리에서 햇빛, 공기, 물, 양분 등을 먹고 있기 때문에 자라는 거지요. 식물에 햇빛이 잘 쬐게 하는 것이나 물을 주는 것은 중요한 일이예요.

일광 이산화탄소 산소

엽록체

물 양분

♣ 나무는 왜 키가 커지나요?

　　나무가 자라기 위해서는 많은 잎이 필요하지요. 잎이 많이 달리게 하기 위해서는 많은 가지가 필요하게 됩니다. 그러기 위해서 나무는 무럭무럭 높이 하늘을 향해 자라며, 많은 가지를 뻗어 그 가지에 많은 잎을 달게 하는 거예요.

　　나뭇잎은 해를 좋아하지요. 하늘을 향해서 햇빛을 많이 받고자 키가 커진다고 할 수 있어요. 그런가 하면 가지가 옆으로 뻗기보다는 키가 높이 서 있는 것은, 많은 나무가 좁은 땅에서 자라기 때문이예요. 2제곱 미터에 사람이 눕는다고 하면 두세 사람 밖에 들어갈 수가 없지만, 서 있다면 다섯 사람이고 열 사람이고 서 있을 수 있는 것과 같은 이치겠지요.

♣ 꽃에서는 왜 향기가 나지요?

　　꽃이 피면 좋은 향기가 나지요. 꽃을 자세히 들여다 보아도 어느 부분에서 향기가 나는 것인지 알지 못합니다. 그리고 향기는 보이지 않는 것이지만, 우리들은 콧속에서 향기를 느낄 수가 있어요.

향수를 알고 있겠지요. 향수는 물처럼 보이지만, 이것을 뿌리거나 바르면 이내 없어집니다. 물로 되어 있는 향수가 없어지는 것은, 향수가 공기 중으로 증발해 버리기 때문이예요. 향수는 아주 작은 알갱이로 되어 공기 중으로 뛰어나간 것이지요.

꽃 속에도 꽃의 향내가 나는 향수가 들어 있어서 공기 중으로 보이지 않는 작은 알갱이가 되어 뛰어나가고 있는 거예요. 꽃뿐이 아니고 향내가 나는 잎도 있답니다. 여러분이 한번 찾아보세요.

♣꽃은 왜 피게 되나요?

여기서 「왜?」라는 말에는 여러 가지 질문의 내용이 있는 것 같군요.

꽃은 씨앗을 만들기 위해서 핀다는 대답만으로는 불충분하겠지요. 「꽃이 피지 않는 나무도 있는데」, 「나팔꽃은 왜 여름철 아침에 피는 것일까?」, 「꽃은 어떻게 해서 만들어지며, 피는 것일까?」 등 여러 가지가 있을 거예요.

꽃이라고 해도 아름다운 꽃잎이 있는 것만이 꽃은 아니예요. 은행나무나 소나무 등은 아름다운 꽃잎이 없기 때문에 꽃이 피지 않는 것으로 생각하기 쉽지만, 꽃잎이 없는 꽃이 피지요. 고사리, 이끼, 다시마 따위는 꽃은 없지만 씨앗을 만들 수가 있답니다. 아름다운 꽃잎이 있는 꽃은 벌이나 나비를 이끌기 위해 생긴 것이지요. 꽃잎이 없는 꽃은 바람이나 물이 꽃가루를 날라다 주기 때문에 아름다운 꽃잎은 없어도 되는 거예요. 그러나 역시 꽃이기는 하지요.

♣ 꽃도 밤에는 잠을 자나요?

밤이 되어도 낮 동안과 같이 계속 피어 있는 꽃을 보고, 꽃은 밤에 잠을 자지 않는 것일까 하고 생각한 것인가요? 인간은 잠잘 때 옆으로 눕고, 베개로 머리를 받쳐서 잠자는데, 꽃은 낮동안과 같은 모습으로, 변하지 않았던 것이 이상하게 여겨졌던 것이겠지요.

여러 가지 꽃의 밤 동안의 모습을 보면, 그 중에는 낮 동안과 다른 모습이 되어 있는 꽃도 있어요. 민들레는 밤 동안에는 꽃을 오므리고 있고, 튤립도 꽃이 닫혀 있어요. 잠들고 있는 것일까요? 핀 채로 있는 꽃은 깨어 있는 것일까요?

꽃들이 밤에 잠을 잔다고 말해도 좋을는지 어떨는지는 어려운 문제입니다. 여러 가지 실험을 하여 꽃에 대한 것을 연구하는 것은 꽃에 대한 것을 알아보려 하는 거예요.

잠잔다는 것은, 뇌가 발달할수록 더욱 필요하게 됩니다. 꽃에는 동물의 뇌와 같은 것은 발달하지 않았어요. 그러나 밤과 낮의 리듬이 없으면, 풀이고 나무고 자라지 않기 때문에, 초목의 몸 속에 밤을 느끼는 것이 있는 거예요. 또, 밤과 낮의 다름을 느껴서 꽃을 피우는 것이지요.

튤립의 알뿌리가 여름 동안에 싹이 자라지 않는 것을 「잠자고 있다」, 즉 휴면이라고 합니다.

♣ 민들레를 꽃병에 꽂으면 왜 시들게 되나 요?

곱게 피어 있는 민들레를 꽃병에 꽂았는데 왜 시들어 버렸을까요?

만약에 꽃이 오므라졌으면, 밝은 햇빛을 쬐어 보세요. 꽃잎이 펴지지요. 꽃병을 두었던 장소가 어두웠기 때문이에요. 전등의 밝은 빛을 쬐어도 꽃이 펴집니다. 민들레의 꽃은 밝은 빛을 쬐면 펴지고, 어두워지면 닫혀집니다. 민들레의 꽃은 흐린날이나 비오는 날에는 오므라지며, 밤에도 모므라집니다. 이제부터 이런 것을 주의해서 살펴 보도록 하세요.

밝기와 어둠에 따라 꽃이 펴졌다가 오므라졌다가 하는 것은, 밝은 햇빛이 빛나는 때가 나비와 벌이 활동하는 때이기 때문이지요.

♣ 물을 주지 않으면 어째서 꽃은 시들게 되나 요?

꽃이고 잎이고 물이 없으면 살아갈 수 없는 거예요. 화분에 심은 화초에 물을 주지 않으면 잎이랑 꽃이랑 모두 시들어 버려요. 화분의 흙 속에는 많은 뿌리가 뻗어 있어, 물을 빨아들여서 꽃이나 잎에 보내고 있지요.

화분의 물은 뿌리가 빨아들이기 때문에 없어지고 말아요. 그래서,

화분의 흙이 마르지 않도록 물을 주는 거예요.

이 물은 풀이나 나무의 꽃과 잎의 줄기를 만드는 데 필요한 것이예요. 물이 없으면 자라지 못하지요. 거름도 물에 녹은 것을 뿌리에서 빨아들이지요. 아무리 거름을 주어도 물이 없으면 풀과 나무의 양분으로 될 수가 없는 거예요.

땅에 서 있는 나무도 흙 속의 물을 빨아들이고 있지요. 땅 속에는 빗물이 스며 들어간 물과 지하수가 있기 때문에 이것을 빨아들여 자라는 거예요. 물이 없는 사막에서 풀과 나무가 자라지 못하는 것은, 사막의 모래 속에는 물이 없기 때문이예요. 화분에는 지하수가 스며 들지 않기 때문에, 매일 물을 주지 않으면 흙 속의 물이 없어지는 거예요.

♣ 꽃은 왜 폈다 오므렸다 하고 있지요?

잘 보고 있었군요. 꽃 중에는 꽃잎을 폈다 오므렸다 하는 꽃이 있어요. 많은 종류의 꽃은 꽃잎이 펴지면 다시 닫혀지지 않고 언제까지고 피어 있지요. 그래서, 꽃은 꽃잎이 펴졌다 닫혔다 하는 것이 아니라고 생각하고 있는 사람이 많지요.

꽃잎이 폈다 오므렸다 하는 것으로는 어떤 꽃을 보았을까요? 튤립의 꽃은 꽃잎이 폈다 오므렸다 합니다. 민들레도 그렇습니다. 비오는 날에 튤립이나 민들레의 꽃은 오므라져 있지요. 밤에도 오므라져 있어요.

그런데, 튤립과 민들레는 다 같이 꽃잎이 오므라졌다 펴졌다 하지만, 재미있는 것은 어떻게 하면 오므라지고, 어떻게 하면 펴지는가 하는 점이에요. 튤립은 따뜻해지면 펴지고, 민들레꽃은 밝아지면 펴지지요. 튤립의 꽃을 잘라 내어 냉장고에 넣어서 오므라진 것을 따뜻한 곳에 두면 펴집니다. 따뜻하면 밤일지라도 펴집니다.

햇빛이 빛나고 있을 때, 따뜻할 때 곤충들은 활동을 하지요. 비오는 날, 추운 날에는 곤충들이 활동하지 않기 때문에 꽃잎을 오므려서, 씨앗을 만드는 중요한 수술과 암술을 보호하는 거예요.

밤에 피는 꽃도 있으나, 이것은 나방이와 같은 밤에 활동하는 곤충을 맞이하는 꽃이에요.

낮에 피는 꽃, 밤에 피는 꽃 등 여러 가지 있는 것이 자연의 신비한 점이에요.

♣ 나팔꽃은 밤이 되면 왜 꽃잎을 오므리나 요?

나팔꽃은 「안녕하세요?」하고 아침에 꽃이 피어요. 그러나 저녁에는 시들어서 다시는 피지 않는 답니다. 아침에 피고 나면 그만이에요. 쓸쓸하지요.

나팔꽃은 왜 아침에 꽃이 피는 것일까요?

여름에는 강한 햇빛을 쬐기 때문에 나팔꽃의 잎에서 많은 물이 김으로 되어 나가 버립니다. 더울 때, 사람도 땀을 흘리지요. 뿌리에서 아무리 물을 빨아들여도 자꾸만 잎에서 물이 나가 버리지요. 낮 동안에 나팔꽃의 잎을 보세요. 시들어 있지요. 그러나 밤이 되면 선선해져서 잎에서 나가는 물의 양이 적어지므로, 잎도 힘을 되찾아 싱싱해집니다. 고무 풍선에 물을 넣으면 부풀고 물을 빼면 쭈그러지는 것과 비슷한 거예요. 꽃을 피게 하는 데는 많은 물이 필요하지요. 꽃잎 속으로 물이 보내어지지 않으면 필 수가 없기 때문이예요. 저녁무렵부터 밤을 지나 아침이 될 때까지 모았던 물로 꽃을 피게 하는 거예요. 이것이 나팔꽃이 피는 까닭이예요.

나팔꽃은 그 날의 저녁 무렵까지는 시들어 버리지요. 단 하루뿐인 꽃이지만, 암술에 꽃가루가 묻기만 하면 되는 거예요. 더운 여름철의 꽃이기 때문에 서늘한 동안에 꽃의 일을 마치는 것이예요.

♣진달래꽃을 씹으면 단맛이 나는 것은 무슨 까닭이지요?

아름다운 꽃잎이 피는 것은 나비와 벌 등의 곤충을 불러

들이기 위한 거예요. 꽃의 향기가 번지는 것도 멀리 있는 곤충들에게도 꽃이 있음을 알리기 위한 것이예요. 꽃을 찾아온 벌레들에게 꽃은 달콤한 꿀을 마련하여 먹이지요.

진달래 꽃을 따서 뾰족한 쪽을 씹으면 단맛이 나는 것은 꿀이 스며 나왔기 때문이예요. 곤충들은 꿀을 빨아 먹기 위해 꽃 안에 기어 들어가거나 빨대와 같은 긴

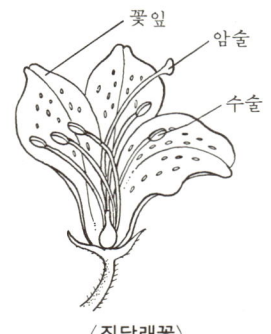

꽃잎

암술

수술

〈진달래꽃〉

입을 꽂고 꿀을 빨아 먹는 거예요.

♣소나무에 꽃이 피지 않는 것은 무슨 까닭이지요?

소나무에도 꽃이 핍니다. 봄에 소나무 숲에 가보면, 땅에 노란색의 가루가 떨어져 있지요. 그것이 소나무의 꽃가루인 거예요. 소나무의 꽃은 아름다운 꽃잎이 없는 까닭에 꽃이 없는 것처럼 보이지요. 가지의 끝에 이삭 비슷한 가지가 나와서, 그 끝에는 암꽃이 피고, 밑쪽에는 꽃가루를 만들어 내는 수꽃이 달려 있어요.

꽃잎이 없이 꽃이 피는 식물에는 소나무 외에 은행나무, 쇠뜨기 등이 있어요. 꽃가루를 바람에 날려 보내는 꽃들에게는, 아름다운 꽃잎은 필요가 없기 때문이지요. 솔방울 속에 씨가 생기는 것도 소나무에 꽃이 피기 때문입니다.

암꽃

수꽃

〈소나무의 꽃〉

♣꽃은 잘려도 어떻게 살 수 있나요?

꽃을 꺾어다가 다듬어서 물이 들어 있는 꽃병에 꽂으면 시들지

230

않고 생생하게 살게 되지요.

풀이나 나무는 잘린 부분에서 물을 빨아들일 수 있게만 해 주면 잎이랑 꽃이랑 생생하게 살아갈 수가 있답니다. 자를 때는 잘 드는 가위나 칼로 깨끗이 잘라야 합니다. 자른 곳이 살아 있지 않으면 물을 빨아들일 수 없게 되어요. 자른 자리가 찌부러지면, 자른 자리가 죽어 버려서 물을 빨아들일 수가 없습니다.

또, 언제나 깨끗한 물이 필요하기 때문에, 꽃병 속의 물을 깨끗한 물로 바꾸어 줄 필요가 있지요.

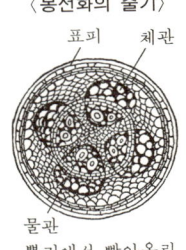

〈봉선화의 줄기〉

표피 체관

물관
뿌리에서 빨아올린
수분·양분이 지나는 길

그리고, 자른 부분을 물로 적시지 않고 그대로 두면 꽃과 잎이 말라서 죽게 되어요. 버드나무의 가지와 같은 것은 꽃병에 꽂아 두면 새 뿌리가 자라나기도 한답니다.

♣ 꽃의 색깔은 어떻게 정해지나요?

꽃에는 흰색, 빨간색, 노란색 등 여러 가지 색깔이 있습니다. 장미와 나팔꽃처럼 여러 가지 색깔의 꽃이 있는 것이 있고, 해바라기, 평지꽃 (유채꽃)과 같이 한 가지 색깔밖에 피지 않는 것도 있지요.

식물의 꽃 색깔은 풀이고 나무고 제각기 한 가지 색깔이었을 거예요. 장미, 나팔꽃, 팬지 등의 여러 가지 꽃 색깔을 나타내는 것은, 몇백 년 이상의 긴 세월에 걸쳐서 인간이 여러 가지 색깔의 꽃이 되도록 개량한 결과로 만들어진 것이예요. 그러나 선명한 노란색의 나팔꽃, 장미의 검은색 꽃은 아직 만들어지지 않는 것처럼 아무리 해도 되지 않는 것이 있어요.

꽃의 색깔은 여러 가지의 화학 물질의 작용에 따라서 만들어지는 거예요. 따라서 노란색을 만드는 물질이 처음부터 없을 경우, 노란색 꽃을 만들어 내는 것은 어려운 거예요.

그런데 나팔꽃의 기본적인 꽃 색깔은 흰색, 파란색, 빨간색의 세 가지 색입니다. 나팔꽃의 꽃 색깔을 만드는 물질은 파랗게 되기도 하고 빨갛게 되기도 합니다. 파란 꽃의 즙과 빨간 꽃의 즙에 각각 식초나 레몬의 즙을 넣어 보면 어떻게 색깔이 변화하는지 실험해 보세요. 또, 산성 탄산나트륨을 녹인 물을 넣으면 어떻게 되는지 실험해 보세요. 흰색 꽃의 즙에서는 어떻게 될까요? 흰 꽃은 눈이 흰 것과 마찬가지로, 색깔이 있는 것이 아니고 꽃잎 속에 공기의 방울이 들어 있는 거예요.

나팔꽃이 흰색의 꽃으로 되는지, 파란색이나 빨간색의 꽃으로 되는지 하는 것은 씨앗일 때에 정해져 있는 것이지요. 씨앗 속에 꽃의 색깔을 정하는 명령서가 들어 있다고 해도 좋아요. 그러나, 왜 벚꽃의 꽃은 분홍색으로, 민들레의 꽃은 노란색으로, 제비꽃의 꽃은 보라색으로 되었는가 하는 것은 아직 모르고 있답니다.

♣ 해바라기의 꽃이 크고 씨앗이 많은 것은 무슨 까닭이지요?

해바라기의 꽃은 정말 크지요? 우리 나라에서는 가장 큰 꽃

이라 해도 되겠지요.

해바라기의 꽃은 한 개로 된 큰 꽃으로 보이겠지만, 실제는 많은 작은 꽃이 모여서 하나의 꽃으로 되어 있는 꺼예요.

한 개의 꽃에서 씨앗이 한 개씩 생기기 때문에 씨앗의 수만큼의 꽃들이 모여 있는 거예요. 씨앗이 몇 개나 되는지 세어 보세요. 그러면 꽃이 몇 개 있었는지 알 수 있을 거예요.

개망초, 국화, 민들레도 해바라기와 마찬가지로 작은 꽃들이 많이 모여서 하나의 꽃처럼 보이는 거예요. 해바라기 꽃의 주위에 있는 꽃잎 하나하나가 한 개의 꽃이예요. 꽃의 가운데 둥근 모양을 하고 있는 곳도 자세히 보면 작은 꽃들이 꽉 차 있어요.

〈해바라기꽃의 단면도〉

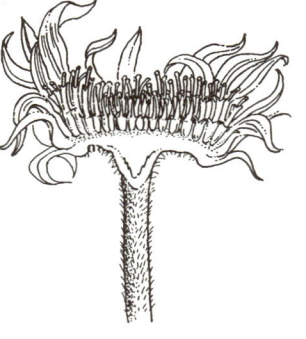

♣ 양딸기는 빨간색인데, 흰 꽃이 피는 것은 무슨 까닭이지요?

양딸기의 열매에는 빨간색인 것이 많지요. 양딸기 이외에도 사과, 버찌, 오디, 토마토 등이 있지요. 감, 밀감 등은 빨간색에 가까운 오렌지색이예요.

이들 열매 속에는 모두 씨앗이 있어요. 열매는 작은 새나 짐승에게 먹히고 씨앗도 삼켜서 나중에는 똥과 함께 땅에 떨어져 거기서 싹이 트게 되는 거예요. 열매는 동물들에게 먹혀지고 씨앗도 삼키게 하기 위한 것이예요.

그러므로, 동물들이 발견하기 쉽게 하기 위하여 눈에 잘 띠는 빨간색을 하고 있는 것일 거예요.

〈딸기의 꽃과 열매〉

그러나 양딸기의 꽃은 흰데, 열매가 왜 빨간지는 대답하기 힘들어요. 빨간색 꽃 이어도 될 텐데, 어째서 흰 꽃이 되었을 까요? 벚나무의 꽃은 왜 분홍색이고, 제 비꽃은 왜 보라색이 되었는지 신기하다고 할 수밖에는 없지요.

봄, 여름, 가을, 겨울의 각 계절에 피는 꽃들의 색깔을 알아 보고 어떤 색깔이 많은지 이제부터 살펴 보세요.

♣수박은 왜 둥글며, 또 속은 왜 빨간색인가 요?

버찌, 포도, 수박 등과 같이 둥근 공처럼 생긴 아름다운 모양의 과일이 있지요. 또 사과, 감, 토마토와 같이 완전한 공 모양은 아니나 둥근 모양을 한 것도 있지요. 가지, 오이, 수세미와 같은 열매들은 길고 둥근 모양을 하고 있지요.

고무 풍선을 부풀게 하면 둥근 모양이 되고, 가늘고 긴 고무 풍선은 오이와 같은 모양으로 되지요. 물방울도 둥글게 되지요. 공기 중에서는 둥근 모양으로 되기가 쉬운 거예요. 과일뿐 아니라, 모든 것이 쉽게 둥근 모양으로 되는 것이예요. 왜 둥근 모양으로 되는 것인가 하는 것은 더 자라서 공부하도록 하세요.

태양과 지구와 달이 모두 둥근 것은 무슨 까닭일까요? 수박이 둥근 것은 어째서인가를 생각하는 것은, 여러 가지를 깊이, 그리고 넓게 생각할 수 있는 좋은 의문인 거예요.

과일의 속이 빨간 것은 맛있어 보이게 하기 위한 것일까요? 빨간 과일이 많다는 것과 관계가 있을까요? 수박에는 노란색인 것도 있는데 왜, 빨간색으로 된 것도 있고, 노란색으로 된 것도 있을까요? 역시 맛있어 보이게 하기 위한 때문이 아닐까요?

♣ 씨 없는 포도는 어떻게 만들어지나요?

포도를 먹을 때, 작은 씨앗을 뱉는 일은 귀찮은 일이지요. 포도에 씨가 없으면 얼마나 먹기 편할까 하고 사람들이 씨 없는 포도를 생각해 보았어요.

그래서, 씨 없는 포도를 만들 연구를 한 것이예요. 씨 없는 포도는 실제로는 씨가 있는 포도이지만, 꽃이 필 때 호르몬을 뿌리면 씨가 없는 포도로 만들 수 있다는 것을 발견한 것이예요.

그렇기는 하지만, 씨가 없는 포도를 만드는 데는 많은 노력이 필요합니다.

밀감이나 감에는 씨가 없거나 씨의 수효가 적은 것이 있는데, 이것은 원래 씨가 잘 생기지 않는 밀감과 감인 것이예요.

씨 없는 수박의 씨앗을 만들어서 그것을 뿌려 길렀기 때문에
씨 없는 수박이 되는 거예요.

왜, 씨 없는 수박의 씨앗이 되는지 참으로 신기한 일이라 할 수
있지요.

♣고구마는 왜 땅 속에 있나요?

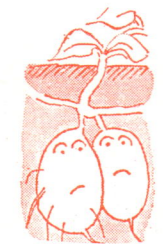

토마토, 사과 등은 모두 풀이나 나무의 줄기에
열리는데, 어째서 고구마는 땅 속에 열리는 것
일까요?

채소 가게에 있는 고무마나 감자를 보고 풀
이나 나무의 가지에 열려 있었다고 생각하는
도시 어린이들이 많이 있지요. 그래
서, 고구마가 풀이나 나무의 줄기에
붙어 있는 그림을 그리기도 한답니다.
그것은 흙이 묻어 있지않은 깨끗한
고구마나 감자만 보았기 때문에, 그
것이 땅 속에 있었다고는 믿어지지
않기 때문이겠지요.

그러나, 고구마는 흙 속에서 열리는
것이예요. 고구마는 맛이 있어서 동
물들도 만약 이것을 발견하면 이내
먹어 버리겠지요.

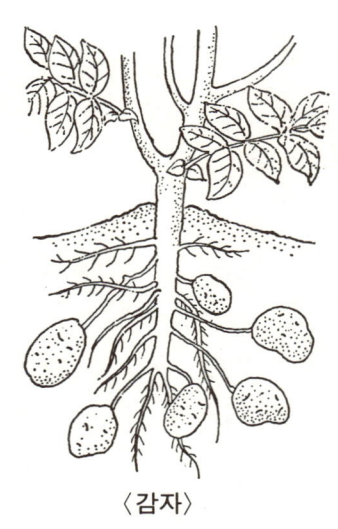

〈감자〉

그런데 고구마는 동물에게 먹혀서는 곤란하겠지요. 그래서, 흙속

236

에다 동물 몰래 살짝 고구마를 만드는 거예요.

토마토나 사과 같은 과일 속에는 씨앗이 있어서, 동물들이 맛있게 먹어 주는 대신에 씨앗을 뱉어서 뿌려 주게도 하고, 똥과 함께 동물의 몸 밖으로 나오게 하기도 하여 땅에 떨어져 거기서 싹이 자라지요. 이와 같이 해서 씨앗을 널리 퍼뜨리도록 하기 위하여 먹히게끔 하는 것이예요.

그러나 고구마 속에는 씨앗이 없어요. 새 잎이나 줄기를 자라게 하고, 꽃을 피우기 위해 흙 속에서 자신을 위한 양분을 저장하고 있는 거예요.

감자는 더운 여름 동안, 고구마는 추운 겨울 동안 흙 속에서 더위와 추위를 피해 지내다가 싹이 틀 때를 기다리는 거예요. 식물들은 언제까지고 살아가기 위해서 열심히 생활하고 있는 것이랍니다.

♣죽순은 왜 많은 껍질로 싸여 있나요?

죽순의 껍질을 벗겨 보면 부드러운 죽순이 나타나지요. 죽순은 대나무의 새끼이며 갓난 아기예요.

갓난 아기이고 새끼이기도 한 죽순은, 비와 바람과 추위로부터 충분히 막아 주지 않으면 커다란 어른 대나무로는 자라지 못하는 거예요.

사람의 갓난 아기가 부드럽고 따뜻한 옷으로 싸여 있는 것처럼, 대나무의 껍질이 대나무의 갓난아기를 싸고 있는 것이랍니다.

♣잎은 왜 녹색이지요?

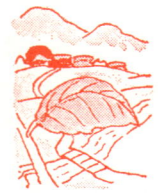 잎 속에는 녹색을 띠고 있는, 매우 중요한 일을 하는 것이 있기 때문이예요. 녹색을 띤, 중요한 일을 하는 것이란, 엽록체라 하여 작은 세포 속에 들어 있는 거예요.

중요한 일이란, 햇빛과 열과 물과 공기를 사용해서 풀이나 나무의 몸을 만들고, 동물들이 들이마시는 산소를 만드는 것을 말하는 거예요. 동물들은 공기 중의 산소를 들이마실 뿐으로, 산소를 만들어 낼 수는 없는 까닭에, 식물이 없으면 동물들이 마시기 위한 산소가 없어져서 죽게 되지요.

〈식물과 동물의 연관〉

이렇게 중요한 일을 하는데, 왜 녹색을 띠고 있을까요?

녹색의 잎이 무성한 들과 산을 바라보면서 아름다운 녹색으로 변하는 것에 어떤 것이 있는지, 왜 녹색인지 여러분도 생각해 보세요.

♣ 나뭇잎은 왜 떨어지나요?

가을이 되면, 잎이 떨어지는 나무와 잎이 떨어지지 않는 나무가 있습니다. 또, 겨울에도 추위를 잘 견디는 튼튼한 잎과 추위에 약한 잎이 있는 거예요. 동백나무의 잎을 자세히 보세요. 두껍고 표면에 비닐을 씌운 것처럼 튼튼하게 되어 있어요. 겨울에도 여전히 잎이 붙어 있는, 팔손이, 사철나무, 소나무, 삼나무 등을 손으로 만져서 잘 살펴 보세요.

가을이 되어 떨어지는 잎은 연약하고 얇은 잎이예요. 추위에는 약하지요, 잎을 떨어 버리고 겨울 동안에는 쉬었다가 봄을 기다리는 거예요.

겨울 동안에 붙어 있는 잎도 봄에서 여름 동안에 새로운 잎을 만들고 묵은 잎은 떨어지지요.

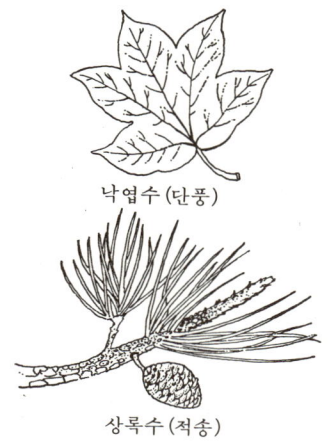

낙엽수 (단풍)

상록수 (적송)

♣ 나뭇잎의 색깔은 어째서 노랗고 빨갛게 되나요?

언제나 녹색이던 나뭇잎이, 가을이 되면 왜 노란색이 되기도 하고, 갈색으로 되기도 하고 빨간색이 되기도 하나요? 녹색을 하고 있었던 산이 노란색 잎과 빨간색 잎이 섞여서 아름다운 단풍의 산이 되지요. 특히, 단풍나무의 빨간색과 은행나무의 노란색은 매우 아름답지요.

낙엽으로 땅에 떨어져 썩어 버릴 것인데도 왜 저다지도 아름다운 잎으로 되는 것일까요?

살아 있는 잎 속에는 엽록체라는, 잎을 녹색으로 하는 것이 들어 있는데, 잎이 마르게 되면 엽록체가 없어지고, 대신에 빨갛게 되거나 노랗게 되거나 갈색으로 되게 하는 것이 잎속에 생기는 거예요.

땅에 떨어져서 썩어 버릴 것일지라도 아름다워지는 것은 살아 있는 것들의 생명의 아름다움과 존귀함을 나타내고 있는 것이 아닐까요?

♣ 나무에 혹이 있는 것은 무슨 까닭이지요?

어떤 나무에 혹이 있는 것을 발견했나요?

혹도 나무에 따라 여러 가지가 있어요.

소나무의 가지에는 공 같은 혹이 있고, 벽오동이나 플라타너

스의 줄기나 가지 끝이 혹처럼 되어 있는 것 등이 있어요. 소나무의 혹은 식물병으로 부은 것이예요. 벽오동이나 플라타너스 등은 겨울동안에 잘린 가지의 끝을 보호하기 위하여 혹이 되어 버린 것이구요. 다시 한번 잘 보고 확인해 보세요.

♣은행나무 열매에서는 왜 구린내가 나지요?

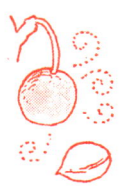

시장에서 팔고 있는 은행은 구린내가 나지 않아요. 은행은 은행나무의 씨앗이예요. 살구나무 열매를 알고 있겠지요. 팔리기 전의 은행의 둘레에는 살구에서와 같은 물렁한 열매살이 붙어 있었던 거예요. 이 열매살에서 굉장히 구린내가 나는 것이랍니다. 사람에 따라서는 똥냄새와 비슷하다고 여기는 모양이지요?

왜 이렇게 심한 냄새가 나는 것 일까요? 우리들에게는 싫은 냄새 지만, 은행에게 있어서는 좋은 일이 있는 것일까요? 어떤 좋은 일이 있는지 생각해 보기로 해요. 인간은 싫어하지만, 파리는 똥에 모여놉니다. 동식물의 세계에는 인간이 생각하는 것과는 다른 세계가 있는 거예요.

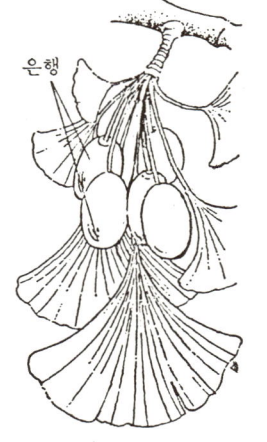

은행

♣ 어째서 잡초의 열매가 양말이나 옷에 붙나요?

잡초의 열매들은 풀의 씨앗이에요. 씨앗은 될 수 있는 대로 멀리 옮겨져서 여러 곳에서 싹을 트고 싶어하는 거예요. 그래서, 여러 가지 방법으로 씨앗을 멀리까지 날려 가게 하기 위하여 연구를 하고 있어요.

민들레의 솜털은 바람에 날려 가고, 도토리는 때굴때굴 굴러 가고, 봉선화, 괭이밥은 씨앗을 튕겨 보냅니다. 버찌, 포도, 감 등의 과일은 동물들에게 먹혀서 여러 곳에 흩어지게 되어요. 잡초의 열매가 양말이나 스커트에 왜 붙는지, 이 작은 잡초의 열매를 확대경으로 자세히 관찰해 보세요. 어떻게 달라붙는 것인지, 달라붙게 하기 위해서는 어떤 생김새로 되어 있는지를 알 수 있을 거예요.

242

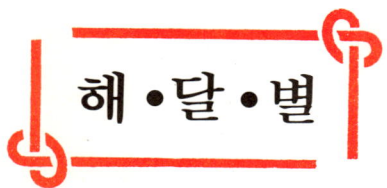

해·달·별

♣ 해님은 커다란 전등이지요?

해님은 눈이 부셔서, 좀처럼 바라볼 수가 없어요. 해님을 한참 동안 자세히 보고 있으면, 눈이 상하기 때문에 자세히 보고 있어서는 안됩니다.

그러나, 눈부시게 빛나고 있다는 것은 알 수 있 겠지요?

'왜 눈부시게 빛나고 있을까'하고 의심을 가지게 된 것이로군요.

눈부시게 빛나는 것에는 전등이 있습니다.

야간 경기를 하는 야구장에 있는 전등의 빛은 해님의 빛처럼 보이지요.

그래서 해님의 빛도 전등이라고 생각한 것이겠지요.

그러나, 전등이 빛나는 데에는 전등에 전기를 보내는 전깃줄이 필요합니다.

손전등에는 전지가 들어 있어 전기를 보내고 있습니다. 해님에게는 전기를 보내는 전깃줄은 달려 있지 않으니까 손전등처럼 그 속에 커다란 전지가 많이 있을까요?

해님 속에서 빛을 내는 힘이 생겨나고 있으나, 그 힘이 전기인지 아닌지 천문·물리학자도 궁금함을 가지고 연구하고 있답니다. 여러분도 자라서 연구해 보세요.

♣ 해님이 없으면 왜 어두워지나요?

지구는 해님의 빛으로 해서 밝아지는 것입니다. 그래서 해님이 보이지 않게 되면 어두워집니다.

일식이라고해서, 해님과 지구의 사이에 달이 들어가서 해님을 가려 버리는 일이 있는데, 그렇게 되면 지구는 어둑어둑해집니다.

커다란 보름달이 뜨는 밤은 달님의 빛으로 약간 밝아집니다.

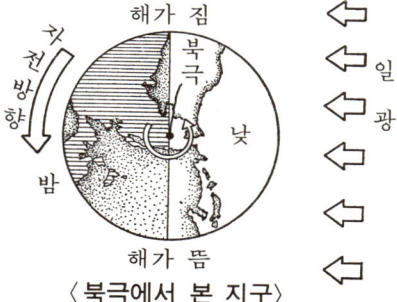

〈 북극에서 본 지구 〉

♣ 해님은 서쪽으로 지는데, 왜 동쪽에서 뜨나요?

해님은 서쪽의 땅 아래로 떨어지듯이 천천히 들어가서, 이튿날 아침에는 반대쪽인 동쪽의 땅에서 올라오지요.

서쪽 땅 아래에는 해님이 많이 모여 있는 것일까요?

옛부터 날마다 같은 모양, 같은 크기의 해님이 졌다가 다시 올라오기 때문에, 땅 저편으로 진 해님이 어떻게 되어 있는지를 알고 싶어 했답니다.

옛 이야기에, 해가 지는 쪽을 향해서 며칠이고 걸어서 해님을 찾으려 한 일이 있었습니다.

해가 뜨고 지는 현상은 정말 이상해서 옛부터 여러 가지로 생각되어 왔습니다.

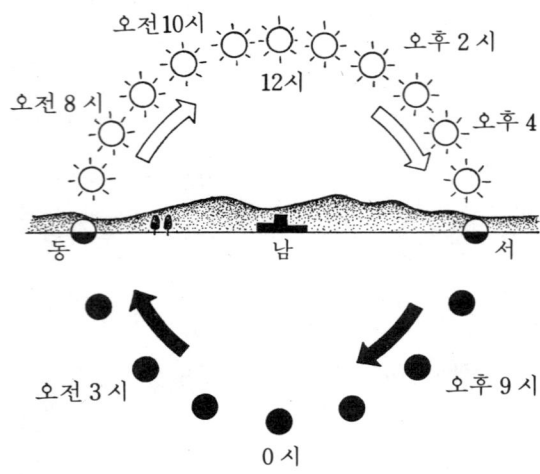

〈태양의 하루의 이동〉

오전10시 12시 오후 2시
오전 8시 오후 4
동 남 서
오전 3시 오후 9시
0시

그러나 해님은 하나뿐이며, 그 주위를 지구가 돌아가고 있는 것입니다.

해님이 솟았다가 기우는 것을 알게 된 것은 400년 정도 전으로, 코페르니쿠스, 갈릴레이, 케플러 등의 학자들이 발견한 것입니다.

그러나 지금도 땅 위에 서서 보면, 좀처럼 지구가 공처럼 둥근 것으로 생각되지 않으며, 지구가 돌고 있다는 것도 느껴지지 않습니다.

해가 동쪽에서 떠서 서쪽으로 지는 것이 아니고, 지구가 돌고 있기 때문에 해가 움직이는 것으로 보인다고 해도 정말일까 하고 생각되지요?

올바른 것을 알고 있다고 할지라도, 자신이 본 것에 따라 이상하게 생각하는 것은 매우 좋은 일입니다.

인공 위성을 타고 지구와 해와 달을 한꺼번에 볼 수 있는 곳에 가게 되면 잘 알게 되겠지요.

과학이 날로 발달해 가고 있기 때문에 이런 우주 여행을 할 수 있는 날도 멀지 않을 거예요.

♣ 태양은 어디에 있나요?

태양은 멀고 먼, 로켓이 아니며 갈 수 없는 먼 곳에 있습니다. 달보다도 훨씬 더 멀리 있습니다.

태양과 달을 비교해 보면 크기가 서로 비슷해 보입니다. 사실 태양은 달보다 훨씬 큰 것이지만, 멀리 있기 때문에 달과 같아

보이는 것입니다. 태양보다도 훨씬 더 큰 별이 점으로밖에 보이지 않는 것은 굉장히 먼 곳에 있기 때문입니다.

멀리 있는 것이 작게 보인다는 것은 알고 있겠지요.

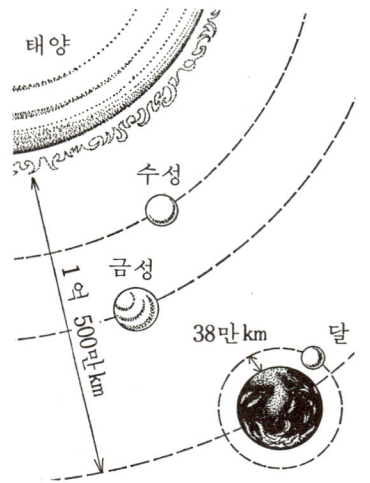

♣ 왜 태양은 둥글까요?

태양도, 달도, 지구도, 별도 모두 둥근 모양을 하고 있습니다.

우주에 떠 있는 것은 어떤 모양일지라도 마지막에는 모두 둥근 모양으로 되어 버리는 것입니다.

모래를 뭉쳐 보아도 네모꼴이 아닌, 둥근 모양으로 한 것이 제일 망가지지 않지요. 네모난 것은 모서리가 잘 부스러지기 쉽습니다.

달이 생겨났을 때는, 많은 돌들이 모여서 부딪치고, 부딪친 힘으로 녹으면서 덩어리로 되어 빙글빙글 돌고 있는 동안에 둥근 달이 된 것으로 생각하고 있습니다. 아직 물렁할 때 빙글빙글 돌아서 둥근 모양으로 된 것입니다.

모래의 경단은 손으로 둥글려서 만들지만, 우주에서는 무엇이 둥글려서 둥글게 하는지 이상한 일입니다.

그러나 물 속에 생기는 공기의 거품도, 물 속에 기름을 섞으면 생기는 기름의 알갱이도, 잎에 앉은 이슬도 모두가 둥글게 되지요.

모두가 둥글게 되는 것은 무슨 까닭일까요? 이제부터라도 연구해 보세요.

♣ 달이 반쪽이 되는 것은 구름이 먹어 버려서 그런가요?

둥글둥글한 달님이 초승달로 되기도 하는데, 이 초승달은 구름이 먹어서 된 것일까요? 달밤에 구름이 흘러서 반쯤 가려져서 보이지 않게 된 달을 보고 구름이 먹어 버린 것으로 생각했을까요? 달이 구름에 먹혀 버린 것일까 하고 여기는 것도 하나의 생각입니다.

실제로는, 달과 구름은 아주 멀리 떨어져 있어서 구름이 달을 먹어 버릴 수는 없습니다. 그러나 스스로 본 것을 자기 나름대로 생각한다는 것은 매우 중요한 것입니다.

서슴없이 자기 나름대로 생각하세요.

♣달은 왜 여러 가지 모양일까요?

여러 가지 모양을 한 달이 있어서 번갈아 가면서 나타나는 것일까요?

달의 모양이 바뀌는 것은 대단히 이상한 일이 었습니다.

옛날부터 왜 그럴까 하고 생각한 사람이 많았지요.

여러 가지로 모양이 다른 달님이 있어서 번갈아 가면서 떠오르는 것으로 생각한 사람도 있었습니다. 달님은 마르기도 하고 살찌기도 한다고 생각한 사람도 있었습니다.

그러나, 달의 변하는 방식이 언제나 같다는 것을 알게 되었고, 달이 한 번 바뀌는데 30일이 걸린다는 것을 알게 되어 1달 단위의 달력을 생각해 냈답니다.

어떻게 해서 변하는 것일까요?

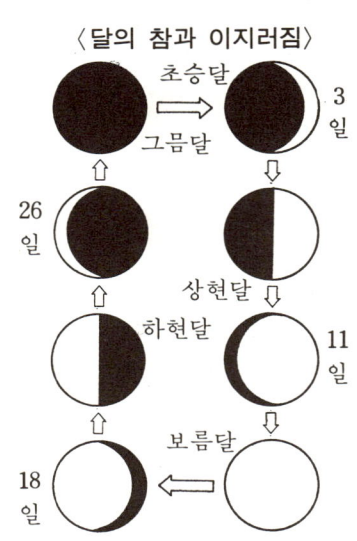

〈달의 참과 이지러짐〉

달은 태양의 빛을 받아서 빛나는 것입니다. 달에는 태양의 빛이 비치는 부분과 비치지 않는 부분이 있습니다. 지구에서는 빛이 비치는 부분이 보는 방향에 따라 모양이 달라져서 보이지요. 실제로는 보름달과 같은 모양을 하고 있으나, 빛이 비치지 않는 부분은 잘 보이지 않기 때문에 모양이 변하는 것처럼 보이는 것입니다.

달은 언제나 같은 달이예요.

♣ 달은 모양이 바뀌지만, 해는 왜 모양이 바뀌지 않나요 ?

달은 초승달이 되기도 하고, 보름달이 되기도 하지만, 태양은 언제나 같은 둥근 모양을 하고 있지요. 어째서 태양의 모양은 언제나 같은 것일까요 ?

태양은 새빨갛게 타서 굉장히 밝게 빛나고 있는 커다란 공이랍니다.

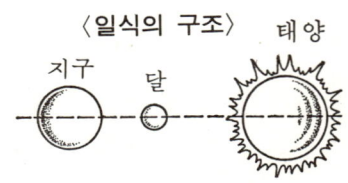

〈일식의 구조〉

지구   달   태양

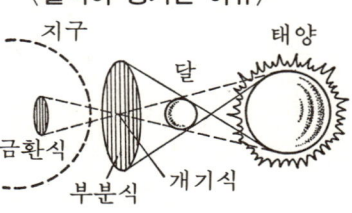

〈일식이 생기는 이유〉

지구   달   태양

금환식   개기식

부분식

달은 태양의 빛을 받아서 빛나고 있습니다. 태양의 빛이 비치는 곳이 보이기 때문에 그 때마다 변하는 것처럼 보여지는 것입니다. 태양은 스스로 타면서 빛나고 있으므로 언제나 변하지 않는답니다.

태양과 지구의 사이에 달이 끼어서 태양과 달이 겹치면서 달의 모양이 달라져 보입니다.

♣ 달님은 왜 커졌다 작아졌다 하나요?

　　동쪽 하늘에 달이 뜰 때는 무척 커 보이는데 하늘 높이 올라가고 있는 동안에 점점 작게 보이지요. 왜 커 보이기도 하고 작아 보이기도 하는 것일까요?

　　같은 것이라도 크게 보이는 수가 있고 작게 보이는 일이 있습니다.

　도로 위를 달리고 있는 자동차가 차츰 멀어져 가면 점점 작아져 보이지요. 그래서, 달님도 점점 멀리 가는 것일까요?

　카메라로 크게 보이는 달과 작게 보이는 달을 사진으로 찍어 달라고 해 보세요. 어떻게 나타날까요?

　만일 똑같게 찍혀져 있다고 하면, 달이 커졌다 작아졌다 하는 것이 아니고, 눈에 이상이 있는 셈이지요.

　왜, 우리 눈에는 크게 보이기도 하고 작게 보이기도 하는지 연구해 보세요.

♣ 낮 동안 달은 어디에 있나요?

　　달은 태양의 빛을 받아서 빛나고 있기 때문에 어두운 밤이 아니면 잘 보이지 않는답니다. 태양이 빛나고 있는 낮 동안에는 태양이 너무 밝기 때문에 하늘에 달이 있어도 보이지 않는 답니다.

가끔, 해가 떠 있는 하늘에 흰 잿빛처럼 보이는 달을 본 적은 없나요? 낮 동안이라도 달이 하늘에 떠 있는 수도 있습니다. 그러나, 낮 하늘에 달이 없는 때도 있지요. 이 때는 여러분으로부터 보이지 않는 하늘에 떠 있는 것입니다.

♣ 왜 달님과 해님이 함께 뜨나요? 그리고 밤에는 달님만 있기도 하지요?

해는 낮 동안에만 나오지요. 해가 뜨지 않을 때는 밤이에요. 달은 밤뿐이 아니고, 낮 동안의 하늘에 있을 때도 있고, 밤에도 달이 보이지 않을 때가 있어요. 그러나, 사실은 밤에 만이 아니고 낮 동안에도 달은 나와 있답니다. 그것이 왜 그런가 하는 것은 조금은 어려운 문제입니다. 태양을 중심으로 커다란 원을 따라 돌고 있는 것이 지구이고, 지구를 중심으로 한 원을 따라 지구의 둘레를 돌고 있는 것이 달입니다. 이러한 태양과 지구와 달의 관계가 낮에만 보이는 태양. 낮에도 밤에도 보이는 달이라는 것으로 되는 것입니다.

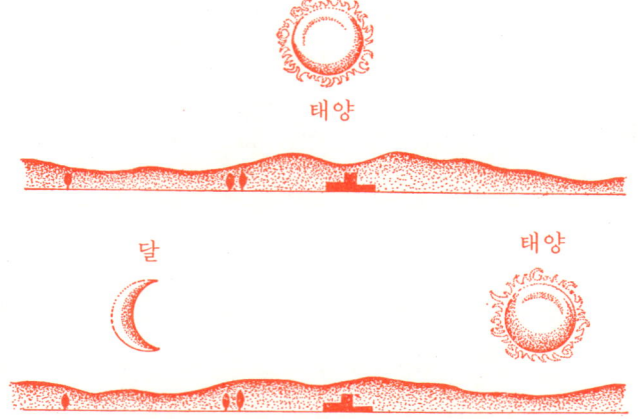

태양

달   태양

♣ 해님과 달님은 서로 만날 때가 있나요?

밤에 달님이 아름답게 보이는 것은 해님의 빛을 받고 있기 때문입니다.

우리들에게는 밤에 태양이 보이지 않지만, 달님은 해님의 빛을 받고 있어요. 달님이 보이는 것은 해님과 만나고 있기 때문입니다.

초승달은 달님이 해님과 만나고 있는 곳이 조금밖에 안 보이는 때이며, 둥근 달님인 때는 해님과 만나고 있는 전부가 보이는 때입니다.

♣ 달은 내가 걸어가면 왜 따라 오나요?

달을 보면서 걸어가면 이상하게도 달이 함께 따라오지요.

천천히 걸어가면 천천히, 달려가면 늦을세라 빠르게 따라옵니다. 자동차나 기차를 타고 창 밖을 보면, 역시 따라오고 있지요.

여기서, 한 가지 실험을 해 보기로 하지요.

기차를 타고 멀리 산이 보이는 때가 적당합니다. 먼 산과 가까운 집과 나무 등이 달리고 있는 기차의 창에서 어떻게 보이는가를 똑똑히 보아 주세요.

가까운 집과 나무와, 먼 산이 지나가는 모양을 비교해 보세요. 가까이 있는 집과 나무는 빠르게 뒤로 지나가 버리지만, 먼 산은 천천히 뒤로 지나갑니다. 더욱 먼 산이면 움직이지 않는 것같이 보입니다.

달은 아주 멀리 떨어져 있기 때문에 아무리 걸어가도 항상 같은 방향에 떠 있다.

달의 방향

가까운 집이나 나무는 조금만 걸어가도 금방 뒤쪽으로 가 버린다.

〈달이 따라오는 이유〉

그것은 머나먼 곳에 있는 것과 가까운 곳에 있는 것의 움직이는 모양이 달라져 보이기 때문입니다.

멀리 보이는 달보다는 앞에 가까이 있는 집의 지붕이나 나무가 지나가기 때문에 달이 따라오는 것처럼 보이는 것입니다.

♣ 별은 모두 몇 개나 있나요?

눈으로 볼 수 있는 별의 수는 약 6천 개라고 합니다.

그러나 눈으로는 보이지 않지만, 망원경으로 보이는 별, 전파 망원경으로 보이는 별, 그리고 아직 보이지 않는 별도 있기 때문에 모두 몇 개가 있는지 알 수 없습니다. 그래서 무수히 많다고 할 수밖에 없을 것입니다.

♣ 별은 왜 반짝이나요?

밤하늘에는 많은 별이 빛나고 있지요.

별에는 태양처럼 스스로 빛을 내고 있는 별과, 달처럼 스스로 빛을 내는 것이 아니고 다른 별의 빛을 받아서 빛나고 있는 별 등이 있습니다.

자세히 보면, 청백색으로 반짝이고 있는 별, 붉게 반짝이고 있는 별 등 여러 가지가 있습니다. 그리고,

달과는 다르게 반짝반짝 또는 깜박거리며 빛나는 것처럼 보입니다. 멀리있는 빛이 깜박거리는 것은 무슨 까닭일까요? 망원경으로 본다면 알 수 있을까요? 한번 확인해 보세요.

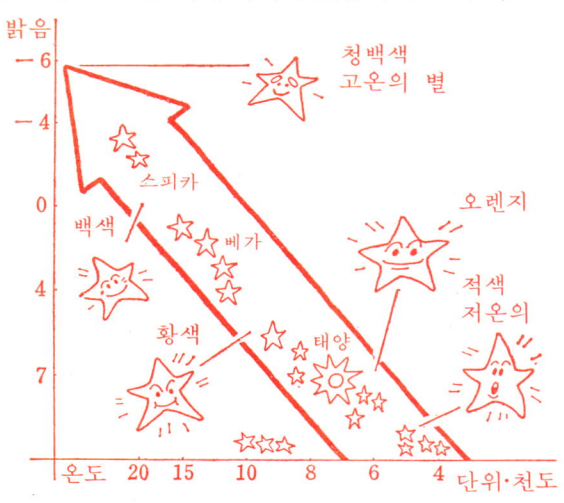

♣ 별은 왜 떨어지지 않을까요?

오래 전에 뉴튼이라는 과학자가, 사과는 땅으로 떨어지는데, 달

은 왜 떨어지지 않는 것일까 하고 이상하게 생각하였답니다.

「사과가 떨어지는 것은 당연한 일이다. 달이 하늘에 떠 있는 것도 당연한 일이다.」하고 모두가 생각하고 있을 때, 문득 이상하다고 생각하고 연구를 하였던 것입니다. 이 일로 해서, 뉴튼은 만유인력을 발견했습니다.

그러므로, 별이 하늘에 떠 있으면서 땅으로 떨어지지 않는 것을 이상하다고 생각한 것은 대단히 좋은 일입니다.

하늘을 날고 있는 비행기도 떨어지는데, 하늘에 있는 별들이 떨어져 오지 않는 것은 무슨 까닭인지 이상하게 여긴 것이지요.

별은 태양보다 훨씬 멀리 있습니다. 현재의 로켓으로 갈 수 있는 화성이나 목성보다도 더욱 더 먼 곳에 있답니다.

만약에 이 별들이 지구 가까이에 온다고 해도 몇만 년 또는 몇억 년 이상이나 걸릴 것입니다.

그런, 별똥별은 지구를 향해서 떨어질 때에 타면서 빛나는 별이랍니다. 이 별의 대부분은 지구에 도달하기 전에 타서 없어지고 맙니다. 이것은 지구 가까이에 있는 작은 별이라기 보다는 커다란 돌이라고 하는 것이 좋겠지요.

달은 지구의 주위를 돌면서 언젠가는 지구를 향해서 떨어져 오겠지요. 그러나, 달이 지구에 떨어져 오는 것은 몇만 년보다도 더 먼 후일이 될 것입니다.

♣ 별님은 달님의 아기인가요?

　　달님은 커 보이고, 별님은 작게 빛나고 있으니까 커 보이는 달님이 엄마이고, 작게 보이는 별님은 아기처럼 보였던 것이겠지요.

　　그렇지만, 별은 실제로는 달보다도 그리고 지구보다도 그리고 또, 태양보다도 더 큰것들이 많이 있답니다. 그러나 아주 멀리 떨어져 있기 때문에 빛의 점처럼 보이는 것입니다.

　　달은 별보다 크다고는 할 수 없습니다. 달에서 떨어져 나간 것이거나 달에서 태어나서 별로 된 것도 아닙니다.

　　별은 머나먼 곳에서 제각기 생겨난 것입니다.

♣ 별은 칠석날 망원경으로 지구를 내려다 보고 있을까요?

　　음력 7월 7일 칠석날에는 1년에 한 번 견우별과 직녀별이 오작교에서 만날 수 있도록 빌고, 길쌈과 바느질을 잘 하게 해 달라고 재주를 비는 행사를 하는 것이므로, 별님이 보아 주지 않으면 시시하겠지요?

　　우리들은 망원경을 사용하지 않으면 달과 별을 자세히 볼 수가 없습니다. 별님도 망원경으로 지구의 칠석날 광경을 보고 있는지 알고 싶군요.

우리들 지구의 인간은 망원경으로 멀리 있는 별들을 자세히 보고자 했어요. 그리고, 망원경으로도 잘 보이지 않을 만큼의 멀리 있는 별은 전파 망원경이나 로켓으로 자세히 보려고 하고 있지요.

그러나, 별에서는 어떻게 해서 지구를 보고 있는지 잘 알지 못하고 있습니다. 지금, 우주의 많은 별 중에서 지구를 보려고 하는 별이 있는지 찾아 보려고 하고 있답니다.

그러나 지구에서 별이 보인다는 것은, 별에서도 지구를 볼 수 있다는 것입니다. 「지구의 칠석날에 비는 것을 보는 별이 있을까?」 하고 생각하며 별을 보는 것도 즐거운 일이겠지요.

♣별은 왜 있나요? 태양은 왜 있으며, 달은 왜 있나요?

밤하늘에 별이 없다면 쓸쓸하겠지요.

태양이 없으면 낮에도 어둡고, 춥고 그래서 우리들은 살 수 없을 것입니다.

달이 없다면 보름달이 되기도 하고 초승달이 되기도 하는 달의 바뀌는 모양을 바라보는 즐거움도 없어지겠지요.

그런데, 왜 어떻게 해서 별과 태양과 달이 만들어졌을까요? 그리고 또, 우리들이 살고 있는 지구는 어떻게 해서 만들어졌을까요?

별과 달과 해가 어떻게 해서 만들어졌는가에 대해서는 과학자가 연구하고 있습니다.

그러나 「어떻게 해서 있는 것일까요?」하고 되묻는다면, 「어떻게 해서일까요? 틀림없이 하느님이 만드신 것이겠지요.」라고 밖에는 말할 수가 없습니다.

「어떻게 해서?」라는 의문과, 「어째서?」라는 의문은 가려서 생각하지 않으면 안됩니다.

그러나 어릴 때에는 「어째서」라는 의문은 「어떻게 해서」와 뒤섞여서 같은 질문이 되는 것입니다. 어려운 말이지만, 과학적인 탐구와 종교적, 철학적 탐구가 아직 분화되지 못한 것이지요. 그러니만큼 어린이들의 의문에 어른들이 「아차」하고 놀라는 일이 많습니다.

「어떻게 해서 태양이 만들어졌는가?」와 「왜 태양이 있는가?」하는 두 개의 질문은 사람에게 있어 가장 근본적이고도 영원한 물음인 것입니다.

♣ 저녁때의 해는 왜 붉은가요?

낮 동안에는 눈이 부셔서 도저히 볼 수가 없는 태양이지요. 만일, 해를 본다면 눈이 상하니까 해를 직접 보아서는 안됩니다. 그런데 저녁때의 해는 붉게 되어, 한참 동안 볼 수도 있지요.

낮 동안의 태양과 저녁때의 태양은 다른 것일까요? 저녁때가 되면 태양도 전지가 닳아 버린 손전등의 빛처럼 약해지는 것일까요?

태양은 언제나와 같이 변함없이 빛나고 있는 것입니다. 그러나

엷게 구름이 끼면 태양의 빛이 약해진 것처럼 보여서 태양의 모양을
잘 볼 수가 있지요.

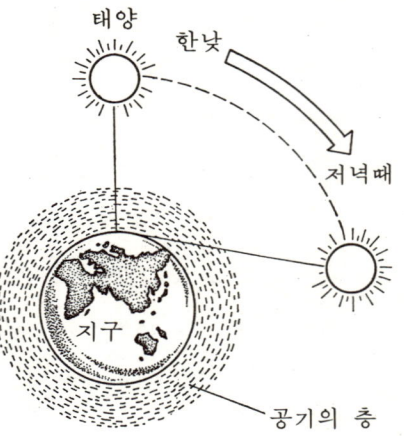

태양의 눈부심은 그대로 마찬가
지인데, 태양과 우리들과의 사이에
빛을 약하게하는 것이 있으면 태
양을 볼 수 있답니다.

저녁때는 우리들과 태양과의 사
이에 낮 동안보다도 공기의 층이
두꺼워져서 태양 표면의 붉은 불
길이 보이는 것입니다.

♣하늘은 어디까지 이어져 있나요?

높은 곳에 올라가서 바라보면, 하늘은 어디까지고
펼쳐져서 끝없이 이어져 있습니다.

도대체 어디까지 이어져 있을까 하고 의문을
가지게 된 것은 옛날 사람들도 마찬가지였습니다.

이 하늘이 어디까지 이어져 있을까 확인하려고
옛날 사람들도 여행을 하여 하늘의 끝을 찾아 갔
었습니다.

땅을 걷고 바다를 건너 하늘이 어디까지 계속되고 있는가를
확인하려고 했던 사람들은 아무리 찾아도 하늘의 끝을 찾을 수
없었습니다. 왜 그랬을까요? 지구는 공과 같은 모양을 하고 있기
때문에 공의 겉면에 있는 육지나 바다를 아무리가도 끝이 없었던

것입니다.

그래서 하늘 저 위에 가면 어떨까 하고 생각하여 하늘에 오르려했습니다. 그렇게 하려면, 하늘에 오르는 도구를 만드는 연구가필요했습니다. 기구, 비행기, 로켓을 만들어 하늘 위에 천정이 있는지찾아보려고 했지만, 기구, 비행기, 로켓으로 갈 수 있는데까지에서는천정을 찾아 낼 수가 없었습니다. 굉장히 큰 천체 망원경으로 들여다보아도, 그리고 전파를 이용해서 망원경으로는 볼 수 없는 더멀리까지 찾아보아도 하늘은 끝없이 이어져 있다는 거예요.

이제부터는 어린이 여러분이 자라서 이 연구를 계속하여 하늘의끝을 찾아 보세요.

♣ 하늘은 왜 파란가요 ?

푸른 하늘은 천정처럼 넓게 퍼져 있는데 푸른하늘 위에는 무엇이 있을까요 ?

푸른 하늘을 로켓으로 지나갈 수 있지요. 푸른하늘의 저 위에는 우주가 있을 뿐으로 푸르지 않답니다. 푸른 하늘은 지구의 둘레밖에는 없는 것입니다. 그리고, 아름다운 푸른 하늘은 낮에만 있지요. 푸른 하늘이생기는 것은, 지구의 둘레에 공기가 있고 태양의 빛이 공기 속을거쳐 지구를 비칠 때 입니다. 태양의 빛은 무지개가 나타날 때 알수 있는 것과 같이, 일곱 가지의 빛으로 나눌 수가 있습니다.

이 일곱 가지 빛깔 중에서 푸른 빛이 대기 속에서 푸른 하늘을만드는 것입니다.

우주 로켓에서 지구를 보면, 파랗게 보이며 그 속에 흰 구름이 무늬져서 나타나는 사진을 본 적이 있지요.

그러나 공기가 없는 달은 푸르게 보이지 않고, 흰 구름의 무늬도 없으며, 겉면도 잘 보인답니다.

♣그림자는 어떻게 해서 움직이나요?

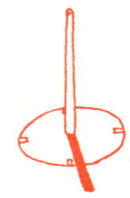

땅 위에 드리워져 있는 지붕의 그림자를 경계선으로 하여 줄넘기를 하는 것이 재미있어서, 점심을 먹은 다음 또 줄넘기를 하려 했더니 그림자의 선이 달라져 있어서 줄넘기를 할 수가 없었습니다.

땅 위에 생기는 여러 가지 모양의 그림자를 잘 보세요. 모두 움직이고 있다는 것을 알 수 있을 것입니다.

땅 위에 막대기를 세워서 그 그림자의 선을 땅 위에 그려두고 나중에 보면, 그림자가 어느 쪽으로 움직이는지, 그림자의 길이는 어떻게 변하는지를 알 수가 있지요. 그림자는 태양의 빛으로 생기는 것이기 때문에, 태양이 동쪽에서 남쪽으로 그리고 서쪽으로 움직이는 것입니다. 이 그림자의 움직임의 차이에 따라 시간을 재는 것이 해시계입니다.

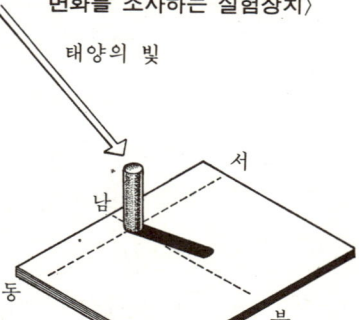

〈말뚝 그림자의 방향과 길이의 변화를 조사하는 실험장치〉

태양의 빛

서
남
동
북

♣ 왜 밤이 생기나요?

우리는 하루 중에서 낮과 밤이 있는 생활을 하고 있지요.

낮에는 즐겁게 놀기도 하고 일을 하기도 하며, 밤이 되면 조용히 잠들어 있습니다.

만약에 밤이 없고 낮뿐이었다면, 언제까지고 놀 수 있어서 즐겁고 기쁠 것이라고 생각할 것입니다.

그러나 만약에 밤이 없는 날이 계속되어서 잠들지 못하는 날이 계속된다면 어떻게 될까요?

인간은 죽게 되지요. 밤에 잠을 잠으로써 중요한 뇌의 활동을 쉬게 하여 새로운 힘을 낼 수가 있게 되는 것이랍니다.

풀과 나무, 여러 가지 동물들에게도 낮과 밤이 없으면 살아갈 수 없는 것입니다. 이 낮과 밤이 있다는 것은 살아 있는 모든 생물에게 있어서 아주 중요한 리듬인 것입니다.

잠을 자기 위한 밤이며, 지구에 밤과 낮이 있음으로써 생물들은 힘차게 살아갈 수가 있는 것입니다. 그러나, 낮과 밤이 왜 지구에 생겼는지 이상하다고 밖에는 말할 수 없겠지요.

낮과 밤의 길이는 늘 같지는 않습니다. 여름에는 밤이 짧고 낮이 길어지며, 겨울에는 낮이 짧고 밤이 길어지지요.

북극과 남극에서는 겨울은 밤뿐이고, 여름은 낮뿐입니다.

구름 • 비 • 눈

♣ 구름은 왜 생기지요?

구름이 하늘에서 생겨나는 것을 본 적이 있나요?

어딘가에서 구름이 흐르듯이 밀려오기도 하고, 하늘에 구름이 가득 차서 어두워지기도 하는 것을 본 적은 있지만, 구름이 생기는 곳은 본 적이 없겠지요.

정말이지, 구름은 어디서, 어떻게 생기는지 이상한 일입니다.

산에 오르면, 멀리 보이는 산의 골짜기에서 구름이 기어 오르는 것을 볼 수 있는 경우가 있습니다.

여름에 뭉게구름이 뭉게뭉게 크게 높이 피어 오르는 것을 볼 수가 있지요. 그것이 구름이 생기고 있는 곳입니다.

공기가 따뜻해져서 상공으로 올라가서 생기는 구름

따뜻한 공기와 찬 공기가 접촉해서 생기는 구름

따뜻한 공기　　찬 공기

〈구름의 발생〉

공기 속에는 우리 눈에 보이지는 않지만, 아주 작은 물방울들이 있어요. 이 작은 물방울들이 모이고 모여서 구름으로 되는 것입니다.

빨래가 말라서 물기가 없어지는 것은 공기 속으로 아주 작은 물방울이 되어 빠져 나갔기 때문입니다. 목욕탕 속에서는 김이 가득하여 전등이랑 천정이 잘 보이지 않는 때가 있지요. 이것은 목욕탕의 구름이라고 할 수 있습니다.

안개가 생겨서 앞이 잘 보이지 않는 때가 있는데, 안개도 물의 알갱이입니다. 땅 가까이 생긴 구름이라고 할 수 있지요.

♣ 연기는 하늘에 올라가서 구름이 되나요?

 높은 굴뚝에서 흰 연기가 뭉게뭉게 하늘로 올라가는 것을 보면 마치 구름처럼 보이지요.

흰 연기뿐 아니라, 검은 연기와 붉은 여기를 내고 있는 굴뚝도 있지요. 연기는 물체가 타서 생기는 것으로, 타는 물질이 태우는 방식에 따라 흰 연기, 검은 연기, 붉은 연기로 되는 것입니다.

주의해서 보면, 공장에서는 연기뿐 아니고, 흰 김이 나는 일도 있으니 잘 보도록 하세요.

흰 김은 공기 속에 아주 작은 물방울이 피어 나가는 것이며, 이것은 높은 하늘에 올라가서 구름이 될 수도 있답니다.

그러나 물질이 타서 나는 연기는 아주 작은 가루와 같은 알갱이가 하늘에 떠 있는 것입니다. 난로의 굴뚝 속에 검고 가벼운 가루가 쌓여 있는 것을 본 적이 있겠지요. 이것이 연기의 진짜 모습입니다. 촛불의 불도 자세히 보면 연기가 나는 것을 볼 수 있는데, 이것을 그을음이라고 하지요.

구름은 작은 물방울이 모인 것이므로, 같은 것으로 보이지만, 연기와는 다른 것입니다. 다만, 연기의 작은 알갱이 주위에 아주 작은 물방울이 모여 비나 눈으로 되는 일도 있지요.

267

눈으로는 잘 볼 수 없는 작은 연기의 알갱이가 떠 있는 것입니다. 난로를 많이 쓰거나 자동차가 많이 달리는 겨울날에 하늘이 침침하게 흐려지는 것은 연기의 알갱이가 수없이 하늘에 떠 있기 때문입니다. 스모그가 바로 이것이랍니다.

그리고 너무 연기가 많으면 하늘을 더럽히고, 계속해서 연기를 들이마시면 병에 걸리기도 하므로, 연기를 내지 않도록 하는 것이 중요합니다.

♣ 구름을 잡을 수 있을까요?

구름을 잡으려면 구름이 있는 곳으로 가면 되겠지요.

비행기를 타고 구름 속을 날을 때, 구름이 잘 보여요. 또, 높은 40층 건물의 위쪽이 구름에 싸여서 보이지 않을 때, 구름 속에 들어 있는 빌딩의 창문을 통해서 구름이 보이지요. 그러나, 비행기나 빌딩의 창문을 열 수가 없으니 구름을 잡을 수는 없지요.

그렇지만 산에 올라갔을 때, 구름 속을 걸어갈 수가 있습니다. 아마, 솜사탕처럼 잡을 수 있다거나 나뭇가지로 구름을 얽어서 선물로 할 수 있을 것이라 기대하고 있을지 모르겠지만 그것은 불가능한 일입니다.

♣구름은 어째서 여러 가지 모양으로 되나요?

넓고 넓은 하늘에서 구름이 되는 것이므로, 어떤 모양으로도 되는 것입니다.

그리고 하늘은 보이지 않지만, 바람이 불기도 하고 온도가 다르거나 기압이 다르거나 수분의 양이 다르거나 하기 때문에 여러 가지의 모양으로 되는 것입니다.

기압이라는 말은 잘 알지 못하겠지만, 일기예보를 할 때, 저기압이라든가 고기압이라고 하지요? 기압을 재는 기계가 있어서 보이지 않는 기압을 알아볼 수가 있는 것입니다. 보이지는 않지만 존재하는 것이 자연에는 많이 있습니다. 눈에 보이지 않는 것을 알아내는 것이 과학입니다.

높고높은 하늘에 생기는 구름, 낮은 하늘에 생기는 구름, 봄·여름·가을·겨울에 생기는 구름 등 여러 가지 모양입니다.

비행기 구름은 생기는 때도 있고 생기지 않는 때도 있습니다. 높은 하늘에 비행기가 날아갈 때 구름이 생기

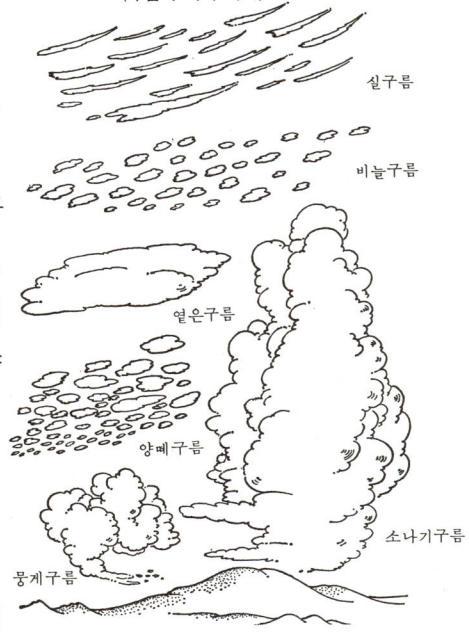

〈구름의 여러 가지〉

실구름

비늘구름

엷은구름

양떼구름

소나기구름

뭉게구름

는데 충분한 수분이 있을 때에 생기는 것입니다.

대체로 여름에는 소나기 구름이 생기기 쉽고, 가을에는 비늘구름이 생기기 쉬운 날씨입니다.

♣ 구름은 왜 움직이나요?

구름은 높은 하늘에서 바람에 의해서 움직이는 것입니다. 구름이 움직여서 와 주지 않으면 비가 내리지 않게 되지요. 만약에 비가 내리지 않으면 땅 위에 물이 내리지 않으므로 강이랑 못이 생기지 않고, 풀과 나무도 자라지 못하며, 동물들도 살아 있을 수가 없지요. 구름이 움직여 주기 때문에 물을 가져다 주는 것입니다.

그래서, 구름이 움직여 와 주지 않는 곳에서는 비가 내리지 않기 때문에 물이 없어 사막으로 되고 맙니다.

♣ 구름은 어디로 가나요?

하늘에 떠 있는 구름을 보고 있으면 거침없이 움직여 가는 경우가 있지요. 움직여 가는 구름을 보고 있노라면 언젠가는 보이지 않게 됩니다. 그리고, 잇달아 새로운 구름이 움직여 왔다가 멀리 움직여 가서 보이지 않게 되지요.

강물에 띄운 솜뭉치가 흘러가듯이 거침없이 움직여 갑니다. 도대체, 어디서 와서 어디로 가는지 이상하게 생각되지요?

구름은 바람에 의해서 높은 하늘을 흘러가는 것입니다. 만약에 흘러가는 구름을 따라 자동차나 기차로 달려가 보면 어디로 가는지 알 수 있겠지요.

텔레비전의 일기예보 시간에, 인공 위성에서 찍은 지구 사진을 잘 보세요. 우리 나라의 위를 움직여 가는 구름의 모습을 잘 알 수 있을 것입니다.

♣구름은 어째서 늘어났다 없어졌다 하나요?

아무것도 없는 하늘에 구름이 생겼다가 없어졌다가 하는 것은 마치 마술사 같지요. 구름을 만들기도 하고 없어지게도 하는 마술을 하고 있는 것은 누구일까요?

구름 마술을 하고 있는 것은 어떤 사람인지, 동물인지, 만약에 이를 찾을 수 있다면 즐거운 일이겠지요. 그러나 아직 찾아내지 못하고 있는 걸 보면 아마 없는 것 같군요.

높고 높은 하늘에서 물의 작은 방울들이 구름을 만들기도 하고 없어지게도 한답니다.

높은 하늘에서 구름이 흐르듯이 움직이면서 흩어지기도 하고, 없어지기도 하고, 또 잇달아 생겨나는 구름을 보고 있으면 정말 신기하게 느껴집니다.

♣구름은 왜 떨어지지 않나요?

구름은 높은 하늘에 떠 있는 것입니다.

하늘에 민들레의 솜털이 날라가기도 하고 연이 높이 올라가는 것처럼 구름도 높은 하늘로 올라가기도 하고 날려가기도 하는 것입니다.

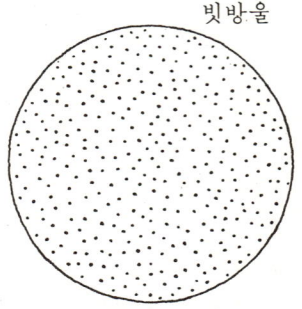

구름의 물방울

빗방울

구름은 아주 작은 물이나 얼음의 알갱이가 모여서 이루어져 있습니다. 분무기로 작고 작은 물의 알갱이를 만들어 주면 날라가는 것을 보았지요? 목욕탕에 들어갔을 때, 김이 많이 나서 안개가 낀 것처럼 자욱한 것을 보았지요? 작고 작은 물의 알갱이는 공기 중에 떠돌며 떠 있을 수 있습니다.

그러나, 구름 속의 작은 물의 알갱이들이 모여서 빗방울과 같은 크기로 커지면 떠 있을 수 없게 되어 땅으로 떨어지는 것입니다.

구름이 떨어져 내리는것, 그것이 바로 빗방울입니다.

♣비는 어째서 내리나요? 하늘에 있는 강으로 부터 내리는 것인가요?

비행기로 하늘을 날아도 하늘의 강은 보이지않지요. 로켓으로 더욱 높은 하늘을 날아도 역시 하늘의 강은 찾아 내지 못합니다.

하늘에는 은하수라는 강이 있으나, 은하수는 별이 모인 강으로, 물이 있는 강은 아닙니다.

비가 내릴 때 하늘을 보면 구름으로 덮여 있지요? 비는 구름 속에서 내리는 것입니다. 구름은 작은 물이나 얼음의 알갱이가 많이 모여서 된 거지요. 하늘 위에 작은 물방울들이 어째서 있는가는 구름에 대한 물음에서 읽어보세요.

이 작은 물의 알갱이가 모여서 커지면 떨어지는 것이 빗방울입니다. 빗방울에도 여러 가지 크기가 있으며, 큰 빗방울, 작은 빗방울이 있지요.

비를 선처럼 그리지만, 진짜는 물방울이 하나하나로 갈라져서 떨어지고 있답니다. 떨어지는 것이 빨라서 선처럼 보이는 것입니다. 분무기나 물총에서 나오는 물은 선을 그리지요. 빗물과 분무기의 물을 자세히 살펴보세요.

〈비가 내리는 구조〉

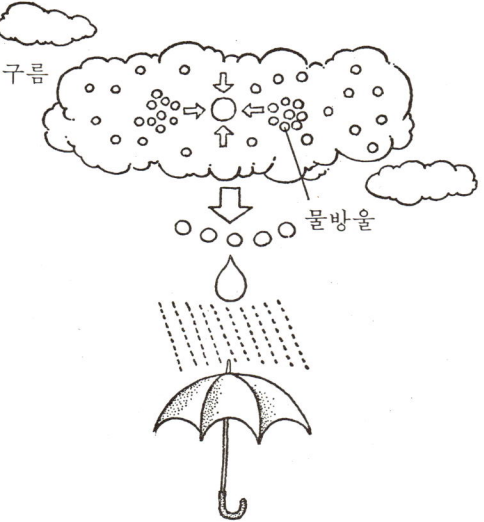

구름

물방울

파란색을 물빛이라고도 하지요. 그래서 하늘이 푸른 것은, 하늘에 물이 가득 있어서일까요?

그러나 비행기로 푸른 하늘에 올라가도 역시 그 위에 푸른 하늘이 있고 물은 보이지 않아요. 로켓으로 푸른 하늘에 더욱 가까이 가면 푸른 하늘은 사라져 버리지요. 그래도 역시 물은 없답니다.

비는 푸른 하늘에서가 아니고, 구름에서 내리는 것입니다.

그래서 구름이 차례차례로 생기면, 계속해서 비가 내리게 되지요.

구름이 생기지 않는 곳에서는 비는 내리지 않아요. 사막이 있는 곳은 구름이 생기지 않기 때문에 비가 내리지 않는 곳입니다. 장마철에 매일 매일 비가 내리는 것은, 구름이 잇달아 많이 생기는 까닭입니다.

①장마는 여름철에 매일매일 두꺼운 구름이 우리 나라의 하늘에 끼어서 일어나는 것입니다. 이 때문에 계속해서 비가 내리는 것이랍니다.

②더운 여름에 차가운 물을 담은 컵의 겉면에 물방울이 생기지요.

목욕탕의 유리문에도 물방울이 생기는데 이것을 이슬이라고 합니다. 공기 중에는 눈에 보이지 않지만, 수증기라는 작은 물방울이 있답니다. 이 작은 물방울이 컵이나 유리창에 붙어서 우리 눈으로 볼 수 있는 물방울로 된 것이 이슬입니다.

여름철의 새벽에 보면 풀잎 끝에 이슬이 맺혀 있는 것을 볼 수가 있어요. 이 이슬은 뿌리에서 빨아들인 물이 밤 동안에 풀잎으로 스며 나온 것이랍니다.

♣ 눈은 왜 내리나요? 그리고, 어디서 내려 오나요?

눈은 하늘에서 조용하게 천천히 내려옵니다. 비처럼 물방울이 아니고, 희고 작은 얼음들이 모여서 생긴 것입니다. 추운 겨울이 되면 매일 매일 눈이 내리는 고장이 있기도 하고, 겨우 한두 번밖에 내리지 않는 곳도 있습니다.

〈눈이 내리는 구조〉

구름

물방울 어름의 결정

눈이 좀처럼 내리지 않는 곳에서는 더 내려 주었으면 하고 생각하겠지요. 그러나 매일매일 눈이 많이 내리는 곳에서는 길이나 지붕 위의 눈을 치우지 않으면 차가 다닐 수 없게 되고, 집이 눈의 무게로 눌리기 때문에 큰 일이 납니다. 눈은 하늘에 떠 있는 구름에서 비와 마찬가지로 내리는 것입니다. 그런데, 비가 아니고 눈으로 되기 위해서는 눈을 만들 수 있는 날씨이어야 합니다.

눈이 많이 생기는 하늘은 어떤 날씨일까 하고 과학자들이 눈을 만드는 실험을 하여 연구를 거듭하고 있습니다.

모두 같은 것으로 보이는 눈이지만, 여러 가지 모양이 있으며, 이 모양에 의해서 하늘의 상태를 알 수 있게 되었습니다. 그래서, 「눈은 하늘에서 오는 편지」라고 과학자들은 말하고 있답니다. 눈이 내리지 않는 곳은, 겨울 동안 구름이 넉넉하지 못하거나 눈을 만들 만한 날씨가 되지 못하기 때문입니다.

♣ 눈은 구름에서 떨어져 내리는 것인가요?

눈은 구름에서 떨어져 내립니다.

구름이 찢기어 떨어져 내린다고 해도 좋을 것입니다.

그러나 눈은 높은 하늘에서 떨어져 내리는 동안에 여러 가지 모양으로 된답니다. 구름에서 떨어져 나올 때의 모양 그대로가 아닙니다.

눈의 알갱이가 구름에서 떨어지고부터 땅에 가까와질 때까지는 작은 얼음 알갱이가 여러 가지의 모양으로 만드는 것입니다. 그래서, 땅에 내리는 눈은 여러 가지 모양을 하고 있습니다.

눈이 내릴 때, 차가운 검은 천으로 살짝 받아서 확대경으로 자세히 관찰해 보세요.

♣ 눈의 결정이란 어떤 것인가요?

하늘에서 내리는 눈을 차가운 검은 천이나 유리 위에 살짝 받아서 확대경이나 현미경으로 보면 눈의 모양을 볼 수 있습니다.

옛날에도 눈의 여러 가지 모양을 그림으로 그려서 책으로 엮어 낸 분이 있었습니다. 이 눈의 모양을 연구하여 어떻게 해서 여러 가지의 모양으로 되는지를 알아 냈습니다. 눈의 모양은 작고 작은 얼음이 만들어지는 방식에 따라 여러 가지 모양으로 된다는 것을 알았습니다.

이 눈의 모양을 결정이라고 하지요. 눈의 결정은 작은 얼음의 알갱이를 중심으로 하여 얼음이 여섯 방향으로 이루어진 것이랍니다.

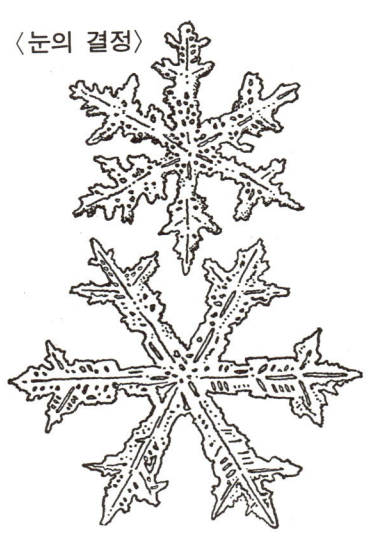

〈눈의 결정〉

♣ 눈은 왜 녹을까요? 그대로 있으면 좋을 텐데!

눈은 작은 얼음 알갱이입니다.

얼음은 춥고 차가울 때 생기는 것으로, 따뜻해지면 녹아서 물로

 됩니다.

춥고 차가운 하늘에서 생긴 얼음이기 때문에 따뜻한 곳에서는 이내 물로 되는 것입니다.

추운 곳에서는, 눈이 녹지 않고 그대로 쌓여 있습니다. 스키를 할 수 있는 곳은 눈이 녹지 않고 쌓여 있는 곳입니다.

히말라야 산과 같은 높은 산은 매우 춥고 차가와서 여름철에도 눈이 녹지 않고 쌓여 있답니다.

♣ 눈은 왜 차가운가요?

눈은 얼음의 작은 알갱이로 만들어져 있습니다.

 눈을 뭉쳐서 자세히 보세요. 얼음이라는 것을 알 수 있지요.

높고 추운 하늘에서, 구름 속의 물이 작은 얼음으로 된 것입니다.

♣ 눈은 왜 흰색인가요? 분홍색이면 좋을 텐데!

 눈을 단단하게 뭉쳐 보세요. 아주 단단하게 만들면 흰색이 적어지고 투명한 얼음이 됩니다. 또, 흰눈을 뭉쳐서 찬물을 끼었으면 역시 흰색이 없어지고 투명하게 될 것입니다.

눈이 희게 보이는 것은 작은 얼음의 알갱이 사이에 공기의 틈이 있기 때문입니다.

얼음을 잘게 깎아서 빙수를 만들어 보세요. 투명한 얼음 덩어리를 작은 얼음 알갱이로 만들면 희게 될 겁니다.

깨끗한 구름의 물이 얼음으로 되어 눈으로 되었기 때문에 희게 보이는 것이랍니다.

만일, 하늘에서 눈에 빨간색이나 노란색의 눈을 만들어 땅위에 내리게 하면 어떻게 될까요? 보기에 아름답다는 것보다 난처한 일이 생기지 않을까요? 한번 생각해 보세요.

♣ 눈은 흰색인데, 왜 더럽나요? 그리고 눈을 먹어도 되나요?

눈을 집어서 먹으려 했을 때, "더러우니까 먹지 말아요!"라는 말을 들은 모양이군요.

눈이 내리는 동안에 하늘이 깨끗하면 상관이 없으나, 대도시 위의 더러운 공기 속을 거쳐 내리는 눈은 내리는 동안에 더럽혀지기 때문이며, 또 쌓인 눈 위에 먼지가 떨어져 있기 때문입니다.

그렇지만, 조금이라면 먹어도 괜찮겠지요. 어떤 맛이나는지 한번 먹어 보세요.

산에서는 눈을 녹여서 마시거나 밥짓는 데 사용하기도 합니다.

♣바람은 어디서 불어 오나요?

(저편에서 잇달아 불어 오지만, 더욱 저편 그리고 더 멀리에서도 바람은 불고 있는 것이겠지요. 그 시작은 어떻게 되어 있나요?)

　바람이 불어오는 쪽을 향해서 어디까지고 걸어 가거나, 자동차나 비행기로 바람이 불어 오기 시작하는 곳에 갔다고 하면 어떻게 되어 있을까요?

산 위에서 산골짜기로 불어 오는지도 모르지요. 그보다도 더 멀고 먼 바다 위까지 가게 될는지도 모르지요. 바다 저쪽에 있는 나라에서 불어 오고 있는지도 모르지요.

바람이 어떻게 해서 생기는지, 그리고 어느 쪽으로 불고 있는가를 연구하고 있는 곳이 기상대와 관측소의 일입니다.

텔레비전에서 일기예보를 할 때, 인공위성에서 찍은 지구의 사진과 천기도가 나오지요. 자세히 들여다 보면, 바람이 어디서 불어

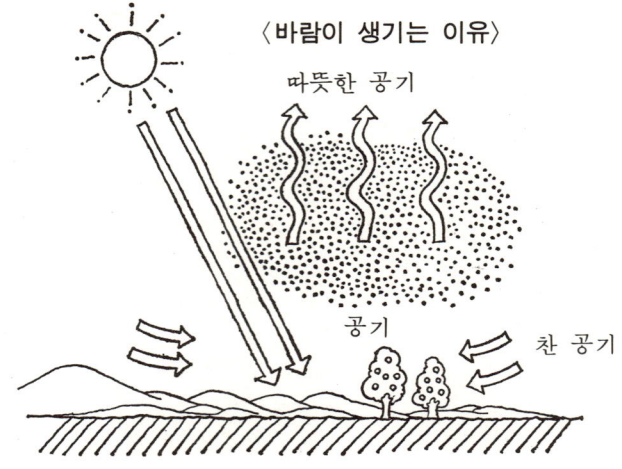

〈바람이 생기는 이유〉

따뜻한 공기

공기　　　찬 공기

오는지를 알 수 있습니다.

또, 바닷가에 갔을 때, 아침·낮·저녁으로 어느 쪽에서 바람이 불어 오는지 알아보세요.

♣ 하늘에는 얼음이 가득히 있나요?(우박이 내리는 것을 보면…)

싸라기눈이나 우박 따위의 얼음이 떨어지는 것을 보고, 하늘에 얼음이 가득한 것으로 생각했나 보죠? 그러나 커다란 얼음 덩어리가 있어서 그것이 작게 부서져 떨어지는 것이 아닙니다.

높은 하늘은 춥고 차가와서 구름 속의 물의 알갱이는 작은 얼음 알갱이로 되어 간답니다.

여름 하늘에 소나기 구름이 뭉게뭉게 피어 오르는 것을 본 적이 있지요? 이 구름의 가장 높은 곳에는 작은 얼음 알갱이가 섞여 있습니다.

땅 위에 가까이 떨어질 때는 따뜻해지기 때문에 빗방울이 되어 소나기로 변하는 경우가 많지요. 그러나 얼음 알갱이가 구름 속에서 물의 알갱이와 붙어 녹지 않을 정도의 큰 얼음 알갱이로 되면, 얼음 알갱이가 그대로 땅 위로 떨어지는 일이 있습니다. 쌀알 정도의 크기에서부터 때로는 작은 새알 크기 정도의 큰 것이 떨어지는 일도 있습니다.

〈우박이 내리는 구조〉

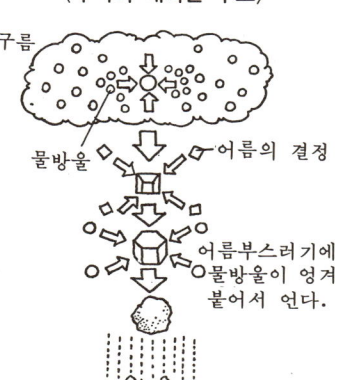

물방울

얼음의 결정

얼음부스러기에 물방울이 엉겨 붙어서 언다.

♣ 태풍의 눈이란 어떤 것인가요? 그리고, 무엇을 보고 있나요?

태풍의 눈이라는 것을 일기예보에서 설명하는 것을 들은 것 같군요.

엄마의 눈, 고양이의 눈, 닭의 눈, 금붕어의 눈, 딱정벌레의 눈, 잠자리의 눈 등 여러 가지 눈을 알고 있지요?

모두가 동그랗고 두 개 이지요.

태풍의 눈도 동그란 두 개의 눈이 달려 있을까요?

태풍은 구름이 모여서 이루어진 것이므로, 커다란 구름 속에 많은 눈이 붙어서 빛나고 있을까요? 그러나 비행기를 타고 태풍의 구름에 가까이 가서 조사해 보았지만, 구름만 가득할 뿐이고 동물의 눈과 같은 것은 없었습니다.

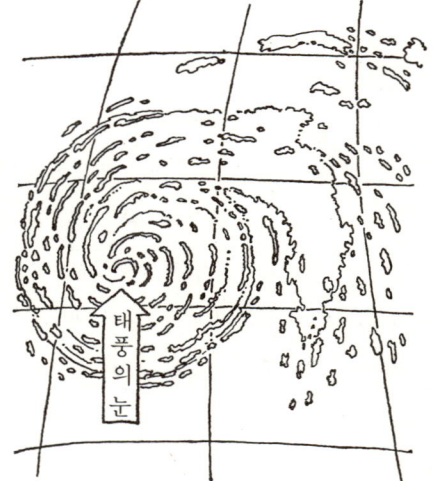

〈인공위성에서 내려다 본 태풍〉

태풍의 눈

그런데도 일기예보를 할 때, 태풍이 우리 나라에 가까이 오면 태풍의 눈이 있다고 하는 것은 무슨 까닭일까요?

태풍의 구름 한가운데에 동그랗게 구름이 없는 곳이 생기는데, 이 구름이 없는 동그란 곳을 태풍의 눈이라고 이름을 붙인 것입니다.

태풍이 우리 나라에 가까이 왔을 때, 텔레비전이나 신문에 인공위성이 찍은 태풍 구름의 사진이 나오는데, 이것을 잘 보세요. 불가사리처럼 보이는 구름의 가운데에 태풍의 눈이 있습니다.

눈이라고 하니까 동물의 눈과 같은 것이 있을 것으로 생각하는 것은 당연합니다. 그렇지만 어떤 이름을 붙이는 것이 좋은지 한번 생각해 보는 것이 어떨까요?

♣여름 바람은 시원하고 상쾌한데, 겨울 바람은 왜 춥고 차가운가요?

바람이 얼굴이나 손이나 몸에 닿으면 시원하게 느껴지지요.

여름은 덥기 때문에 바람이 시원하게 느껴져 기분이 상쾌하지만, 겨울은 춥기 때문에 너무 시원해서 차갑게 느껴지는 것입니다.

바람에는 따뜻한 바람, 더운 바람이 불어 오는 수가 있는데 이때는 덥게 느껴집니다.

또, 대단히 차가운 바람이 불어 오는 수가 있습니다.

목욕탕에서 나왔을 때, 선풍기 바람을 맞으면 물기가 이내 마르고 시원하게 느껴지는 것은 바람이 열과 수분을 가져가기 때문입니다.

겨울에 북서풍이 불어오는 지방도 있는데, 이 바람은 건조하고 차가운 바람입니다. 그러나, 바다에 가까운 지방에서는 습기가 많고 차가운 바람이 불어 옵니다.

고원지대의 여름 바람은 상쾌하지만, 바닷바람은 습기 있고 미지근한 바람이어서 무더위를 느낄 때가 있습니다.

♣ 태풍이 오면, 왜 비가 많이 내리나요?

태풍은 남쪽의 더운 바다 위에서 생겨나서 바다 위를 지나 우리 나라에 오는 것입니다.

태풍은 바다에서 수증기를 불어올려 커다란 구름을 만들고 있는 까닭에, 태풍은 바람과 구름으로 이루어졌다고 해도 되겠지요.

바다의 표면에서 김처럼 된 물의 작은 방울의 높은 하늘로까지 불어올려서 차례차례로 구름을 만들며, 이 구름으로부터 많은 비를 내리게 하는 것이랍니다.

태풍은 강한 바람과 큰 비를 가지고 온답니다.

너무 많은 비가 내리면 홍수가 나게 되어 둑이 무너지고, 다리나 집이 떠내려 가는 사태가 일어나 우리에게 크게 손해를 입히지요.

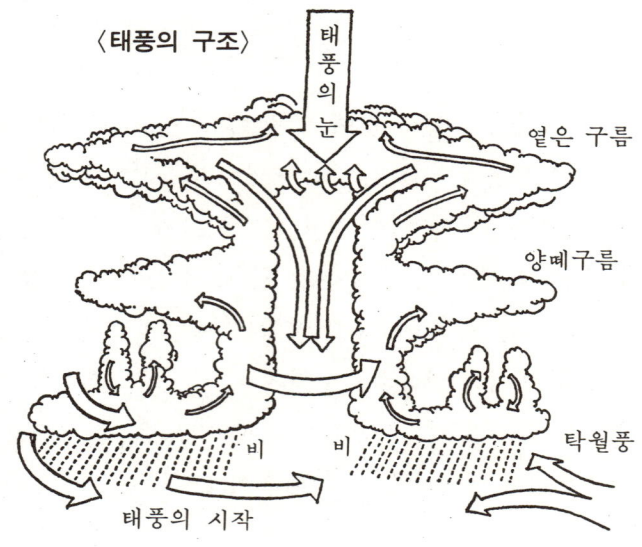

〈태풍의 구조〉

태풍의 눈

옅은 구름

양떼구름

비

비

탁월풍

태풍의 시작

그러나, 한편으로는 태풍이 불어 오기 때문에 산과들에 많은 물을 주고 갑니다.

그리고 텔레비전과 신문의 일기예보에서, 인공위성이 찍은 태풍의 사진이 나올 때 잘 보세요. 태풍의 모양이 구름의 소용돌이임을 알 수 있을 것입니다.

♣ 날씨가 좋으면 왜 더운가요?

날씨가 좋으면 해님은 빛이 나지요.

해님은 밝은 빛과 열을 우리에게 보내 준답니다.

하늘에 두터운 구름이 생겨 해님을 가리면 해님은 밝은 빛과 열을 보낼 수가 없기 때문에 어두컴컴하게 되거나, 덥지 않게 되는 것이랍니다.

그러나 여름의 해님은 몹시 덥지만, 겨울의 해님은 덥지 않지요. 같은 해님인데 어째서 여름과 겨울이 다를까요?

더운 여름의 해님과 추운 겨울의 해님을 잘 보고 생각해 보세요.

이와 같은 해님의 빛과 열을 사람들은 잘 이용할 수 없을까 하고 여러 가지로 연구들을 하고 있답니다.

♣ 여름은 왜 더운가요?

우리 나라는 일 년 중, 몹시 더운 계절과 몹시 추운 계절이 있

습니다.

지구에는 일 년 내내 더운 나라와 일 년 내내 추운 나라도 있답니다.

더울 때와 추울 때가 있는 우리 나라에서는 더울 때를 여름이라고 말하지요. 그렇기 때문에 여름이 덥다고 말하기보다 더울 때가 여름인 것입니다.

열대(밤과 낮의 길고 짧은 차이와 사계절의 변화가 거의 없는 지대)에서는 일 년 내내 여름이고, 남극은 일 년 내내 몹시 추운 겨울이랍니다.

♣ 여름방학에는 어째서 눈이 안 올까요?

태양이 뜨겁게 땅 위를 내리쬘 때가 여름이기 때문에 눈이 와도 땅 위에 가까와지면 녹아버려 빗물이 되는 것입니다.

아주, 높은 산에는 여름에도 눈이 오는 경우가 있습니다.

여름방학에 눈이 온다면 차가운 얼음물을 많이 먹을 수 있어 좋겠지요. 그리고 눈사람도 만들며 놀 수 있을 텐데요.

아주 높은 산에 올라가면 겨울에 온 눈이 많이 남아 있어서 눈을 볼 수 있답니다.

♣ 천둥은 어째서 치나요?

천둥의 강한 빛과 큰 소리를 사람들은 옛날부터 무서워했습니다.

그렇기 때문에 어째서 천둥이 치나 오랜 동안 연구되어 왔지요.

무서웠기 때문에 귀신 모습을 한 천둥귀신이 하늘에서 천둥을 치는 것으로 생각하였던 것입니다.

그러나 오늘날에는 천둥이라는 것은 귀신이 치는 것이 아니라, 하늘 높이 소나기 구름(적란운이라고 하여 위는 산 모양으로 솟고 아래는 비를 머금은 구름)이 뭉게뭉게 떠오를 때 구름 속에 전기가 생겨, 그 전기가 구름 속에서 서로 부딪히거나, 지상의 전기와 연결되었을 때, 강한 빛과 큰 소리를 내게 되는 것이 천둥치는 현상이라는 것을 알게 되었답니다.

천둥은 큰 소나기 구름이 생겨, 여름철 저녁 갑자기 소나기가 올 때 많이 칩니다. 그러나 때로는 눈이 오는 하늘에도 천둥 번개를 칠 때가 있답니다.

♣ 천둥은 어째서 우르릉 거리나요?

높은 하늘, 구름 속에서 우르릉 소리가 들려 오는 것을 옛날 사람들은 천둥귀신이 있어 많은 북을 두드려 소리를 내고 있는 것으로 생각하고 있었습니다.

　소리를 내는 북이 없으면 소리가 날 이유가 없다고 생각들을
했기 때문입니다.

　그러나 소리를 내는데 북이 아니라도 종이로
접은 종이총이나 풍선을 터뜨려도 소리는 나지요.

　천둥소리는 번갯불이 반짝 비치고 나서 소리가
들려 오는 것 같지만 사실은 번갯불이 비칠 때
소리가 나는 것입니다.

　구름 속에서 생긴 전기가 부딪혀 불꽃이 튈 때의 소리가 울려오는
것입니다. 천둥의 전기는 대단히 강한 것으로서 그 불꽃도 강해서
소리도 크답니다.

　전동차가 달리고 있을 때, 전선과 집전기(전동차나 전기 기관차의
지붕에 장치한 가선의 전류를 끌어들이는 장치로서 팬터그래프라고
하지요.) 사이에 불꽃이 튀는 것을 본 적이 있는지요? 잘 보면
반짝반짝 튀는 소리가 들립니다.

♣ 천둥이 칠 때 왜 번갯불이 비치나요?

　"천둥이 칠 때 왜 번갯불이 비치나요?"라고
물었더니 한 어린이는 구름 위의 귀신 모양을 한
천둥귀신이 양손에 회중 전지를 쥐고 있는 그림을
그렸으며, 또 한 어린이는 구름을 그리고 번개의
빛을 그려 놓았습니다.

　두 어린이는 모두 천둥은 전기라고 들어 알고 있었던 것입니다.

구름에 번갯불을 그린 어린이는 왜 비치는가를 생각지 않고 단지 전기라고 말했을 뿐입니다.

그러나 귀신 모양을 한 천둥에서 회중 전지를 쥔 그림을 그린 어린이는 "왜 비치는가?"라고 스스로 생각한 거예요. 자기 스스로 생각해 보는 것이 대단히 중요한 일입니다.

천둥은 구름 속에서 생긴 전기에 의하여 빛과 소리를 내지만, 머나먼 구름 속에서 어떻게 해서 비치는가를 자세히 알려면, 이 다음에 커서 공부해 보세요.

♣ 천둥귀신은 어디서 살고 있을까요?

귀신 모양을 하고, 호랑이 가죽옷을 입고 북을 많이 붙인 수레 바퀴를 어깨에 메고 있는 천둥귀신의 모습을 그림이나 조각으로 본 일이 있는지요?

옛날 사람들은 천둥귀신이 높은 하늘 구름 위에 살고 있는 것으로 생각하고 있었습니다.

그래서 천둥귀신이 떨어지면 근처 어디엔가 있지 않을까 해서 찾아다녔지요. 그러나 늘 찾지를 못했습니다.

천둥귀신이 어째서 발견되지 않는지 옛날 사람들의 생각으로는 알 길이 없어 이상하게 생각하였습니다.

천둥은 뇌수(천둥이 칠 때 땅 위에 떨어져 나무를 쓰러뜨리고 사람이나 가축을 헤친다는 상상의 괴물)라는 짐승이 하늘에서 소란을 피운다고 생각한 사람들도 있었습니다.

한편, 높은 산에 살고 있을 것으로 믿은 사람들은 깊은 산속의 짐승을 뇌수라고 믿었습니다.

그러나, 그 뇌수를 잡아 길러 보았으나 천둥을 치는 것은 발견하지 못했습니다.

옛날부터 천둥귀신이 어디에 사는지, 어떤 모습을 하고 있는지 알 길이 없어 열심히 찾았던 것입니다.

그래서 찾아 낼 수 없는 천둥귀신에 대하여 자기 마음대로 모습을 생각하여 그리거나 만들었던 것입니다.

오늘날에는 천둥이 귀신이나 짐승에 의해 나는 것이 아니라는 것을 연구에 의해 알게 되었습니다. 그러나, 천둥의 빛과 소리속에 천둥을 자기 스스로 만들어 보는 것이 어떨까요?

♣ 천둥이 치면 어째서 전기가 나가나요?

천둥은 전기라고 알고 있어서 천둥귀신이 우리들의 전기를 끊거나 먹거나 하기 때문에 전기가 나간다고 생각했던 것입니다. 천둥은 사람들이 전기를 만들어 내기 전인 옛날부터 있었습니다. 우리들이 천둥이 전기라는 것을 알게 된 것은 지금으로부터 약 230년쯤 전의 일입니다.

그렇기 때문에 사람들이 수력 발전소나 화력 발전소에서 만들어 낸 전기를 끊거나 하지 않아도 천둥은 치는 것이랍니다.

천둥이 칠 때, 전기가 나가는 것은, 천둥이 발전소나 철탑 또는 전주 같은 곳에 떨어져서 사람들이 만들어 쓰고 있는 전기를 보낼 수 없게 되었을 때입니다.

♣ 천둥귀신은 북을 두드려 '비가 온다'라 고 알리나요?

천둥 소리가 멀리서부터 점점 가까이 들려오면 얼마 안 있어 비가 온다는 것을 알게 된 것은 대단히 좋은 일입니다.

천둥은 소나기를 내리게 하는 큰 구름 속에서 생기기 때문에, 그와 같은 큰 구름이 가까이 다가오면 점점 소리가 커지는 것이랍니다.

'천둥귀신이 북을 두드려 비가 오는 것을 알려 준다.'고 말하는 것은 '천둥소리가 커지면 얼마 안 있어 소나기가 온다.'라고 바꾸어 말하면 과학적인 설명이 됩니다.

♣ 천둥귀신은 비를 좋아하기 때문에, 북을 치며 춤을 추나요?

천둥이 번쩍이거나 큰 소리로 울리면 놀라서 소리를 지르는 사람이 많은데, 비를 좋아하기 때문에 북을 두드리며 춤을 춘다고 생각한 어린이는 천둥이 번쩍이거나 번개가 치는 것을 재미있다고 생각하는 용감한 어린이 입니다.

천둥이 일어날 때는 소나기가 올 때가 많습니다.

천둥과 소나기와는 깊은 관계가 있습니다. 그 관계를 천둥이 소나기를 좋아한다고 말해도 틀린 말은 아니지요.

♣ 무지개는 어떻게 생기나요?

무지개는 태양 빛과 공기 중에 떠 있는 물방울에 의해서 만들어지는 것입니다.

분무기로 물을 뿜어서 무지개를 만들 수가 있습니다. 그러나

분무기로 작은 방울을 뿜어도 무지개가 될 때와 안될때가 있답니다.

그것은 태양 빛이 닿는 방향 때문입니다. 태양을 등으로 하여 물을 뿜으면 무지개가 생기게 되는 것입니다.

♣ 무지개는 어째서 일곱 색깔인가요? 또 다른 색은 없는지요?

무지개가 뜬 반대쪽에 태양이 빛나고 있지요? 그것은 무지개가 뜬 하늘에 비가 오고 있기 때문입니다.

공기 속의 물방울에 태양빛이 닿으면 일곱 색깔의 빛이 나오는 것입니다.

태양빛 속에는 빨강, 주황, 노랑, 초록, 파랑, 남색, 보라의 일곱

가지 빛이 담겨 있습니다. 태양의 빛이 물방울 속을 통과할 때, 일곱 가지 빛으로 나뉘어지는 것입니다.

삼각형의 프리즘이라는 유리는 태양 빛을 나누는 일을 합니다. 거울로 태양빛을 반사시켜 보면 색이 없는 밝은 빛이지만 프리즘에는 일곱 가지 빛으로 나눌 수 있어, 이 빛속에 일곱 가지의 빛이 함께 합해져 있다는 것을 알 수 있는 것입니다. 팽이를 만들어 일곱 가지 색을 칠해 돌려 보면 어떤 색이 될까요?

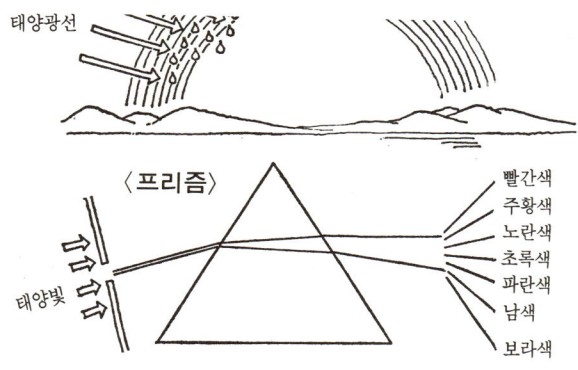

태양광선

〈프리즘〉

태양빛

빨간색
주황색
노란색
초록색
파란색
남색
보라색

♣ 안개란 무엇인가요?

안개가 많이 끼어 주위가 전혀 보이지 않을 때가 있지요. 이와 같이 짙게 낀 안개를 농무(濃霧)라고 합니다.

높은 산 꼭대기에 올라 아래를 내려다 볼 때 구름이 잔뜩 끼어 있는 모습을 보면 바다와 같지요. 이와 같은 모양을 운해(雲海)라고 합니다.

짙은 안개는 높은 산이나 고원에만 끼는 것이 아니라 시가지도 안개에 덮일 때가 있습니다. 짙은 안개 때문에 비행기나 자동차가 못 움직일 때도 있지요. 바다 위에서는 배가 부딪히는 사고를 막기 위해 방향을 레이다로 찾거나 기적을 울려 가며 사고 방지에 힘을 기울이고 있답니다.

또한, 등대도 사고 방지를 위해 서 있는 것이랍니다.

육지와 바다

♣ 씨앗을 뿌리기 전에 왜 흙에 여러 가지를 섞나요?

씨앗을 뿌리거나 꽃 모종을 하기 전에 흙 속에 썩은 낙엽으로 된 흙(부엽토)을 섞거나, 여러 가지 비료를 섞는 것을 보고 여러 어린이는 이상하게 생각한 모양이지요.

흙이란 모래와 가루와 같은 점토로 되어 있습니다.

그리고 모래는 작은 돌의 알맹이로 되어 있고, 점토는 돌의 가루로 된 것입니다.

식물이 자라기 위해서는 뿌리에서 물과 함께 물에 녹은 영양을 흡수합니다.

그런데, 모래와 점토는 물을 모아 둘 수는 있어도 영양은 안 됩니다.

그렇기 때문에 영양이 되는 것을 섞는 것이랍니다.

부엽토는 영양뿐만이 아니고 흙 속을 부드럽게 하고 통풍을 잘 시키는 역할도 한답니다.

흙이 굳어지면 물이 스며 들지 못하게 되어 공기도 들어갈 수 없어 뿌리가 자라지를 못합니다.

비료는 식물이 뿌리를 통해서 흡수하기 위한 영양이 되는 것입니다.

사람들에게 쌀, 야채, 고기, 소금, 비타민 등의 여러 가지 영양이 필요한 것과 같이 식물도 여러 가지 영양이 필요한 것입니다.

♣ 찰흙을 구우면 어째서 돌처럼 굳어지나 요?

찰흙은 가루로 되어 있는 흙입니다. 그것은 불로 구우면 찰흙이 벌겋게 구워져 가루가 단단히 엉긴 덩어리가 되는 것입니다.

찰흙을 구워 돌을 만드는 것입니다.

유리도 열에 녹혀 식혀서 만든 돌이라 할 수 있습니다.

돌은 지구가 처음 생겼을 때는 새빨갛게 타서 부글부글 끓었던 것이었으나 식어서 굳은 것입니다.

화산이 분화하여 부글부글 녹은 새빨간 것들이 흘러내려와 식어서 굳으면 용암이라는 돌이 됩니다.

지구의 깊숙한 곳에서는 돌이 녹을 정도로 뜨거운 불덩어리가 타고 있답니다. 그래서 온천과 같은 더운 물이 나오기도 하고 화산이 폭발하기도 하는 것입니다.

♣ 찰흙은 왜 미끈미끈 하지요?

찰흙에 물을 묻히면 미끈미끈하지만 모래에 물을 섞으면 까칠까칠해지지요.

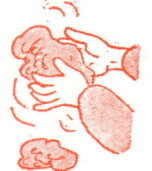 찰흙을 물에 묻혀 개면 미끈미끈하며 물이 뿌옇게 됩니다.

밀가루에 물을 섞어 반죽을 하면 미끈미끈해지며, 물을 많이 섞으면 탁해집니다.

찰흙도 이와 같이 밀가루와 같은 고운 가루로 되어 있는 것입니다. 가루에 물을 섞으면 미끄러운 느낌을 갖게 됩니다. 흙탕물 속에서 놀고 있을 때 미끈미끈하게 느껴지는 것도 찰흙과 같은 고운 가루흙이 있기 때문입니다.

모래가 많은 흙은 까칠까칠하고 찰흙이 많은 흙은 미끈미끈한 것입니다.

겨울에 서릿발이 서거나 성에가 녹아 진흙같이 되는 흙은 찰흙이 많은 것입니다.

마당이 이 같은 흙이면 비가 온 날에는 질척질척해지지요. 흙탕물은 미끈미끈한 찰흙이 많은 흙입니다. 굳힘틀에 넣어 말리면 단단한 돌같이 깨뜨려 가루로 만들어 물을 섞으면 미끈미끈한 찰흙이 되는 것입니다.

♣ 모래사장의 모래는 어떻게 만들어졌을까요?

 모래는 아주 작은 돌입니다.

모래를 현미경으로 보면 참으로 아름답지요. 흰색, 초록색, 검정색 등 여러 가지로 보인답니다.

큰 바위가 쪼개져 큰 돌이 되고, 큰 돌이 쪼개져

점점 작은 돌이 되고, 작은 돌이 깨지고 부서져 작은 알갱이가 된 것이 모래입니다. 모래가 있는 곳은 주로 강가나 바닷가 입니다.

흙을 유리병 같은 곳에 담아 물을 부으면 흐려지며, 이와 같이 흐려진 것이 없어질 때까지 물로 씻으면 바닥에는 모래만 남게 됩니다. 흙 속에는 모래가 들어 있는 것입니다.

모래사장의 모래는 강가의 모래를 날라 왔거나 바닷가의 모래를 물로 잘 씻은 것이랍니다.

♣ 물이 묻으면 어떻게 해서 검정 모래가 되나요 ?

강물 밑바닥에 검게 보이는 조약돌을 주워 햇볕에 말려 보세요. 희게 되지요 ?

이 조약돌의 겉을 잘 보면 까칠까칠할 거예요. 겉이 까칠까칠해 있으면 희게 보이는 것입니다.

그러나 물에 묻으면 껄그러운 곳에 물이 고여 겉이 평평해져 돌이 빛나 보이게 됩니다.

모래도 작은 돌의 모임이므로 돌과 같이 물이 묻으면 빛이나게 됩니다. 표면을 잘 갈아 매끈매끈하게 하면 돌의 빛이 물에 묻었을 때와 같이 되는 것입니다.

보석은 돌의 표면을 갈아서 매끈매끈하게 한 것입니다. 물론 정성들여 갈고 또 갈아야 보석이 되는 것입니다.

모래에는 물이 잘 스며 들어갑니다. 물을 자꾸 부어도 스며 버린답니다.

모래밭에 물을 계속해서 부으면 연못이 되기는 하지만 그러기 위해서는 많은 물이 필요합니다. 모래사장에 깊은 연못을 파고 모래 밑의 지면에 연못을 만들면 물은 쉽게 고이게 될 것입니다.

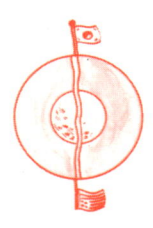

어디까지라도 파 내려가 반대쪽의 지구의 표면까지 파지 않으면 안 될 것입니다.

지구의 직경은 약 13,000km가 됩니다. 그와 같은 길이를 파 내려간다는 것은 대단한 일이 될 것입니다.

그리고 지구를 밑으로 밑으로 파 내려가면 어떠한 일이 생길지 모를 일입니다. 화산의 근원지인 불이 타고 있는 곳으로 혹시 가게 되지나 않을까 걱정도 되네요.

지구 속을 깊이 파 내려갈 수 있는 기계를 여러 어린이가 발명하여 볼 생각은 없는지요?

땅 밑을 깊이 파거나 바다 밑을 깊이 잠수한다는 것은 대단한 일로 여러 어린이가 커서 해야 할 일이랍니다.

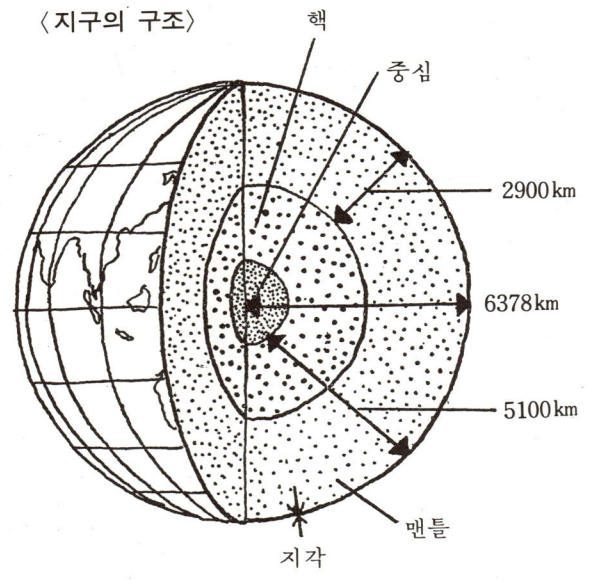

〈지구의 구조〉

핵

중심

2900 km

6378 km

5100 km

맨틀

지각

♣지구 위 한 곳에서 구멍을 뚫고 파 나 가면 어디가 나올까요?

지구의(지구를 본떠 만든 작은 모형)를 보세요. 우리 나라를 찾아 내어, 지면에 구멍을 뚫어 파 나가면 어느 나라에 가게 될까요?

굴을 파는 방향에 따라 바다로 나가기도 하고 육지로 나가게도 될 것입니다.

지구의를 돌리며 어느 나라에 갈 것인가 어린이 여러분이 아빠와 함께 생각해 보세요.

♣돌은 왜 단단하지요?

단단하고 흔해 빠진 것이 돌이예요.

그 옛날 원시인들은 도구를 만드는 재료로서 흔한 돌과 나뭇가지를 이용해서 망치나 활촉을 만들었고 또 돌로 칼을 만들었지요.

돌이 단단하고 무겁다는 것을 잘 이용하였던 것입니다.

박물관에 가 보면 옛날 원시인들이 돌로 만든 도구가 진열되어 있지요. 물론 흙 속에서 발견하여 모아 둔 것입니다.

돌은 지구 그 자체랍니다. 새빨갛게 녹고 있던 것이 차게 굳어 단단한 돌이 된 것입니다.

땅 속을 파 내려가면 단단한 돌덩이인 암석에 부딪칩니다. 암석은 돌의 근원입니다.

그러나, 돌의 단단하기도 여러 가지이며, 쪼개지는 방법도 여러 가지입니다.

〈석제도구〉

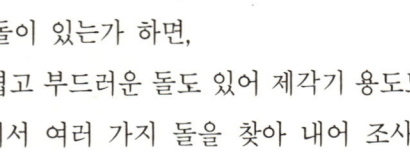

몹시 단단한 돌이 있는가 하면, 반대로 몹시 가볍고 부드러운 돌도 있어 제각기 용도도 다양하지요.

산이나 강가에서 여러 가지 돌을 찾아 내어 조사해 보는 것은 유익하고 재미있는 일입니다.

♣돌은 무엇으로 되어 있나요?

돌은 지구의 조각이랍니다. 지구를 만들고 있는 지각(지구의 겉껍데기)이라는 단단한 부분이 갈라져 되었기 때문입니다.

돌에는 지구 속에서 녹은 돌이 화산에서 흘러 나와 식어서 굳어진 것도 있어요.

모래나 작은 돌이 모여 굳어져 된 것도 있지요.

돌에는 갈면 보석이 되는 것도 있고, 여러 가지 돌이 섞여 있는 것도 있어요. 돌을 잘 조사해 보면 산이 어떻게 해서 생겼는지, 또 지구가 어떻게 되어 있는지 알 수가 있지요.

달에서 가져온 돌을 조사함으로써 달은 언제, 어떻게 만들어졌는지를 분명히 알게 되었어요.

우리는 돌 조각에서 여러 가지를 알 수 있지요. 또 제각기 토질에 의하여 다른 돌도 있답니다. 작은 돌을 여러 곳에서 주워 오면 좋은 추억도 되고 기념품도 되지요.

♣돌에는 어째서 여러 가지 색깔이 있나요?

지구는 여러 가지 재료에 의해 이루어져 있지요.

여러 가지 색의 돌이 있는 것도 여러 가지 돌을 이루는 재료가 많이 있기 때문입니다.

돌의 색이 다른 것은 돌을 이루는 재료나 돌이 될 때의 방법이
다양해서, 눌려서 굳어지거나 열에 녹았던 것이 식어서 된 것 등
여러 가지가 있기 때문입니다.

하나의 돌이 어떠한 재료에 의해서 되어 있나를 조사해 나가면,
원소(화학적 수단으로는 더 이상 분해할 수 없는 물질)가 되지요.
예를 들어 금, 은, 철 등이 그렇고, 산소, 탄소, 수소 등도 그렇지요.

이와 같은 원소가 여러 가지로 이어져서 돌이 된 것이랍니다.
물론 돌만이 아닙니다.
이 지구 위의 모든 것은
전부 원소의 결합으로
되어 있습니다. 물과 알
코올은 같아 보이지만
다릅니다. 물은 산소와
수소로 되어 있지만, 알
코올은 산소와 수소와
탄소로 되어 있지요.

돌의 색깔이 다른 것도

〈돌의 여러 가지〉

화산암

변성암

심성암

사암

돌을 이루는 원소의 결합이 틀리거나, 화강암과 같이 여러 가지
돌이 모여 있기 때문입니다.

♣ 경석은 어째서 가벼울까요?

경석이란 이름은, 원래 돌은 무거운 것이 당연한데 가볍기 때

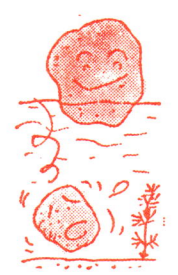

문에 붙은 것입니다.

경석은 물 속에 넣어도 뜰 수 있습니다.

잘 보면 경석에는 작은 구멍이 많이 나 있습니다. 보통 돌은 구멍없이 단단히 뭉쳐 있는 덩어리지요.

작은 구멍이 많이 나 있는 돌이 경석입니다. 그러나, 스펀지와 같이 부드럽지는 않고 단단한 것입니다.

♣ 작은 돌은 어떻게 만들어지나요?

지구는 단단한 돌의 껍데기로 이루어져 있습니다.

이러한 돌 껍데기가 쪼개져 바위나 큰 돌이 되고 점점 작은 돌로 쪼개지고 있는 것입니다. 계곡에 가보면 큰 바위가 많이 있지만, 물이 흘러 강이 된 강기슭에는 작은 돌들이 벌판을 이루고 있지요.

강에서 큰 돌이 떠내려 오면서 부서져 작은 돌이 되며, 다시 서로 부딪혀서 아주 작은 돌이 되는 것입니다. 돌이 강물의 힘에 의해 굴려서 서로 부딪혀 가며 둥글고 작아지는 것입니다. 강물의 흐르는 힘이 작은 돌을 만든다고 말할 수 있습니다.

또, 화산의 폭발에 의해 작은 돌이 많이 날려 쌓여 있는 곳도 있는데, 이러한 작은 돌은 가볍고 자세히 보면 작은 구멍들이 있습니다.

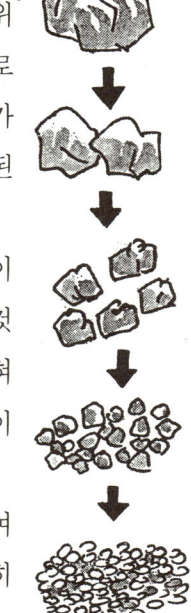

♣콘크리트는 돌인가요?

콘크리트는 시멘트라는 가루에 모래와 자갈을 섞어서 물을 부어 굳힌 것입니다.

사람이 만들어 낸 돌이지요.

물을 부어 부드러울 때, 여러 가지 틀 속에 흘려 넣어 여러 가지 모양을 만들 수 있어 편리하답니다. 돌은 지구가 만들어냈고, 콘크리트는 사람이 만들어낸 돌이지요.

♣공룡의 최초의 알은 어디에서 왔을까요?

공룡의 알이 어디선가 지구 위로 날아와 공룡이 갑자기 생겨난 것은 아닙니다.

지구에 있는 생물들은 작고 간단한 생물에서부터 몇십억년이라는 세월속에 조금씩 변하며, 새로운 생물이 생겨난 것입니다. 물 속에서 여러 가지 물고기가 생겨나 차차 바다에서 강이나 호수에 살 수 있는 물고기로 되었습니다.

이러한 바다나 강이나 호수에서 살고 있는 물고기 중에서 육지에 기어 올라와 살려는 새로운 동물이 생긴 것입니다.

개구리 같은 동물들이지요. 땅과 물 양쪽에서 산다기보다 물과

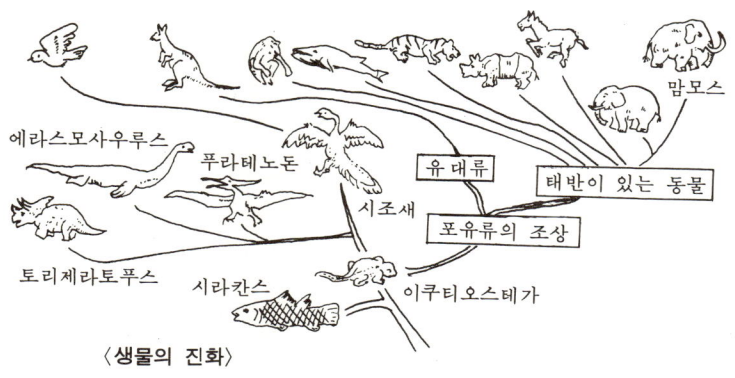

에라스모사우루스
푸라테노돈
시조새
유대류
태반이 있는 동물
포유류의 조상
토리제라토푸스
시라칸스
이쿠티오스테가
맘모스

〈생물의 진화〉

떨어져 육지에서 살 수 없었던 것입니다.

그러나 마침내 땅 위에서만 살 수 있는 동물이 생겨났어요. 그것이 공룡이지요. 최초의 공룡이 생긴 알은 최초의 공룡이 되게 한 동물의 알이 되는 것입니다. 흔히 "알이 앞서는가, 닭이 앞서는가?"라고 말하지만 알이 없으면 닭은 태어날 수 없고, 닭이 없으면 알이 있을 수 없어, 동시라고 이야기 할 수밖에 없지요. 그러나, 최초의 닭이라는 동물을 난 알은 닭과는 다른 새의 알이었을 것이라고 생각됩니다.

♣ 황금이란 무엇인가요?

어린이 여러분, 엄마가 손가락에 금반지를 끼고 계시지요.

그것이 황금이라는 것입니다.

금을 흔히 황금이라고도 말하며, 황금은 빛이 난답니다.

금이라고 부르기보다, 황금이라고 부르는 쪽이 무게가 있고 훌륭해 보이지요?

금은 금속 중에서 가장 아름답고 녹슬지 않고 무거워 귀중하게 쓰여지고 있답니다.

♣ 지진은 어떻게 해서 일어나지요?

갑자기 땅이 크게 흔들리기 때문에 지진은 대단히 무서운 것입니다.

보이지 않는 땅 속에서 생기기 때문에 어떻게 해서 지진이 나는지를 조사하기란 대단히 어려운 일입니다.

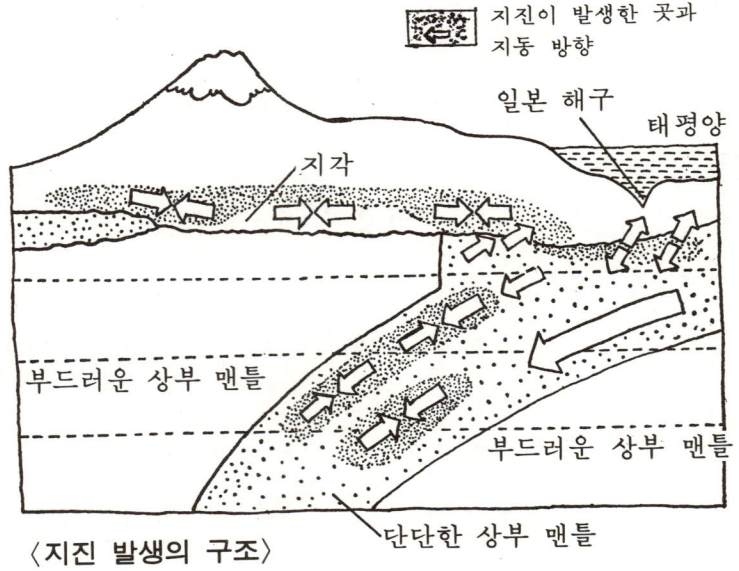

지진이 발생한 곳과 지동 방향

일본 해구

태평양

지각

부드러운 상부 맨틀

부드러운 상부 맨틀

단단한 상부 맨틀

〈지진 발생의 구조〉

땅 속 밑의 깊고 깊은 곳이 어떻게 되어 있나, 그야말로 지구 속의 일을 잘 알지 못하면 지진이 어떻게 일어나는지 알 수 없지 않겠어요?

지구 속 깊은 곳을 알려면 깊은 구멍을 파지 않을 수 없었고, 잠수함으로도 내려갈 수 없는 깊은 바다 밑도 조사하지 않으면 안 되었던 것입니다.

그리하여, 과학자들은 끊임없이 여러 가지로 조사하고 있지요. 지진이 많이 일어나는 이웃 일본은 땅 밑으로 태평양 바닥이 조금씩 잠겨들고 있기 때문이라고 생각되고 있답니다.

땅 속 깊은 곳에서 바위가 미끄러지듯 흐르고 있다는 것입니다. 그러나 언제 어디서 어느 정도의 지진이 일어날 것인가를 알아내는 것은 아직도 조사가 되어 있지 않다는 것입니다.

하루 속히 연구되어야 하겠지요.

♣물은 어째서 없어지지 않을까요?

지구에는 육지보다 넓은 바다가 있습니다.

바다는 많은 물을 가지고 있지요. 그리고, 강이나 호수에도 물이 있고, 높은 산에는 여름에도 눈이나 얼음이 있고, 남극과 북극에는 많은 얼음이 있어요.

한편, 하늘에는 구름이 된 물이 있고, 지구에는 여러 곳에 물이 있는 것입니다. 바다의 물, 강이나 호수의 물, 눈이나 얼음이 되어 있는 물, 구름이 되어 있는 물 등이 지구에 있기 때문에 물은 없어지지 않는 것입니다.

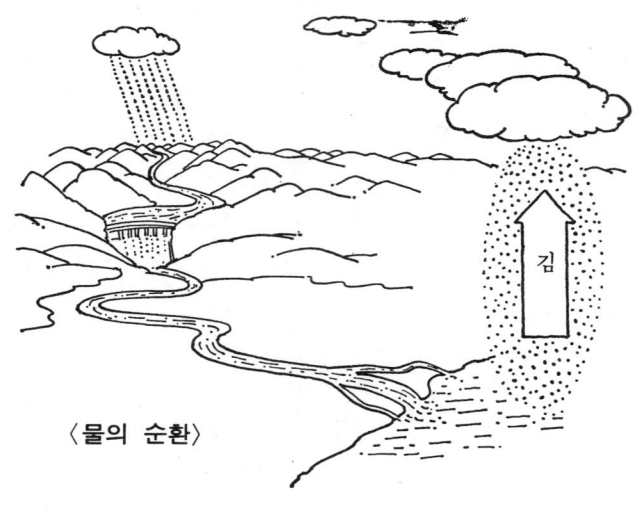

〈물의 순환〉

　만약, 지구에서 이 물이 우주 밖으로 나가 버리면 물은 없어질 것입니다. 그러나, 물이 나가 버리지 않도록 지구가 잡아 당기고 있는 것입니다. 달의 물은 전부 나가 버렸나 봐요. 그래서 달에는 물이 없답니다.

　바다나 강이나 호수의 물이 태양열에 더워져 김(수증기)이 되어 하늘로 올라가 구름이 되고, 비나 눈이 되어 내려온답니다. 비나 눈이 오기 때문에 강이나 호수는 물이 고여, 그것이 강을 통하여 바다로 흘러가지요. 그리고 다시 수증기가 되어 하늘로 올라가는 것입니다.

　이와 같이, 물은 땅 위에서 하늘로, 하늘에서 땅으로 돌고 돌아 강이나 호수의 물이 없어지지 않는 것입니다. 지구의 인력이 우주로 나가 버리지 않도록 잡아 당기고 있는 것입니다.

♣ 비가 오면 물은 왜 고이나요 ?

물방울을 보고 생각했지요 ?

빗물은 땅 속으로 스미거나 낮은 곳으로 흘러 갑니다. 그러나, 땅 위가 단단하여 물이 스며 들지 못하거나 흘러갈 곳이 없으면 내린 빗물은 고이게 됩니다.

너무 고이면 홍수가 되어 집이나 길이 침수됩니다.

내린 빗물을 재서 너무 강우량이 많으면 주의하여 강물이 넘거나 둑이 무너지는 일이 없도록 미리미리 대비를 해야 합니다.

한 시간의 강우량이 10mm라면 1m 사방에 10ℓ의 물이 온 것이 되지요. 1,000cc의 우유곽이 10개인 셈이지요.

♣ 웅덩이의 물은 어디로 갔을까요 ?

물구덩이는 비가 와서 땅 위에 물이 고여 된 것입니다. 그러나 어느 틈엔가 고인 물은 없어져 버리지요 ? 도대체 고인 물은 어디로 갔을까요 ?

물에는 땅 속에 스며 버리는 물과, 햇볕에 말라 공기 속에 작은 물방울이 되어 날아가는 물이 있 어요.

햇볕에 쪼인, 고여 있는 물을 자세히 들여다 보면 수면에서 연기와

같은 김이 올라가는 것을 볼 때가 있지요. 더운 차를 컵에 부으면
올라오는 김과 같지요.

고인 물은 물이 좀체로 땅 속에 스미지 않기 때문에 남는 것이고,
없어지는 물의 대부분은 햇볕에 말라 공기 속으로 나가는, 즉 증
발하여 없어지는 것입니다. 콘크리트나 아스팔트로 포장이 된 도
로에서는 땅 속으로 물이 스며 들지 않기 때문에 햇볕에 말라
증발되기 전에는 없어지지 않아요.

♣ 강물은 쉬거나 잠을 자지 않나요?

물론 강물은 쉬거나 잠자지도 않
고 흐르고 있지요.

도중에 호수나 늪에 들어가 한숨
쉬는 때도 있으나 바다로 나갈 때까
지 쉬지 않고 흘러간답니다.

쉬지 않고 흘러가기 때문에 강물
은 여러 가지 일을 할 수가 있지요.
강을 깨끗이 하고, 물을 맑게 하며, 전
기를 만드는 일도 하지요.

강물이 쉬지 않고 흐르기 위해서는 새로운 물이 산에서 끊임없
이 계속해서 흘러오지 않으면 안되지요. 산에 새로운 물이 생기
려면 비나 눈이 내려야 한답니다.

♣강물은 어떻게 해서 흐르지요?

물이란 낮은 곳으로 흐르게 되어 있지요. 흘려 내리고 싶은 쪽을 낮게 파지 않으면 안 된다는 것을 알았지요?

그러나, 강에 가 보았더니 강은 평평한데 물은 흘러가고 있으니 이상하지 않을 수 없어요.

산 속 계곡에 가 보면 분명히 높은 곳에서 낮은 곳으로 흘러가는 것을 잘 알 수 있지만, 조금 넓은 강이 되면 평평해 보이는 것입니다. 그러나 강물이 흘러가는 쪽이 낮아 흘러가고있는 것이랍니다.

여러분도 어떻게 하면 평평해 보이는 강이 낮아져 있는가에 대해 조사할 수 있나 생각해 보세요.

넓고 큰 강의 둑길을 자전거로 달려 보세요. 물이 흐르는 쪽으로 달릴 때와 반대로 달릴 때와 어느 쪽이 힘이 덜 드는지 알아보세요.

♣강물이 많아지거나 적어지는 까닭은 무엇 일까요?

강물은 비가 온 물이 모여 흘러가는 것입니다. 비가 오면 강물은 불어나고, 비가 안 오는날이 계속되면 강물은 줄어듭니다.

강물은 먼 산에서 바다까지의 길고 긴 흐름입니다.

강에 비가 안 오는데도 강물이 불어나는 것은, 산쪽에서 비가 오고 있기 때문입니다.

또, 산쪽에 댐을 만들어 물을 가두어 두었다가 강물이 적어진 곳에 댐의 물을 풀어 내려 보내기도 합니다.

♣우물 안의 물은 어디까지 이어지고 있나요?

우물 안의 깊은 밑바닥을 보았나요?

들여다 보면 물이 보일 뿐, 물 밑이 계속되어 있는 것 같이 보이기 때문에 어디까지고 이어져 있다고 생각된 모양이지요.

우물에는 바닥이 있어 그 위에 물이 고여 있는 것입니다.

지면 아래쪽에 지하수라고 해서 빗물이 스며 들어 고여 있는 물이 있습니다. 그 물이 있는 곳까지 구멍을 파서 만든 것이 우물입니다.

우물물을 쓰는 일이 점점 적어지고 있어 우물을 들여다 볼 기회가 없게 되었지요.

그러나 우물을 잘못 들여다 보다가 떨어지면 큰일나기 때문에 주의를 해야 합니다.

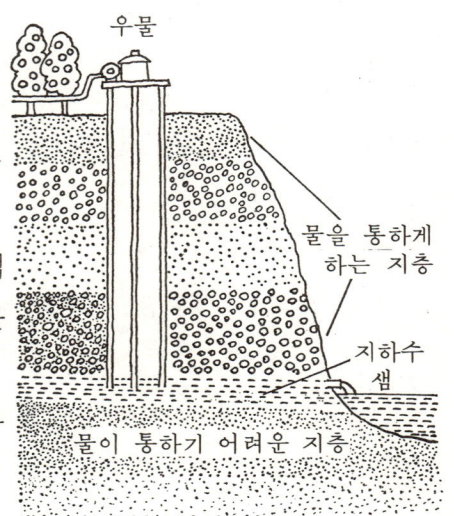

우물

물을 통하게 하는 지층

지하수 샘

물이 통하기 어려운 지층

♣ 수돗물은 어디에서 오나요?
멈추는 일은 없나요?
어떻게 하면 멈추나요?

수돗물이 멈추면 큰일납니다. 세수도 못 하고, 목욕도 못 하고, 밥도 못짓고, 맛있는 과자도 만들 수 없게 됩니다.

수돗물이 없으면 생활을 할 수 없어 살아 나갈 수가 없게 됩니다.

그렇기 때문에 수돗물은 매우 중요하고 멈추면 안 되기 때문에 수돗물이 멈추지 않도록 열심히 일하는 사람들이 있는 것입니다.

수돗물은 댐이나 강에서 물을 받아 깨끗한 물이 되게 하는 못에 넣어 약으로 소독하여 수돗물로 우리들 가정에 보내지는 것입니다.

비가 안 와서 댐에 물이나 강물이 적어져 수돗물이 모자랄 때가 있지요. 비가 오고, 눈이 오는 것은 수돗물이 많아지기 위해서 절대로 필요한 일입니다.

우리 나라는 비나 눈이 오기 때문에 수돗물은 풍부한 셈이지요.

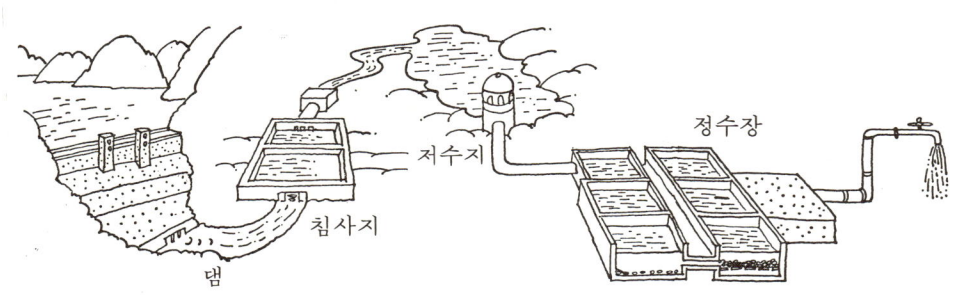

저수지   정수장

침사지

댐

지구상에는 비가 적게 와서 수돗물이 적어 곤란한 나라도 있지요. 수돗물은 언제고 나오기 때문에 얼마든지 써도 좋다는 생각을 버리고, 물을 아껴 쓰도록 우리 어린이들은 노력해야 되겠습니다.

♣ 바다는 어떻게 해서 이루어졌나요? 어디에서 흘러 왔나요?

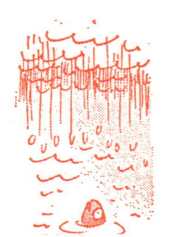

지구가 우주 속에 탄생했을 때, 지구 주위에는 많은 구름이 두껍게 쌓여 있었답니다.

지구는 아주 뜨거운 덩어리였었지요.

그러던 것이 지구는 점점 식어지면서부터 구름에서 비가 계속 내려 지구 표면에 강을 만들고 호수를 만들었던 것입니다. 그리하여 지구 표면의 낮은 곳에 물이 고여 바다가 된 것입니다. 바다가 될 정도로 많으 물이 구름이 되어 있었던 것이지요.

지구에 바다가 생길 정도로 많은 물이 있다는 것은 달, 금성, 목성, 화성과는 다른 현상입니다. 지구에는 넓은 바다가 생겨서 그 바닷물 속에서 생명이 태어나고 여러 가지 식물이나 동물이 생겨나고, 인간도 생겨났던 것입니다.

♣ 바다는 어디까지 이어지고 있을까요?

바닷가에 서서 바다를 보면 멀리까지 이어지고 있습니다.

어디까지 이어지고 있는지 작은 배를 타고 나가 보아도 끝없이 이어져 있습니다.

옛날부터 바다는 어디까지 이어져 있는지, 바다 저편에 무엇이 살고 있을까 하는 것이 의문이었어요.

옛날 사람들은 이것을 알기 위하여 처음에는 작은 배로 며칠을 가 보았으나 바다는 계속 되었으므로, 다시 돌아와 이번에는 큰 배에 많은 식량을 싣고 바다로 나가는 등, 바다가 어디까지 이어졌나를 알기 위해 끊임없이 노력하였던 것입니다.

부산항에서 배로 일본을 돌아 태평양 바다에 나와 계속 동으로 나가면 미국에 도착하게 됩니다. 미국을 돌아 대서양으로 나가 바다 위를 동으로 계속 나가면 유럽이 됩니다. 유럽에서 남으로 아프리카를 돌아 인도양을 건너 남지나해를 지나 부산항에 돌아올 수가 있지요.

바다는 어디까지나 이어져 있습니다. 지구의로 바다 여행을 해 보세요.

♣ 바다 저쪽에는 무엇이 있을까요 ?

바다 저쪽에는 무엇이 있는지 작은 배밖에 없었던 옛날부터, 사람들은 알고자 애를 썼어요. 해가 뜨거나 지기 때문에 해님이 무엇을 하고 있는지 알고 싶어했어요.

무엇이 파도를 만들고, 새는 어디서 날아오며,

또 어떻게 생겨나는지 하고 말이예요.

비구름이 생겨 하늘 높이 올라가는데 과연 바다 저쪽에는 무엇이 구름을 만드는지? 등등 많은 것들이었어요.

바다 저쪽에 무엇이 있나 바닷가에서 보아도, 작은 배를 타고 나가 보아도 넓은 바다는 계속 되고만 있을 뿐이었어요.

그래서, 옛날 사람들은 여러 모로 생각했어요. 먼 바다를 향해 기원하는 사람들은 바다 저쪽에 하느님이 계신 것으로 생각하였던 것입니다.

어린이 여러분은 바닷가에서 넓은 바다를 바라보며, 바다 저쪽에 어떤 세계를 상상하고 있는지요?

♣ 바닷물은 어디로 흐르고 있나요?

바닷물은 바다 속에서 흐르고 있는 것이예요.

큰 풀장에서 물이 빙글빙글 돌며 흐르고 있듯이 바다 속에도 여러 가지 흐름이 있답니다.

우리 나라 해안 깊숙한 곳에는 열대 지방에서 흘러 들어오는 따스한 바닷물 흐름과 북극 쪽에서 흘러 들어오는 차가운 바닷물 흐름이 있답니다.

바다 속에는 여러 가지 많은 물고기가 살고 있는데, 이 바닷물 흐름이 물고기를 잡는 데 대단히 중요한 역할을 하고 있습니다.

옛날 사람들은 이 바다 흐름에 배를 띄워 멀리까지 여행을 하여 여러 곳으로 건너갔던 것입니다.

해수욕을 하는 해안에도 흐름이 있어 헤엄치고 있는 사람이 이 흐름에 흘러가는 수가 있습니다.

♣ 물은 맑은데 어째서 바닷물은 파랗지요 ?

 파랗게 보이는 바닷물을 컵에 담아보면, 파랗지 않은 맑은 물이지요.

파랗게 보이는 바닷물은 비쳐 보이는 맑은 물입니다.

바다에서 파랗게 보이지 않는 물은 흐린 물일 것입니다.

늪이나 강에서 흐려 있는 물은 파랗게 보이지 않습니다.

파랗게 보이는 바다나 호수의 물은 깨끗이 비쳐 보이는 물이지만, 맑고 푸르른 하늘일 때는 깊은 곳에서는 파랗게 보이는 것입니다.

흐려 있거나, 비가 오고 있거나, 또 낮 동안에 파랗게 보였던 바다나 호수도 밤에는 파랗게 되지 않습니다.

바다나 강이라도 얕아서 밑바닥이 비쳐 보이는 가장자리에서는 파랗게 보이지 않는답니다.

♣ 바닷물은 왜 짠가요 ?

바다 속에는 소금이 녹아 있기 때문이예요.

어떻게 해서 소금이 녹았을까요 ?

그것은 땅 속에 있는 여러 가지 소금이 땅위에 내린 빗물에 녹아 바닷속으로 흘러들어 간 것입니다.

지구가 생겨났을 때는 풀, 나무, 동물들도 없었습니다.

화산의 세찬 폭발이 계속되고, 매일매일 비가 오는 날이 많아, 물은 점점 낮은 곳으로 고여 바다가 생겨났어요.

이 바다에 물이 고일 때까지 빗물은 풀도 나무도 없는 땅위를 흘러, 여러 가지 소금을 녹여 바다에 모았던 것입니다.

바다가 되어 바닷물이 햇볕에 의해 소금만 바다에 남고 물은 증발하여 구름이 되어 하늘로 올라간 것이 다시 비가 되어 땅 위를 흘러 소금을 바다에 운반하였어요.

이와 같이, 오랜 동안 되풀이 되어 바다를 짜게 만들었던 것입니다. 지구에는 땅 위에서 소금을 파 내는 곳도 있고, 호수에서 바다와 같은 소금이 나는 곳도 있지요. 물론 우리 나라는 아니어요. 최초의 생명이 바다에서 태어난 것도 짠물이었기 때문이라고 생각됩니다. 우리들 사람 몸의 핏속에 링게르주사라고 하여 소금물을 주사할 수도 있는 것은 혈액이 바닷물과 닮았다는 것으로, 우리들의 생명이 바다와 연결되어 있기 때문이라고 생각할 수 있지요.

♣ 어째서 바다에는 파도가 치나요?

바다에 가면 파도가 밀려오고 있지요. 바다에는 늘 파도가 일고 있습니다.

큰 강이나 호수에서는 바다와 같은 파도를 못 보는데 어째서 바다에만 파도가 있는 것일까요. 언제나 똑같은 파도가 이는 것으로 생각하지만 잘 주의해서 보고 있으면 높은 파도가 밀려오는 해변과 작은 파도가 밀려오는 해변이 있지요.

거기에다 같은 해안이라도 언제나 같은 파도가 밀려온다고 할 수는 없어요.

파도는 넓은 바다 위에 불어오는 바람에 의해 일어나지요. 불어오는 바람의 힘에 따라 다르지요.

태풍이 가까와지면 파도가 높아지는 것이 이와 같은 이유입니다.

바닷가에서 바람이 불지 않아도 먼 곳에는 부는 바람 때문에 파도는 밀려오는 것이랍니다.

먼 바다에서 밀려오는 파도가 그대로 부딪치는 해변에 방파제를 쌓아 파도를 막으면 파도가 작아지지요.

큰 파도는 넓은 바다에서 강한 바람이 몰아칠 때 이는 것입니다. 좁은 수면의 연못이나 강에서는 바람이 몰아쳐도 작은 파도만 생기지요.

♣파도는 어째서 밀려 왔다가 다시 나가나 요? 쉬지도 않나요?

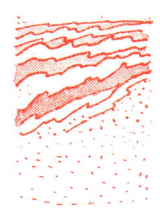

바닷가에 서 있으면 파도가 밀려 왔다가 다시 돌아가지요.

파도가 밀려올 때는 도망치고, 돌아갈 때는 쫓아가며 노는 것은 즐거운 일이지요.

몇 차례고 되풀이하여 놀고 있으면 점점 피로해지는데 조금도 변함없이 쉬지 않고 밀려 왔다가는 돌아가지요.

조금 쉬어도 좋을 텐데. 라고 생각해도 파도는 조금도 쉬지를 않아요.

바닷가는 바다보다 높기 때문에 파도가 힘들여 높은 곳까지 바닷물을 밀어 올려도 바닷물은 낮은 쪽으로 흐르기 때문에 밀어 올리는 힘이 약해지면 돌아가는 거예요. 이같이 파도가 돌아가기 때문에 다음 파도가 생기는 것이지요.

돌아가는 바닷물에 튜브를 띄워 놓으면 다음 파도로 되돌아오지요. 파도는 바닷물을 바닷가에 밀어 올렸다가 돌아가는 일을 되풀이하고 있는 것입니다.

♣밤이 되어도 파도는 멈추지 않나요?

밤에 바닷가에 나가 보면 알 수 있지요.

달이 떠 있는 밤이면 반드시 아름다운 파도를 볼 수 있을 거예요. 낮보다는 파도치는 소리를 더욱 분명히 들을 수 있답니다.

밤에 높은 곳에서 파도가 밀려 오는 것을 보면, 때로는 파르스름하게 비친 파도를 볼 수 있지요.

바닷속에 살고 있는 야광충이 파랗게 비쳐 마치 형광등 같은 빛을 내지요. 파도는 여러 어린이들이 자는 밤에도 쉬지 않고 밀려 왔다가 돌아가고 있답니다.

♣ 하늘에도 바다가 있나요?

파란 하늘을 보고 있으면 바다와 같지요.

그래서 하늘에도 바다가 있을까? 하고 생각한 모양이군요.

그러나 하늘 높이 로켓으로 날아가 보아도 바다는 없답니다. 공기가 있는 하늘보다 더욱 높은 하늘에 올라가 보아도 바다는 없고 넓은 우주만 있을 뿐입니다.

바다는 물로 되어 있어 지구의 표면에만 있지요.

하늘은 해나 달이나 별이 있는 넓은 우주에 이어지고 있는 것입니다.

♣ 얼음은 어째서 차가운가요?

물을 차갑게 하여 만든 것이 얼음이예요.

우리들이 얼음을 손으로 쥐면 차갑게 느껴지는 것은 손이 얼음보다 따뜻하기 때문입니다.

목욕을 할 때, 한쪽 탕에는 찬물, 또 한쪽탕에는 더운물을 넣어 두고, 찬물에 넣었던 손을 더운물에 넣었을 때와, 더운물에 넣었던 손을 찬물에 넣었을 때와는 어떻게 느낌이 다른지 실험해 보세요.

따뜻하게 느끼거나 차갑게 느끼는 정도가 다를 거예요.

♣얼음은 왜 위에서부터 얼까요?

 얼음은 제일 차가운 곳에서부터 어는 것입니다.

연못에서는 표면이 차가운 공기에 닿아 제일 먼저 차가와지기 때문에 위에서부터 어는 것입니다.

차가운 공기가 호수의 수면을 점점 차갑게 하면 차가와진 물은 무거워져 밑으로 가라앉고, 그보다 차갑지 않은 물이 수면에 떠올라 옵니다.

그 물도 역시 수면에서 차갑게 되면 가라앉지요.

이와 같이, 차갑게 되어서 가라앉는 일을 반복하여, 호수의 물이 얼 만큼 차가와졌을 때 어느 것입니다.

냉장고에서 얼음을 만들 때, 물이 전부 얼음이 되기 전에 꺼내어 어떻게 얼고 있나를 조사해 보고, 여러 가지 그릇에 물을 담아 얼려 보면 어디서부터 어는지 알 수 있을 거예요.

물리 · 화학현상

♣공기는 왜 눈에 안 보일까요?

공기는 보이지 않고, 냄새도 없고, 맛도 없어 공기가 있다고 느끼지 못하는 것입니다.

공기는 사람의 눈으로는 볼 수 없을 만큼 작은 것의 모임입니다.

끓는 물에서 흰 김(증기)이 나는 것을 본 적이 있겠지요. 그러나 곧 없어져 버립니다.

흰 김이 더욱 작아져서 공기 속에 떠 있는 것을 사람의 눈으로는 볼 수 없기 때문입니다.

보이지 않더라도 물의 작은 알갱이(입자)가 공기 속에 떠 있는 것이랍니다.

공기는 물의 알갱이보다도 더 작은 산소나 탄산가스등 작은 알갱이로 되어 널려 있는 것입니다.

난로의 주위를 잘 보면 가물가물 흔들리고 있는 것같이 보이는 것이 있습니다. 그것은 따뜻해진 공기가 움직이고 있는 것입니다.

♣공은 왜 튀나요?

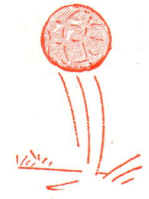

공 속에 공기를 가득 채웠기 때문입니다.

공을 만들고 있는 고무가 튀는 것이 아니고, 공 속에 가득 차 있는 공기가 튀는 것입니다. 고무는 자유롭게 늘어나고 줄어 들기 때문에 공기가 튀는 것과 같이 튀는 것이랍니다.

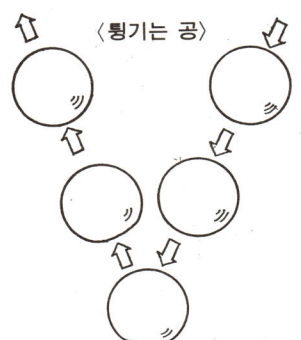

〈퉁기는 공〉

공 속의 공기가 적을 때, 고무 공은 튀지를 않습니다. 공속에 들어가 있는 공기가 적기 때문에 공기가 튀지 않는 것입니다

공 속에 공기를 잔뜩 넣으면 공이 잘 튄답니다.

♣ 물이란 어떤 것인가요?

물은 늘 우리 주위에 있어 컵에 담아 마시기도 하고, 목욕도 하고, 물놀이도 하여 지극히 당연한 것으로 보고 있는 것이 보통이지요.

그렇기 때문에 물을 조금도 이상하게 느끼지 않는 사람들이 많답니다.

물을 이상하게 느끼고, 물이란 어떤 것인가 하고 생각한 것은 참으로 좋은 일입니다. 물은 비쳐 보이며, 빛깔도 없고, 맛도 없으며, 물은 많이 있어 풀이나 나무나 동물들도 모두가 살아가는 데 필요한 것입니다.

물이란 산소의 원자 하나와 수소의 원자 두 개가 결합하여 되어 있지만, 산소와 수소의 원자는 눈에 보이지 않는데, 두개의 원자가 결합하면 물이 된다는 것은 이상하다고밖에 달리는 말할 수가 없답니다.

♣물은 어떤 색깔인가요?

크레용으로 그림을 그릴 때, 파란색을 물빛이라고 말합니다. 그러나, 컵 속에 담은 수돗물도 연못이나 강에서 떠 온 물도 파란색을 하고 있지 않고 맑게 비쳐 보입니다.

물은 푸른 하늘 밑의 깊은 강이나 호수에서는 파랗게 보입니다.

그러나, 물이란 투명하고, 색깔이 없는 것입니다.

색깔이 없기 때문에 그림물감으로 여러 가지 색에 물을 타서 그림을 그릴 수 있는 것입니다.

♣물이나 유리는 어째서 비쳐 보이나요?

물, 유리, 비닐 등 투명한 것은 빛을 비쳐 보이는 것이랍니다.

투명한 것이 거기에 아무것도 없는 것처럼 보이는 것도 비쳐서 저쪽에 있는 것이 보이기 때문이랍니다.

그러나, 어째서 투명한가요라고 질문하면 곤란하지요. 투명한 물질입니다. 라고 대답할 수 밖에 없습니다. 대단히 어려운 일이랍니다.

♣ 물에는 떠 올리는 힘이 있나요?

물에는 물건을 떠 올리는 이상한 힘이 있습니다.

세숫대야를 목욕탕 물에 띄워 대야의 밑바닥을 손으로 눌러보세요.

대야를 가라 앉히려는 힘을 밀어 내고 제자리로 되보내려는 힘이 있습니다. 누르고 있던 손을 갑자기 떼면 대야가 튀어 오르듯 떠오를 것입니다.

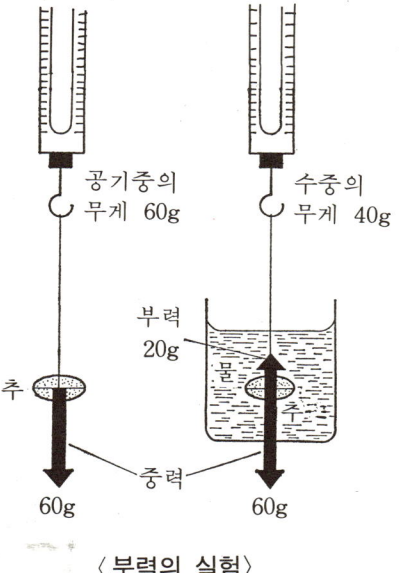

공기중의 무게 60g
수중의 무게 40g
부력 20g
추
물
중력
60g
60g

〈 부력의 실험 〉

물 속에는 제자리로 밀려는 힘이 있습니다. 어떻게 해서 그러한 힘이 물 속에 있는 것일까요? 이것이 물의 이상한 점입니다. 알아 보도록 노력하세요.

♣ 사람은 왜 물에 뜨나요?

사람의 몸이 물보다 가볍기 때문입니다.

　　사람의 몸 전체와 같은 모양의 얇은 비닐 포대의 인형을 만들어 물을 채운 것과 사람이 시이소의 양쪽에 타면, 비닐 포대 인형쪽이 조금 무겁습니다.

　이와 같이, 같은 크기의 물과 비교하여 물쪽이 무거울 때 뜨는 것입니다.

　그러나 사람의 경우, 물쪽이 조금 무거울 뿐이기 때문에 떠도 몸은 수면에 조금밖에 나오지 않는 답니다.

　풀장에서 다른 어린이가 양쪽 팔다리를 펼쳐 떠 있는 것을 보면 알 수 있지요. 여러 어린이도 직접 해 보세요.

♣어른이 욕탕에 들어가면 어째서 욕탕 물이 넘칠까요?

　　아빠와 함께 목욕탕 속에 들어가면 갑자기 탕 안의 물이 넘쳐 흘러 버리는 수가 있지요.

　　아빠의 큰 몸이 들어가면 그 몸의 분량만큼 물이 올라와 넘쳐 흐르지요.

　　탕에서 나와 물을 보면 물이 준 것을 알 수 있습니다. 탕에 물을 가득 채우고 어린이가 들어가 보아도 역시 물은 넘칩니다.

　어린이가 들어갈 때 탕물이 넘치지 않아도 잘 주의해 보면 물의 높이는 높아져 있어요. 거기에다 아빠의 큰 몸이 들어가면 물 높이는 더욱 높아져 물이 넘쳐 흐르는 것입니다.

　아빠가 아니라도 친구들과 함께 들어가도 넘칠 것입니다.

♣크고 무거운 철로 만들어진 배는 어떻게 해서 뜨나요?

분명히 무거운 것을 물에 넣으면 가라앉습니다.

그러나, 무겁기 때문에 가라앉는다는 것만으로는 물에 뜨거나 가라앉거나 하는 것을 옳게 설명하는 것이 아닙니다.

배는 철로 만든 큰 상자입니다. 철은 무거운 것이지만, 얇게 펴서 상자를 만든 것입니다.

철판으로 물이 스며 들지 않게 상자를 만들어 띄우면 뜨게 되는 것입니다.

사기로 만든 사기주전자나, 유리컵은 무겁게 느껴지지만 물 위에 살그머니 놓으면 뜰 것입니다.

단지 무겁기 때문에 가라앉는다는 것이 아니고 상자와 같이 만들면 뜨는 것입니다.

〈물에 뜨는 철제 배〉
공기
철
무겁다 > 가볍다
물

〈가라앉는 철의 덩어리〉
무겁다 > 가볍다
철
물

♣튜브를 사용하면 어째서 뜨나요?

튜브 속에는 공기가 가득 채워져 있습니다.

같은 튜브 속에 물을 가득 채운 것과 비교하면 공기를 채운 튜브는 대단히 가볍습니다. 그렇기 때문에 튜브는 물 위에 뜨는 것입니다.

그 튜브의 뜨는 힘이 우리들의 몸을 띄워 주는 것입니다.

튜브가 너무 작으면 띄워 주는 힘이 약해서 띄워 주지를 않습니다. 튜브는 클수록 띄워 주는 힘이 강해지는 것입니다. 공기는 주위에 있는 여러 가지 중에서 가장 가벼운 것입니다.

♣ 왜 물 위는 걸을 수 없나요 ?

소금쟁이는 물 위를 걷고 있습니다. 그러나 사람은 걸을 수 없습니다.

〈소금쟁이〉

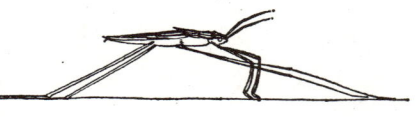

소금쟁이의 다리를 잘 보면 수면에 뻗치고 있는 발에 가는 털이 나 있으며, 털에는 기름이 묻어 있어 물을 튀기고 있답니다.

이 기름을 세제로 씻어 버리면 다리가 물속으로 들어가 걸을 수 없게 된답니다.

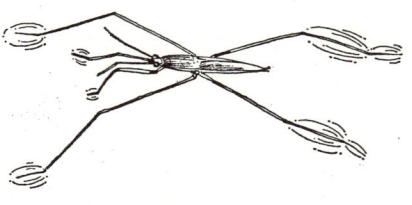

사람도 가볍고 긴 스키 같은 것을 신으면 걸을 수 있을겁니다. 그러기 위해서는, 가볍고 사람의 몸무게를 물 위에서 충분히 띄울 수 있는 힘을 갖는 기계를 만들지 않으면 안될 것입니다.

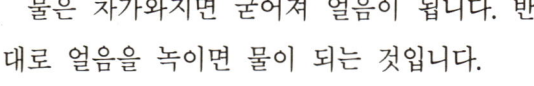

♣ 어떻게 해서 물이 얼음이 되나요?

물은 차가와지면 굳어져 얼음이 됩니다. 반대로 얼음을 녹이면 물이 되는 것입니다.

물이란 작은 현미경으로도 볼 수 없는 산소와 수소라는 분자의 알갱이가 모여서 된 것입니다.

모래의 알맹이를 물의 분자로 생각하고 모래사장의 모래가 물의 모습이고, 단단한 경단이 얼음이라고 생각해 보세요.

모래의 알맹이가 단단하게 엉겨 있듯이 물의 분자가 단단하게 엉겨 있는 것이 얼음으로, 모래사장의 모래 알맹이가 서로 움직이고 있듯이 물의 분자가 마음대로 움직일 수 있을 때가 물인 것입니다.

차갑게 하면 물의 분자가 단단히 엉겨 얼음이 되어 버립니다.

반대로 얼음을 녹이면 물의 분자가 떨어져 움직일 수 있게 된답니다.

♣ 아이스크림은 왜 차가운가요?

아이스크림은 차갑고, 부드럽고, 입 속에 넣으면 스르르 녹기 때문에 맛이 있지요. 차갑지가 않으면 맛이 없겠지요.

아이스크림은 차갑게 만든 과자랍니다.

우유나 설탕을 물에 섞어 차갑게 하여 단단하게 얼지 않도록 만든 것이지만, 그러나 얼음이기 때문에 차가운 것입니다.

사람들은 단단하지 않고 물렁물렁한 얼음을 생각하여 만들어 낸 것입니다.

여러분은 얼음을 잘게 깨뜨려서 물에 띄워 얼음물을 먹어본 일이 있겠지요. 얼음물을 잘 들여다보면 얼음 알맹이를 볼 수가 있을 것입니다.

아이스크림의 얼음 알맹이는 가루같이 작은 얼음 입자로 되어 있답니다.

♣ 드라이 아이스를 물에 넣으면 어째서 흰 연기가 날까요?

드라이 아이스란 말은 마른 얼음이라는 뜻입니다.

보통 얼음은 녹으면 물이 되지만 드라이아이스는 녹아도 물이 되지 않기 때문입니다.

드라이 아이스는 물로 만든 얼음이 아니고, 이산화탄소라는 가스(기체)로 만든 얼음인 것입니다. 그렇기 때문에 녹으면 가스가 되어 공기 속으로 나가는 것입니다.

이산화탄소라는 가스는 얼음을 만드는 것보다 더 차갑게 해서 만든 것이기 때문에 얼음보다도 더 차답니다.

얼음은 손에 쥘 수 있지만 드라이 아이스는 매우 차갑기 때문에 손에 쥐면 피부가 상하게 되니까 손에 쥐어서는 안됩니다. 드라이 아이스를 물 속에 넣으면 부글부글 가스가 생겨 흰 연기같이 보인답니다.

물 속에서 꺼낼 때 물과 같이 되어 나오기 때문입니다.

흰 연기에 종이를 대면 어떻게 되는지 시험해 보세요.

♣ 드라이 아이스를 만지면 어째서 화상을 입지요?

너무 차가운 것에 손이나 피부가 닿으면 피부가 상합니다.

화상이란 불이나 뜨거운 물에 피부가 상하는 것을 말합니다.

드라이 아이스는 얼음보다도 더 차갑기 때문에 피부가 상하게 되는 겁니다. 스키를 탈 때 스키의 차가운 쇠붙이에 피부가 달라붙어 덴 것같이 되어 버리기도 합니다.

피부는 너무 차가운 것이나, 뜨거운 것에는 약하기 때문에 주의해야 합니다.

♣ 데운 물은 왜 뜨거운가요?

물 속에 열을 가득 넣은 것이 뜨거운 물입니다.

주전자에 물을 담아서 불에 데우면 열이 물 속으로 옮겨 간답니다.

물 속에 열이 많이 옮겨 가면 부글부글 끓어 그 이상 들어갈 수 없게 되지요. 그 때의 온도를 섭씨 100도라고 합니다.

그러나, 더운 물을 주전자에 담아 두면 열이 점점 도망쳐서 결국에는 차가운 물로 되돌아 갑니다.

♣ 피아노는 '도, 레, 미……'의 소리를 어떻게 낼까요?

피아노의 소리를 조사하여 '도, 레, 미……' 소리가 바르게 나올 수 있게 조율할 때가 있지요. 그 때, 피아노 속을 자세히 들여다 보도록 하세요.

피아노 속에는 많은 피아노 선이 강하고 단단한 철사줄로 뻗어 있어, 건반을 두드리면 그 선을 해머가 두드려 소리가 나는 것입니다.

피아노 건반의 수만큼 피아노 선이 있습니다. '도'의 소리를 내는 피아노 선, '미'의 소리를 내는 피아노 선이 있는 것이지요.

결국, 피아노 선의 굵기나 길이를 달리함으로써 '도, 레, 미, 파, 솔, 라, 시, 도'의 소리를 내게 만들어진 것입니다.

바이올린이나 가야금 줄과는 다르지만 소리를 만드는

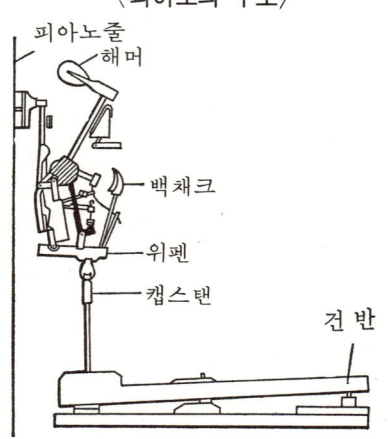

〈피아노의 구조〉

- 피아노줄
- 해머
- 백 채크
- 위펜
- 캡스탠
- 건 반

방식은 같은 것입니다.

♣ 레코드는 왜 이야기를 하거나 노래를 부르기도 하지요?

레코드 바늘을 레코드판 위에 놓으면 바늘은 점점 안쪽으로 돌아 들어 갑니다.

레코드에는 아주 가는 바늘 끝이 들어가는 작은 홈이 소용돌이 모양의 곡선으로 있어, 바늘이 바깥쪽에서 안쪽으로 돌아 들어 갑니다.

이 홈이 우툴두툴해 있기 때문에 바늘이 작게 흔들리는 것입니다.

이 흔들림을 소리로 하는 기계가 플레이어(연주하는 기계)와 앰프(증폭기)입니다.

레코드에는 이야기나 노래가 되도록 홈이 파여져 있습니다.

요즈음에는 레코드에 바늘을 사용하지 않고 레이저 광선으로 소리를 만드는 것도 나왔답니다.

♣ 레코드에 어떻게 소리를 넣을 수 있나요?

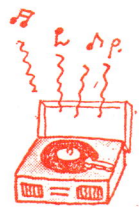

실 전화를 알고 있는지요?

둥근 통에 화선지나 파라핀 종이를 덮은 것 두 개를 만들어 실로 연결한 것입니다.

한 어린이는 실을 팽팽히 잡아당겨 통에 대고

이야기를 하고, 또 한 어린이는 통에 귀를 대면 통 속에서 말소리가 들려 옵니다. 이는 실을 통해서 소리가 전달되어 들리는 것이랍니다. 그것은 이야기를 하면 통에 덮힌 종이의 떨림이 실로 옮겨져 또 하나의 다른 통의 종이를 떨게 하여 소리를 만들어 들리게 하기 때문입니다.

레코드는 실 전화의 종이 대신 레코드 바늘이 떨리는 것으로 바꾸어 레코드판 위에 바늘의 떨림(진동) 그대로를 파 놓은 것입니다.

레코드의 바늘이 들어가면 가는 선 모양의 홈은 소리를 떨림과 똑같이 파이고 있는 것

90°

홈의 확대

입니다. 레코드에 바늘을 놓으면, 바늘이 홈속에 파여진대로 떨려, 그 떨림이 소리가 되는 것입니다.

레코드는 소리를 바늘의 떨림으로 바꾼 것입니다.

♣ 어떻게 해서 오르골은 울리나요?

상자를 열면 귀여운 소리로 아름다운 멜로디가 들려와 마치 상자 속에 소리가 들어 있는 것같이 느껴집니다.

작은 상자의 오르골에 어떻게 해서 많은 소리가 담겨 있는지 알고 싶어 상자 속이 보고 싶지요?

오르골 속에는 밖에서 볼 수 없게 소리를 내는 기계가 들어

있답니다.

속의 기계가 보이는 것도 있답니다.

오르골은 작은 것에서부터 손으로 핸들을 돌리는 큰 것도 있습니다.

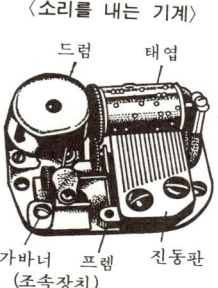

〈소리를 내는 기계〉

드럼 태엽

가바너 프렘 진동판
(조속장치)

♣ 어떻게 해서 그림자의 그림은 예쁘게 보이나요?

그림자의 모양이 희미해지지 않고 잘 비치는 것을 이상하게 느낀 모양이지요.

그림자라면 검은 그림자가 보통인데 빨강, 파랑, 노랑 등의 아름다운 색이 있는 그림자가 이상한 모양이지요.

그림자가 비치는 곳과 빛을 내는 곳 사이에 물체를 놓아 실험해 보면 알 수 있습니다.

비치는 장소 가까이에 물건을 놓으면 그림자는 분명히 비치고, 비치는 장소에서 멀어져 빛이 나는 곳으로 다가설수록 그림자의 모양은 희미해집니다.

여러 가지 색을 내려면 여러 가지 색의 빛을 만들면 됩니다.

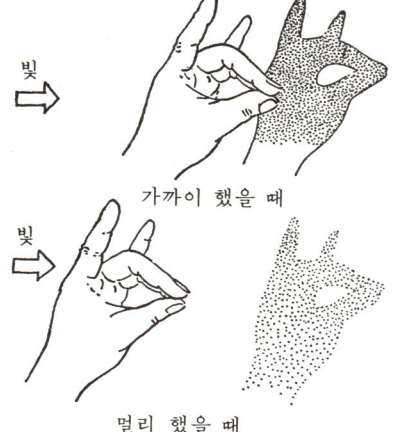

빛 ⇨

가까이 했을 때

빛 ⇨

멀리 했을 때

제일 간단한 것은 색 셀로판지나 색 비닐의 뒷면에서 빛을 비치는 일입니다.

회중 전등의 렌즈 앞에 빨강, 파랑의 셀로판지를 붙여 미닫이에 비쳐 보세요. 이 빛을 미닫이에 대고 그림자 놀이를 해 보면 잘 알 수 있습니다.

교회의 스테인드글라스를 알고 있겠지요. 색채가 있는 유리를 끼워 그림자를 만들어 밖의 빛을 통하여 보는 것입니다.

♣왜 거울은 비치나요?

거울이란 이상한 것입니다.

옛날에 자기 얼굴을 거울에 처음 비쳐 본 사람이 자기의 얼굴이 비치고 있는 줄은 모르고 깜짝 놀랐답니다.

옛날 사람들은 수면에 자기 얼굴을 비쳐 보아 왔습니다. 이것을 수경이라고 했답니다.

그 때부터 동이나 철 같은 금속을 만들게 되고, 원형의 동이나 철을 닦아 거울을 만들게 된 것입니다.

옛날에는 거울은 대단히 소중한 것으로 가지고 있던 사람이 많지 않았습니다.

유리 거울이 만들어지고부터 많은 사람들이 거울을 갖게 되습니다.

창 밖이 어두운 밤, 유리창에 자기 얼굴을 비출 수가 있지요. 그러나 낮에는 밖이 잘 보여 비치지 않습니다.

유리에 잘 비치도록 유리의 뒤쪽을 특별히 만든 것이 거울입니다.
왜 비치는가는 빛에 대한 것을 공부할 때 알게 될 것입니다.

♣ 소라껍질을 귀에 대면 왜 소리가 들려 오나요?

소용돌이 무늬의 소라껍질을 귀에 대면 바다
소리가 들려 오는 것 같지요.

분명히 소리가 들려와 바닷가에 있는 것같은
기분이 들지요. 조개껍질은 바다에 있었던 것
이어서 바다소리가 들어가 있을까요?

그러나 조개껍질에 바다의 소리가 들어가 있을 수는 없고 병이나,
주전자의 벌려져 있는 곳에 귀를 대도 소리가 들리게 됩니다. 그것은
주위의 소리가 병이나 주전자나 조개껍질속의 공기에 전달되어
들리기 때문입니다.

나선형의 소라껍질뿐만이 아니고, 모시조개나 대합의 껍질로는
들을 수 없는지 실험해 보세요.

♣ 확대경으로 보면 어째서 크게 보일까요?

확대경을 통해서 보면 크게 보이는 것은, 크게
보이게 만든 렌즈를 사용했기 때문입니다.

아빠가 안경을 끼고 계시면 빌려서 실험해 보

세요. 크게 보이면 그것은 확대경처럼 크게 보이도록 만든 렌즈입니다. 작게 보이면 그것은 확대경과는 달리 작게 보이도록 만든 렌즈입니다.

안경의 렌즈에는 두 가지가 있습니다. 잘 닦은 숟가락에 물건을 비쳐 보세요. 움푹 패인 쪽은 작게 보일 것입니다. 불룩나온 쪽은 크게 보일 것입니다.

물건을 크게 비치기도 하고, 작게 비치기도 하는 거울도 있답니다.

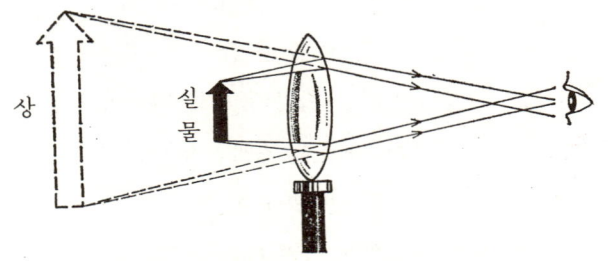

〈확대경으로 크게 보는 구조〉

♣ 카메라는 어떻게 사물을 찍나요?

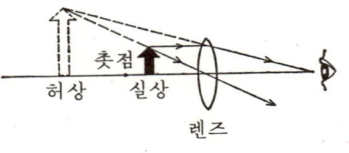

확대경을 반투명 유리창이나 미닫이 밖에 놓고, 확대경을 반투명 유리나 미닫이보다도 멀리 움직이거

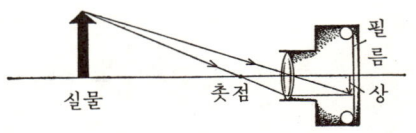

〈렌즈를 통해 보이는 모양과 카메라의 구조〉

나, 가까이 움직이면, 밖의 경치가 거꾸로 반투명 유리나 미닫이 종이에 비칠 것입니다.

이것이 카메라의 원리입니다. 카메라는 렌즈가 붙어 있는 상자로 밖의 경치를 작게 하여 필름에 찍는 것입니다.

필름은 밖의 경치의 모양과 색을 분명하게 잡을 수 있게 만들어졌습니다.

필름은 처음에는 흑백으로 촬영되었는데 오늘날에는 색채도 정확하게 잡을 수 있는 칼라 필름이 나왔습니다.

확대경을 상자에 붙여 카메라를 만들어 보세요.

♣목욕탕 물에 손을 넣으면 어째서 짧아 보이나요?

목욕탕 물에 손을 넣으면 분명히 손가락 길이가 짧아 보입니다.

그러나 손이 나오면 그렇지 않습니다. 물론 짧아진 것같이 보이는 것 뿐입니다.

손을 물에 넣고 물 밖에서 보면 짧아져 보이는 것은, 빛이 물 속에 들어가 반사되기 때문입니다.

빛과 물의 관계가 손을 짧아 보이게 하는 것입니다.

보인다는 것은 빛이 비치고 있기 때문입니다. 빛이 적게 비칠 때는 사물이 잘 안보이고, 빛이 전혀 안비칠 때는 캄캄해서 아무것도 안 보이게 됩니다.

영화는 필름에 찍은 것을 빨리 움직여 사람이 움직이거나 물건이 움직여 보이게 한 것입니다.

한 장 한 장의 그림을 연결해서 보면 움직이는 것같이 보이는 것을 이용한 것이 영화입니다.

텔레비전은 그림이나 사진을 전기로 바꾸어 전파로 텔레비전 탑에서 하늘로 내보내 그것을 안테나로 받아 텔레비전 기계 속에서 그림이나 사진으로 바꾸어 영화와 같이 연속해서 비치고 있는 것입니다.

그리고, 채널마다 전파의 파장이 다릅니다. 그렇기 때문에 채널을 바꾸면 프로그램이 바뀌어 비쳐지는 것입니다.

그러나, 그림이나 사진을 전파로 해서 내보내거나 그 전파를 그림이나 사진으로 해서 영화처럼 움직이는 것같이 하기 위해 많은 과학 기술자의 연구가 있어야 했습니다.

말이나 소리를 전파로 보내는 라디오가 나오면서부터 그림이나 사진도 전파로 보내는 것이 인간의 꿈이었습니다.

어린이 여러분도 텔레비전을 즐겨 보지요.

그러나 여러분 집에 텔레비전을 놓게 된 것은 20년쯤밖에는 안 됩니다. 할아

버지 할머니가 어렸을 때에는 텔레비전이 없었답니다.

♣ 출입구에 다가서면 어떻게 해서 문이 저절로 열리는지요?

알리바바와 40인의 도적을 알고 있습니까? 큰 동굴의 돌문이 "열려라 참깨!" 하고 말하면 저절로 열렸지요.

이와 같이, 손으로 열지 않아도 저절로 열리는 문이 있으면 좋겠다고 사람들은 생각하였습니다. 그래서 그것을 궁리하여 만든 것이 자동문입니다.

자동문은 문 앞에 사람이 섰을 때, 사람의 무게에 의하여 전기의 스위치가 들어와 모터가 작동하여 문을 움직이게 하는 것입니다.

사람의 무게를 이용하지 않고, 문 앞에 서면 사람이 빛을 가로막기 때문에 스위치가 들어와 열리는 문도 있답니다.

입구쪽으로 가게 되면 무게인지, 빛인지, 어떤 작용에 의해 열리는지 알아 보세요.

보이지 않는 곳에 모터가 있어서 문이 열리거나 닫히거나 하는 장치가 되어 있는 것입니다.

♣ 에어컨은 어째서 따뜻하게도 되고 서늘하게도 되나요?

에어컨은 따뜻한 공기를 만들거나, 서늘한 공기를 만들 수 있게

만들어진 기계입니다.

에어란 영어의 공기라는 말이며, 컨이란 컨디셔너의 컨으로 따뜻하거나 서늘하게 조절한다는 뜻입니다.

에어컨은 전기로 모터를 돌려 공기를 빨아들여 따뜻하게 하거나 서늘하게 하여 밖으로 내보내는 것입니다.

여름에 에어컨으로 실내를 서늘하게 하고 있을 때, 에어컨과 연결되어 있는 밖에 놓인 기계 가까이 가면 따뜻한 공기가 나오고 있습니다. 실내의 공기를 서늘하게 할 때 빼앗은 열이 나오고 있는 것입니다. 결국 실내의 공기에서 열을 빼앗아 밖으로 내보내고 있는 것이랍니다.

따뜻하게 할 때는 실내의 공기에 열을 주고 있는 것입니다. 분해 청소를 하거나, 수리를 할 때 어떤 기계로 장치되어 있나 살펴보세요.

♣ 자석은 왜 달라 붙나요?

자석이란 철에 자력이라는 힘을 붙인 것입니다.

같은 철이라도 자석이 아닌 철이 있답니다.

사람은 처음에 자력을 가진 돌을 발견하였습니다. 그런데 오늘날에는 철을 자석으로 바꿀 수 있게 되었습니다.

자석에 여러 가지 물건을 붙여 보았더니 잘 달라 붙는 것과 달라 붙지 않는 것이 있었지요.

동전, 스테인레스, 주스 깡통, 가위 등 금속이라 할지라도 달라
붙지 않는 것이 있으니 실험해 보세요.

그리고 두 개의 자석을 서로 붙여 보세요. 역시 달라 붙을 때와
달라 붙지 않을 때가 있답니다.

페라이트 자석이라는 작은 원반과 같은 자석도 달라 붙는 면과
달라 붙지 않고 튀어 되돌아가 버리는 면이 있답니다.

자석에는 N과 S 두 개의 극이
있습니다. 터널형(마제 또는 말굽
형이라고도 합니다.)의 자석에는 N,
S라고 쓰여 있어 극을 쉽게 알 수
있게 해놓았답니다.

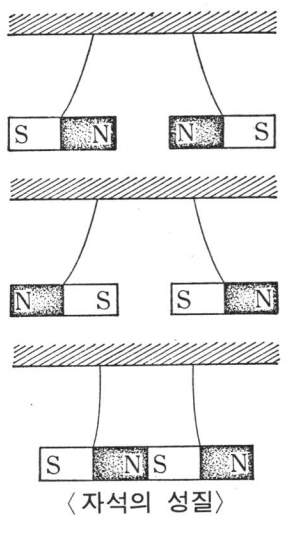

〈자석의 성질〉

원반의 페라이트 자석을 이 N과
S에 접근시켜 보았을 때 N에 달라
붙는 면이 S입니다. 그 반대의 면은
N이고, 자석의 S에 달라 붙습니다.

S이건 N이건, 자석이 아닌 철이
면 어디라도 달라 붙지만, 자석과
자석은 달라 붙지 않을 때가 있답니다.

달라 붙지 않을 때는 같은 극끼리 마주 보고 있는 것입니다.

이와 같이, 자석이 달라 붙는다는 것도 살펴보면 여러 가지로
이상한 일입니다.

그러나 어떻게 해서 달라 붙는가 하고 물으면 "자력이 있기 때문"
이라고 답할 것입니다.

그러면 다시 자력이 있으면 어째서 달라 붙느냐고 되묻게 되
겠지요.

그러나 자력은 그러한 성질의 것이라고밖에는 달리 답할 수 없는 만큼, 자력이란 이상한 것입니다.

여러분 집의 전기 냉장고 문에는 둘레에 고무가 붙어 있지요?

이 고무가 자석이 되어 있어 문이 찰싹 닫히는 것입니다. 이 고무에 못이 붙나 붙지 않나 실험해 보세요.

왜 고무인데 자석 구실을 할까요? 생각해 보세요.

♣ 전화로 어떻게 이야기를 할 수 있나요?

고무 호스를 길게 하여 한쪽 끝에다 대고 이야기를 하고, 또 다른 한쪽 끝을 귀에 대고 있으면 이야기가 들립니다.

그러나 전화는 고무 호스와 같은 관으로 되어 있지는 않고 철사 같은 전선으로 이어져 있답니다.

실 전화를 알고 있지요. 실이 이야기를 전해 주고 있지만 그것은 전선이 아닙니다.

전화는 전선 속을 전기로 전달하여 오는 것입니다.

이야기를 하면, 소리를 전기로 바꾸어 먼 곳까지 전하여 그 전기를 다시 소리로 바꾸어 주는 것이 전화기입니다. 무선 전화나 휴대용 소형 무전기는 소리를 전기로 바꿔 하늘로 띄워서 그 전기를 안테나로 받아 다시 소리로 바꾸는 것입니다. 그러나, 미래의 전화는 소리를 빛으로 하여 보내려는 연구가 한창입니다. 여러분도 전화에 대하여 관심을 갖도록 해보세요.

♣오토바이, 자동차, 비행기 등 빨리 움직이는 것들은 왜 큰 소리가 나나요?

오토바이, 자동차, 비행기 등은 전부 가솔린을 사용해서 엔진을 움직이고 있습니다.

가솔린을 엔진 속에 넣어서 불을 붙여 이를 폭발시켜서 움직이는 힘을 내는 것입니다.

그렇기 때문에 가솔린이 타서 폭발하는 소리가 밖으로 울려 퍼집니다.

그 소리가 될 수 있는대로 작게 나도록 여러 가지로 연구를 하였습니다. 그래서 자동차는 소리가 작게 된 것입니다.

오토바이의 경우도 여러 가지로 연구되고 있답니다.

빨리 달리면 그만큼 공기에 세게 부딪히기 때문에 여러 가지 소리가 크게 나는 거랍니다.

♣비행기는 무거운데 어째서 안 떨어지나요?

비행기가 하늘을 난다는 것은 빠른 속력으로 하늘에서 움직이고 있다는 것입니다.

그러기 위해서는 비행기를 움직이게 하는 엔진의 힘이 강하지 않으면 안 됩니다.

프로펠러 비행기는 프로펠러를 빨리 회전시켜 앞으로 나가는 힘을 냅니다.

제트기는 제트 엔진으로 공기를 빨아들여 뒤로 세차게 내뿜게 하여 앞으로 나가는 힘을 내는 것입니다.

그리고, 날개가 공기 속을 빨리 날면 날개에서 비행기를 하늘에 뜨게 하는 힘이 생기는 것입니다.

많은 사람을 태우고 엔진이나 가솔린, 동체나 날개를 합한 무거운 비행기가 하늘에 뜨는 것을 빠른 속력과 날개가 있기 때문입니다.

무거운 비행기가 하늘에서 떨어지지 않도록 잘 연구하고 설계하여 만들고 있는 것입니다.

될 수 있는 대로 가볍게 만들기 위해 가벼운 금속을 쓰거나, 가벼운 플라스틱을 쓰고 있답니다.

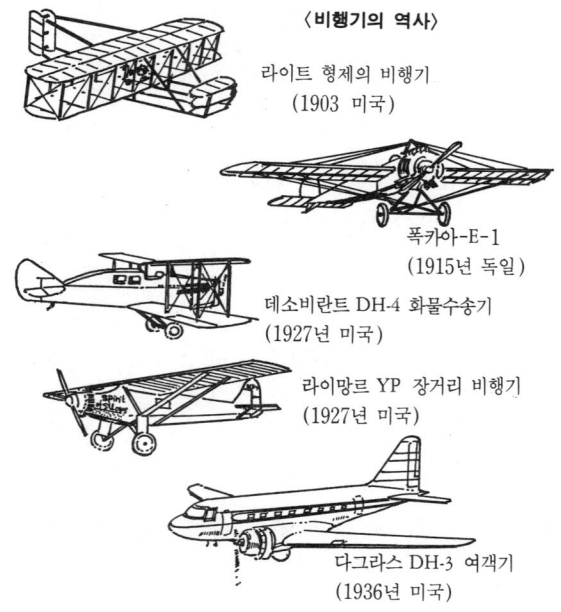

〈비행기의 역사〉

라이트 형제의 비행기
(1903 미국)

폭카아-E-1
(1915년 독일)

데소비란트 DH-4 화물수송기
(1927년 미국)

라이망르 YP 장거리 비행기
(1927년 미국)

다그라스 DH-3 여객기
(1936년 미국)

♣ 전동차는 어떻게 해서 선로위를 달리나요?

전동차는 두 줄의 레일 위에 차바퀴를 실어 달리게 만들어져 있습니다.

레일이라는 두 줄의 쇠길 위를 차 바퀴가 달리는 것입니다.

레일도 차 바퀴도 철로 만들어져 있기 때문에 미끈미끈하여 바퀴가 잘 돌며 울퉁불퉁하지 않아 덜컹덜컹 흔들리지 않고 상쾌하게 빨리 달릴 수 있는 것입니다.

자동차는 레일이 필요 없으나 빨리 달리기 위해 평평한 도로가 좋습니다.

♣ 크레인을 빌딩 위에 어떻게 올려 놓을까요?

높은 빌딩을 세울 때, 높은 빌딩 위에서 커다란 크레인이 움직이는 것을 볼 수 있을 것입니다.

어떻게 해서 올려 놓았는지 이상하지요?

만약, 크레인을 올릴 때 견학이 되면 잘 알아 볼 수 있겠지요.

높은 빌딩을 세울 때는 점점 높은 곳에다 건축에 필요한 철근과 같은 여러 가지 자재나 공사하는 사람들을 나르지 않으면 안 됩니다. 그래서 높은 곳까지 물건을 올릴 수 있는 기계가 필요한 것입니다.

그러나, 그와 같이 무거운 크레인을 땅에서 위로 나를 수는 없지요.
크레인은 자기 스스로 올라가는 것이랍니다.

크레인 한가운데 있는 손 같은 것(마스트)을 사용하여 올라가는
것입니다. 마스트는 길게 할 수도 있고 짧게 할 수도 있답니다.
빌딩이 조금 세워지면 마스트를 길게 하여 빌딩 위에 걸친 다음에
마스트를 짧게 오무리면 운전하는 곳이 들어올려지는 것입니다.

그렇게 거듭하며 크레인은 점점 높은 곳으로 올라가는 것입니다.

♣ 바퀴는 왜 구를까요?

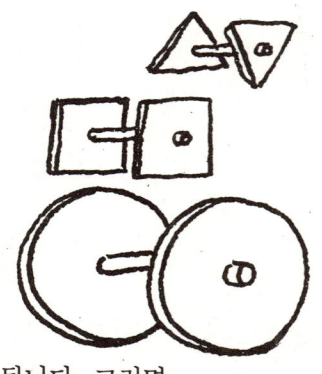

바퀴의 모양은 둥글게 되어 있
습니다. 삼각이나 사각의 바퀴란
있을 수 없답니다. 만약 무리하여
굴리면 덜그렁덜그렁하며 굴러서
둥근 바퀴같이 잘 구르지 않을 것
입니다. 사각의 바퀴를 만들어 네
개의 각을 자르면 8각의 바퀴가
됩니다. 그러면

4개의 바퀴 보다는 잘 구를 것입니다.

다시 각을 자르면 16각형의 바퀴가 되겠지요. 그러면 좀 더 구르기
쉽게 될 것입니다.

이와 같이 구르기 쉽게 하여 각이 없어진 것이 둥근 바퀴입니다.
그래서 그 가운데에 축이 붙어 있는 것입니다.

큰 바퀴와 작은 바퀴를 만들거나 같은 바퀴라도 가운데 축을

안 붙이거나 하여 실험해 보세요.

3각, 4각, 8각, 원 모양의 팽이를 만들어 실험해 보세요.

♣기차는 어째서 레일 위에서 떨어지지 않을까요 ?

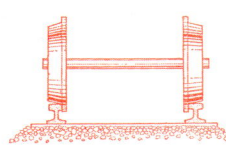

기차의 바퀴를 잘 보세요. 레일에서 떨어지지 않게 되어 있지요.

레일 위를 달리는 장난감 기차중에는 진짜 기차와 똑같은 바퀴로 만들어진 것이 있습니다.

차 바퀴의 안쪽이 레일에 걸리게 되어 있어서 레일 밖으로 벗어나지 않는 거랍니다.

♣가위는 어떻게 해서 물건을 자르나요 ?

가위는 두 개의 칼 사이에 종이 같은 것을 끼워 자르는 것입니다.

두 개의 칼이 서로 맞물리지 않으면 잘 잘라지지 않습니다.

두 개의 칼을 조인 데가 너무 덜덜거리거나 칼이 잘 들지 않으면 깨끗이 잘라지지 않습니다.

부드러운 종이나 헝겊을 자르기는 도화지를 자르기보다 더 어렵습니다. 부드럽기 때문에 자를 때 두 개의 칼날 사이에 끼어 버리기 때문입니다.

부드러운 헝겊 등은 잘 드는 칼날이어야 됩니다.

엄마가 쓰시는 가위를 쓸 때는 손을 빌 염려가 있으니 주의해야 되지요. 가위는 손가락을 끼워 움직여서 자르기 때문에 손가락을 잘 움직여야 잘 자를 수 있게 됩니다. 많이 연습해 보세요.

♣ 마찰이란 어떤 것인가요?

목욕탕 바닥의 타일은 미끌미끌하여 미끄러지기가 쉬운가요, 그렇지 않으면 꺼칠꺼칠 하여 잘 미끄러지지 않나요?

미끄러지기 쉬운 경우는 마찰이 작다고 말하고, 잘 미끄러지지 않는 경우는 마찰이 크다고 말할 수 있습니다.

미끄럼틀은 잘 미끄러지니까 엉덩이와 미끄럼틀 바닥과의 마찰이 작다고 말할 수 있는 것입니다.

종이나 줄은 꺼칠꺼칠하게 되어 있어서 나무를 문지를 때, 단단히 힘을 주어서 문지르지 않으면 안 됩니다. 종이나 줄과 나무와의 마찰이 크기 때문입니다.

우리가 살아 나가는 데에는 마찰을 없애거나 또는 마찰을 크게 하면서 여러 가지로 마찰을 이용하고 있습니다. 그러니까 어떤 곳에서 이용하고 있는지 찾아 보세요.

자전거에는 브레이크가 장치되어 있습니다. 이 브레이크를 세게 눌러서 구르고 있는 바퀴를 움직이지 못하게 하는데, 이것도 마찰에 의해서 멈추어지는 거랍니다. 갑자기 브레이크를 밟으면 "끼이익" 하는 소리가 나지요? 그 소리가 바로 마찰의 소리인 거예요.

♣균형이란 어떤 것인가요?

　　한쪽 다리로 서서 두 팔을 벌려 넘어지지 않게 잘 서 보세요. 이런 것을 "균형을 잡는다."라고 말합니다.
　　접시 저울에 두 개의 접시를 좌우로 올려 놓은 접시가 있습니다.
　　한쪽 접시에 재어 볼 물건을 올려 놓고, 접시의 높이를 같게 하려면 접시에 올려 놓은 물건의 무게와 저울추의 무게가 같아야 됩니다. 그렇게 되어야 균형이 잡힌 것입니다.
　　이와 같이, 두 개의 물건이 어느 한쪽으로 치우침이 없이 고르게 하는 것을 균형이라고 하는 겁니다.

♣성냥은 왜 불을 일으키나요?

　　옛날 사람들은 나무 막대기를 서로 문지르거나 부싯돌을 문질러서 불을 만들었습니다.
　　성냥도 문질러서 불을 만들어 내는 것입니다.

문지르면 뜨거워지기 때문입니다. 두 손의 손바닥을 마주 붙이고 문지르면 손바닥이 뜨거워지고 또, 미끄럼틀에서 미끄러져 내려올 때 엉덩이가 뜨거워지지요. 성냥은 이러한 점을 이용한 거랍니다. 성냥은 문지른 열로 즉시 불이 일어날 수 있도록 성냥개비의 한쪽 끝에 불을 잘 일으키는 것을 붙여 놓았습니다. 그리고, 또 성냥갑 옆에도 성냥개비 끝에 붙어 있는 것을 문지르면 즉시 불이 일어나는 것이 칠해져 있답니다.

성냥은 뜨겁게 하면 문지르지 않아도 불이 일어나기 쉬우니까 성냥통을 불 가까이에 놓는 일이 없도록 주의하십시오.

♣ 미끄럼틀에서 미끄러져 내려오면 왜 엉덩이가 뜨거워질까요?

미끄럼틀에서 미끄러져 내려오면, 미끄럼틀의 바닥과 엉덩이가 문질러져서 마찰이 일어나게 됩니다.

잘 미끄러지지만 서로의 마찰에 의해서 열이 생기는 것입니다.

두 가지 물건을 서로 세게 문지르면 마찰이 일어나서 열이 발생합니다.

달리고 있는 자전거에 브레이크를 걸어서 자전거가 섰을 때 브레이크에 손을 대 보세요. 뜨거워져 있을 것입니다.

자전거에서 기름을 칠하는 곳은 마찰이 일어나기 쉬운 곳으로, 마찰이 일어나지 않고 부드럽게 움직이도록 하려고 기름을 칠하는 것입니다. 마찰이 일어나면 잘 움직이지 못할 뿐만 아니라 열이 발생하기 때문입니다.

옛날 사람은 나무토막 두 개를 가지고 세게 비벼서 뜨겁게 달아 오르게 해서 불을 일으켰습니다. 이것은 마찰로 인해 열이 발생하는 현상을 잘 이용한 것입니다.

이처럼, 마찰로 열이 생기는 것을 잘 막거나 또는 마찰을 이용해서 불이 일어나게 하여 그 불을 잘 사용하는 것이 사람의 지혜입니다.

♣ 지우개로 글씨를 지우면 왜 글씨가 없어 지나요?

지우개로 문지르면 지우개의 꼬인 찌꺼기가 나옵니다.

이 찌꺼기를 보면 까맣게 더럽혀져 있습니다. 그것은 종이 위에 연필심을 문질러 발라서 씌어진 글씨가 종이의 표면과 함께 깎여져 나오기 때문입니다. 너무 세게 지우개로 종이 위를 문지르면, 종이표면이 더욱 더 깎여져서 나중 에는 종이에 구멍이 뚫리게 됩니다.

♣ 연필로 글씨를 쓸 수 있는 것은 어째서 일까요?

연필심은 가늘고 까만 막대기입니다. 이 까만 막대기가 흰 종이 위를 문질러 까만 선을 생기기 때문에 씌여지는 겁니다. 쓰기 어려운 미끌미끌

한 플라스틱이나 유리에는 연필심이 미끄러져 버리기 때문에 쓸
수 없답니다.

종이에도 연필로 잘 쓸 수 있는 것과 쓸 수 없는 것이 있는 것은,
종이 위를 문질러 쓰기 쉬운 것과 쓰기 어려운 것이 있기 때문
입니다. 연필심은 까만 가루를 단단하게 뭉쳐서 가는 막대기로 만든
것입니다.

연필심에도 연하면서 까맣고 굵은 선이 잘 씌어지는 것과 단
단하면서 희미하게 씌여지는 까만 것이 있습니다.

보통 연한 심의 연필에는 B, 단단한 심의 연필에는 H라는 영어
문자가 새겨져 있습니다.

♣ 초는 왜 잘 타나요?

초에 불을 붙여서 잘 살펴 보세요. 심의 불꽃에
의해 초가 녹아서 물처럼 된 것이 흘러 내려서
고이게 됩니다. 이 물처럼 된 초가 심속으로 스며
들어 불꽃에 가까이 가서 증발하여 가스가 되고
이 가스가 다시 불꽃이 되어 타는 까닭에 초가
잘 타는 것입니다.

등유라는, 석유 난로에 사용하는 석유가 있답니다. 이 등유를
조그만 빈 깡통에 부어 넣고, 성냥개비에 불을 붙여서 그 속에
넣으면 성냥불은 금방 꺼져 버립니다. 등유는 있는 그대로는 불이
붙지 않기 때문입니다. 등유를 따뜻하게 해서 표면으로부터 김과
같은 것이 올라올 때에 불을 붙여야 타게 되는 것입니다. 즉, 타기

위해서는 가스가 되어야만 합니다. 알콜은 그대로 놓아 두어도 곧바로 증발하여 가스로 변하는 것이므로, 등유와는 달리 따뜻하게 데우지 않아도 잘 탄답니다. 가솔린도 마찬가지입니다. 그러므로, 알콜이나 가솔린은 절대로 불에 가까이 놓아서는 안 됩니다.

♣불은 왜 뜨거운가요?

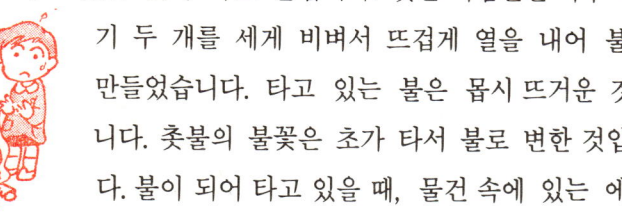

물건이 타고 있는 것이 바로 불입니다. 옛날 사람들은 나무막대기 두 개를 세게 비벼서 뜨겁게 열을 내어 불을 만들었습니다. 타고 있는 불은 몹시 뜨거운 것입니다. 촛불의 불꽃은 초가 타서 불로 변한 것입니다. 불이 되어 타고 있을 때, 물건 속에 있는 에너지가 열로 변화해가고 있는 것입니다. 이와 같이, 불은 물건이 열로 변한 것을 말한답니다. 낙엽이 타고 있을 때에 잘 살펴보면 낙엽이 불이 되어 열을 내면서 없어지고 재만 남게 됩니다.

♣나무는 왜 타나요?

나무는 많은 잎을 만들어, 태양의 빛을 잎으로부터 받아들이고 있습니다.

이 태양의 빛과 뿌리에서 빨아올린 물과 물 속에 녹아 있는 양분 등을 알맞게 섞어서 잎과 가지와 줄기와 뿌리를 만들고 있습니다.

태양은 새빨갛게 타고 있는 불덩어리와 같은 것입니다. 그 열은 쇠도 금방 녹여 버릴 만큼 아주 높고 뜨거워요. 태양의 열은 표면에서는 약 섭씨 6000도, 태양의 속 한가운데는 섭씨 1500만 도나 됩니다. 그 때문에 태양은 눈부시게 빛나고 멀리 떨어져 있는 지구까지 그 빛과 열이 닿고 있는 것입니다.

이 빛과 열이 나무의 잎과 가지와 줄기와 뿌리가 되어서 저장되어 있는 거랍니다. 나무가 탄다는 것은, 바로 나무 속에 저장되어 있는 태양의 빛과 열이 타는 것입니다. 즉, 나무가 불꽃을 올리고 타는 것은 태양의 에너지가 타고 있는 것입니다.

♣연기가 자꾸 뒤따라 오는 것은 눈이 달려 있어서 인가요?

낙엽을 태우고 있노라면 연기가 피어 올라와서 눈에 스며 들어옵니다. 그 곳에서 떨어져 나와도 연기가 쫓아오기 때문에 연기에도 눈이 있어 앞을 보면서 쫓아오고 있다고 생각을 했겠지요.

연기에 눈이 달려 있다고 생각한 것은 매우 재미있는 생각이며, 스스로 상상해서 생각하는 점은 참 좋은 일입니다. 달아나면서, 쫓아오는 연기에 눈이 있는지 없는지 시험해 보았나요? 멀리 달아나도 연기가 계속해서 쫓아오는 것은 바람에 날려오기 때문입니다. 즉, 연기가 바람에 날려서 흘러가는 쪽으로 달아나고 있기 때문에 연기가 뒤쫓아 오는 것처럼 보이는 것입니다. 옆으로 피해서 달아나 보면 어떨까요?

♣어째서 쇠는 단단한가요?

지구상에 철(쇠)이라는 금속이 돌 속이나 모래에 섞여 있는 것을 발견한 것은 아주 먼 옛날 사람들이었습니다.

돌을 이용해서 칼과 같은 연장을 만들었던 아주 먼 옛날 사람들이 돌보다도 더 단단한 재료가 필요하여 발견해 낸 것입니다. 철을 돌 속이나 모래 속에서 가려내어 쇠덩어리로 만들어서, 그것으로 칼과 같은 여러 가지 연장을 만들어 냈던 것입니다. 그렇게 만든 연장은 돌이나 구리보다 훨씬 더 단단한 것이었습니다.

철은 지구상에 있었던 것입니다. 그러나, 그렇게 단단한 철이 어떻게 해서 지구상에 있게 되었는지 매우 이상한 일입니다.

철은 산소·수소·탄소 등과 똑같이 지구상의 모든 물질을 만들어 낸 원소중의 하나입니다. 철이 단단한 것은 철을 이루는 원소의 성질이 단단하기 때문입니다. 그러나 「어째서 단단한가요?」라고 묻는다면 대답하기가 매우 어려워집니다.

그러나, 이 철을 철사처럼 가늘고 길게 늘이거나 양철판처럼 얇게 한다면, 마음대로 구부러뜨리거나 휘게 할 수도 있습니다. 같은 철사라도 피아노의 소리를 내게 하는 줄처럼 단단한 철사도 있고,

철이 벌겋게 닳아오를 만큼 뜨겁게 해서 두들겨 식히면 더욱 더
단단한 철이 되고, 또 여러 가지 다른 금속을 섞어 넣으면 녹이
슬지 않는 스테인리스와 같은 철이 되기도 한답니다.

♣사기그릇이나 유리병은 왜 깨지나요?

단단한 물건 중에는 깨지기 쉬운 것과 쇠처럼
잘 안 깨지는 것이 있습니다.

사기그릇이나 유리병은 세게 치거나 떨어뜨릴
때처럼 순간적인 강한 힘이 미칠 때에는 매우 약한 것이랍니다.
그것은 사기그릇이나 유리병의 살이 얇기 때문이기도 합니다.

그러니까 그것들도 덩어리로 뭉쳐 놓으면 쉽게 깨지지는 않는
것입니다.

오늘날에는 떨어뜨려도 깨지지 않는 유리병을 만들어 내고 있
답니다.

♣우유를 넣는 종이 상자에 그림물감이 묻지 않는 까닭은 무엇인가요?

우유 상자의 표면은 미끌미끌하게 되어 있
습니다. 물을 묻혀도 튕겨 버립니다. 물이 스며
들지 못하게 하려고 종이 표면에 비닐 따위를
발라서 미끄럽게 해 놓았기 때문입니다. 그림

물감을 물에 녹여서 색깔있는 물을 만들어 붓에 묻혀서 종이에 바르면 그림물감의 색물이 스며 들지 못하고 튕겨 버리기 때문에 쓸 수가 없는 것입니다.

크레파스로 그린 그림 위에 그림물감을 바르면 크레파스가 그림물감을 받아들이지 않고 튕겨 버리는 사실을 여러분은 잘 알고 있지요? 크레파스가 물을 튕겨 버리고 종이에 물이 스며 들지 못하게 하기 때문입니다.

물에 녹여서 그리는 그림물감으로는 쓸 수 없지만 유성 매직 등으로는 써 넣을 수 있는 것도 있답니다. 물처럼 튕겨지는 일이 없도록 기름 등에 그림물감을 녹여 넣은 것입니다.

♣ 비누가 미끄러운 것은 어떤 이유에서인가 요?

비누로 손을 씻으면 미끌미끌합니다. 그러나, 비누를 칠하지 않고 물을 묻히기만 해도 조금은 미끌미끌하게 됩니다. 도자기로 만든 찻잔 따위도 원래가 미끌미끌한 상태로 되어 있지만, 물을 묻히면 더욱 더 미끄러워지고, 비누를 묻히게 되면 손으로 쥐기가 어려울 정도로 아주 미끄러워집니다.

물을 손등에 묻히면 미끄러워지기 쉬우며, 그 물에 비누를 섞으면 더욱 더 미끄러워지는 것입니다.

이렇게 미끌미끌한 것은 도자기나 유리, 스테인리스 등 모두 표면이 평평한 것입니다. 미끄럽지 않은 것은 표면이 평평하지 않고, 작게 울퉁불퉁한 모양으로 되어 있고 까칠까칠 하답니다. 까칠까칠한 것 위에 물을 뿌리면 들어간 부분에 물이 고여서 표면이 평평하게 되어 미끄러워지기 쉽습니다. 들어간 부분에 있는 물은 흘러나가 버리기 쉽지만 비눗물은 흘러나가기가 어려워집니다. 비눗물보다도 더 흘러나가기 어려운 기름을 뿌리면 훨씬 더 미끄럽게 될 것입니다.

원래가 반들반들한 것에 물이나 비눗물, 기름 들을 뿌리면 까칠까칠한 것보다 더 반들반들해지고 더욱 더 미끄럽게 됩니다. 반들반들한 타일 위에 비눗물을 부었을 때에는 주의해서 걷지 않으면 미끄러져서 넘어지게 됩니다.

♣ 비누는 왜 닳아 없어지나요?

비누는 손이나 몸, 그리고 옷이나 식기 등에 묻은 더러운 때를 없애게 해서 깨끗하게 해 주고 있습니다. 보통의 물로 씻어서는 안 지워지는 때를 깨끗하게 빼내 주는 것이 비누입니다. 더러워진 손이나 식기를 씻었을 때의 물은 비누와 때가 함께 섞여 더럽고 흐려진 물로 됩니다.

비누는 손이나 식기 등의 겉에 단단히 붙어 있는 때를 벗기는 작용을 하는 것입니다. 그것은 비누가 물에 녹아서 거품이 될 때 작용하는 것입니다.

즉, 비누는 거품을 만드는 재료를 단단하게 굳혀서 만든 것이랍니다.

비누 방울이 비누로 만들어지게 되는 것처럼 비누는 엷은 막을 만드는 것입니다. 이 막이 거품이 되어 비누 방울을 만드는 것이랍니다.

그리고, 이 막이 때를 벗기거나 싸서 없어지게 한답니다.

♣ 비누는 왜 거품이 일어나나요?

비누를 만드는 재료는 물에 녹았을 때 거품이 되는 것입니다.

소금이나 설탕은 물에 넣으면 물 속에 녹아 들어가서 소금물이나 설탕물이 됩니다. 기름은 물 속에 들어가도 녹지 않고 작은 기름 방울이 된 채로 떠 있습니다.

비누가 물에 녹으면 얇은 막이 되어 거품을 만들게 됩니다. 물에 녹을 때에는 물건에 따라서 녹는 방법이 여러 가지로 다르지요. 비누는 물에 녹아서 거품을 만드는 것으로 되어 있습니다. 이 거품을 내는 것이 때를 없애는 작용을 하는 것입니다. 이 거품이 피부나 옷 등으로부터 때를 빼내어 주는 거랍니다.

♣ 비누 방울은 어떻게 여러 가지 색이 될 수 있나요?

비누 방울 표면의 색깔은 무엇을 닮았다고 생각되나요?

비누 방울은 비누가 물에 녹아서 된 아주 얇은 막으로 되어 있

습니다. 그러나 그 막은 한 장이 아니고, 여러 장의 막이 겹쳐서 되어 있는 것입니다. 여러 장의 막이 겹쳐 있기 때문에 무지개와 같은 색깔이 나타나는 것입니다.

만약 한 장으로 된 막으로 비누 방울을 만들 수 있다면, 그것은 까만 비누 방울이 될 것입니다. 대야에 세탁을 하는 경우 커다란 거품이 생겼을 때, 이거품이 한 순간 까맣게 되는 것을 보신 분은 안 계신가요?

비누 방울의 색깔을 이상하게 생각하여, 뉴튼이 그에 대한 연구를 하였지만 비누 방울의 막이, 비누의 분자가 한 줄로 늘어서서 된 막이라는 사실을 알게된 것은 최근의 일이랍니다.

♣ 비누 방울은 어떻게 해서 만드나요?

비누 방울을 보면 얇은 막으로 된 둥근 공이라는 사실을 알게 됩니다.

비누는 물에 녹아서 얇은 막이 되는 것입니다. 이 얇은 막을 빨대 끝에 묻혀서 입으로 공기를 불어 넣어서 그 막으로 둥근 공을 만드는 것입니다. 부풀어 오르게 할 때 비누 방울의 표면을 잘 살펴보면

〈비누방울이 생기는 모양〉

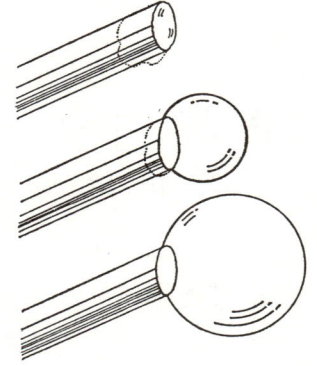

막이 넓게 부풀어져 가는 모습을 볼 수 있을 것입니다.

♣비누 방울은 왜 날아가지요?

비누 방울은 비누가 물에 녹아서 얇은 막속에 공기가 가득 들어가서 된 것입니다. 고무 풍선보다도 비닐 봉지보다도 더 가벼운 막으로 되어 있기 때문에 비누 방울은 매우 가볍습니다. 가벼우니까 바람에 날아다니는 것이랍니다.

♣본드는 왜 잘 붙나요?

종이를 붙이는 보통의 풀로는 잘 붙지 않는 것이 있습니다.

플라스틱·타일·금속·나무·가죽 따위를 단단히 붙게 하는 풀을 만들려고 여러 가지 연구를 한 결과 만들어 낸 것이 본드라는 접착제입니다.

너무 잘 붙기 때문에 손가락에 붙으면 손가락 살갗이 벗겨지기도 하니까 주의해야 합니다.

특히, 튜브에 들어 있는 접착제는 충분히 주의해서 취급해야만 됩니다.

보통의 풀은 물로 만든 것이지만, 본드와 같은 접착제는 증발하기 쉬운 액체로 만들어져 있습니다. 이 차이때문에 본드가 풀보다 빨리 그리고 단단하게 붙는 것이랍니다.

♣유리병에는 왜 풀로 붙일 수 없나요?

　　유리병에 보통의 풀을 칠하고 종이를 붙여도 금방 벗겨져 버립니다. 종이와 유리병을 붙게 하는 풀의 작용이 약하기 때문이지요.

　　미끌미끌한 유리병의 표면에는 풀이 단단히 붙기 어렵기 때문이랍니다.

　원래, 풀은 종이와 종이를 붙이기 위해 만들어진 것이므로 유리병과 같이 겉이 미끄러운 것을 붙이는 데에는 작용이 약하답니다. 새로운 접착제는 유리병이나 금속에도 잘 붙을 수 있게 만들어져 있습니다.

♣약은 무엇으로 되어 있나요?
그리고, 어떻게 병이 고쳐지나요?

　　약에는 여러 가지 식물의 꽃·열매·잎·뿌리 등이나 동물의 기름·내장 등으로 만드는 것도 있고, 곰팡이를 길러서 만드는 것, 새로운 화학 합성에 의해 만드는 것 등 여러 가지의 것이

있습니다.

옛부터 말린 약초를 뜨거운 물로 달여서 마시기도 하고 매실·인삼·독사를 소주에 담가서 술을 만들어 놓고 마시기도 하였습니다.

의사가 사용하는 약은 가루나 정제, 물약 등이 있습니다. 그 중에는 식물·동물·곰팡이 등에서 모아 만든 것도 있고, 화학합성한 것이 들어 있기도 하지만 이것들은 병에 잘 듣는 성분만을 모아서 만든 것이랍니다.

약의 작용도 여러 가지가 있습니다. 병을 일으키는 바이러스균을 직접 죽이는 것과 병에 걸려 약해진 위장 등에 기운을 돋구게 하는 것, 그리고 병에 걸리지 않도록 튼튼한 몸으로 건강을 유지시키게 하는 것 등이 있습니다.

병을 고치거나 병을 예방하는 새로운 약을 발견하고 만들어 내기 위하여 지금도 연구가 계속되고 있답니다.

♣ 매직 잉크는 왜 씻어도 지워지지 않나요?

매직 잉크는 물에 녹지 않기 때문에 씻어도 지워지지 않는 것입니다.

매직 잉크는 물에 녹지 않는 기름에 그림물감을 녹여 넣어서 만든 것입니다. 매직 잉크로 글씨를 쓰면 독특한 냄새가 나지요? 그것은 바로 기름 냄새랍니다. 사인펜 중에는 물에 녹는 잉크도 있어서 물로 씻으면 지워집니다. 그러나 유성 사인펜으로 쓴 것은 물에 녹지 않기 때문에 씻어도 지워지지 않는 것이랍니다. 페인트도 마르면 물에 녹지 않는 것입니다. 매직이나 페인트가 손이나 의복에 묻었을 때에는 물로 씻어도 녹지 않으므로 녹는 기름으로 손이나 의복을 닦아 내지 않으면 안 됩니다.

또, 먹는 물로 녹여서 만든 것이지만, 옷감이나 화선지 등에 글씨를 쓰면, 옷감을 만드는 실 속이나 종이 속으로 스며들어가서 단단히 굳어 버려 씻어도 잘 지워지지 않게 되어 버린답니다.

♣설탕은 왜 단 맛이 날까요?

우리들의 혀는 여러 가지 맛을 느낄 수 있습니다. 단맛, 짠맛, 신맛, 쓴맛 등 여러 가지맛을 느낄 수 있는 것은 매우 즐겁고 행복한 일이지요.
여러 종류의 과일을 먹고서 단맛이 나는 사실을 알게 된 옛 사람들은 단맛이 나는 것을 만들어 내려고 노력했습니다. 벌꿀을 모으기도 하고 감주(단술)를 만들기도 하였습니다.

그리하여 사탕수수·사탕무우 등에서 단맛을 빼내는 일을 성공시켰답니다. 그것이 바로 설탕이예요.

설탕은 단맛이 나는 것의 덩어리랍니다.

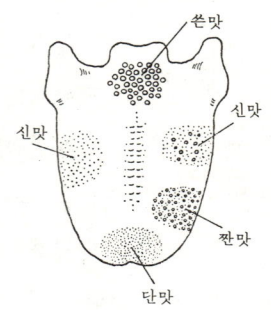

〈맛을 감각하는 부분〉

쓴맛

신맛

신맛

짠맛

단맛

어린이 질문에 대한 문답 자료집

무엇이든지
물어보세요

초판6쇄 · 2015.2.27
지은이 · 장길호
발행인 · 김갑기
발행처 · 보육사

서울 동대문구 신설동 92-7 (우)130-110)
전화 · 927-2121~5 (본　사)
928-3390~1 (출판부)
928-6663~5 (영업부)
팩스 · 928-0698 (출판부)
922-1391 (영업부)

http://www.boyuksa.co.kr

등록 · 1963. 3. 30. 제5-11호

ⓒ 장길호

ISBN 89--7056-160-9-33380

정가 9,000원